청소년의 참여와 시민성 함양

청소년의 참여와 시민성 함양

|김영인 지음|

KSI 한국학술정보(주)

| 머리말 |

    청소년을 지칭하는 질풍노도(疾風怒濤), 문제아, 주변인, 미래의 주인공, 사회적 자원 등과 같은 말에서 알 수 있듯이, 청소년처럼 다양한 평가를 받는 인간집단은 없는 것 같다. 부정적인 평가와 긍정적인 평가를 동시에 받고 있는 것이다. 이렇게 상호 모순되는 다양한 평가를 받는 것은 청소년의 변화 가능성과 잠재성이 그만큼 많음을 나타내는 것이라 하겠다. 이는 어떻게 방향을 제시하고 환경을 만들어 주느냐에 따라서 청소년의 성장 모습이 달라질 수 있음을 시사하는 것이라 할 수 있다.

    다양한 성장 가능성 중에서 청소년이 어떤 모습으로 성장하도록 지원해야 할까? 이에 대한 대답은 각자의 가치관과 신념, 비전 등에 따라서 다르겠지만, 공통적인 답 중 하나는 시민일 것이다. 청소년을 포함한 인간은 정치공동체의 구성원으로서 살아가는 것을 포기할 수 없으며, 개인의 행복은 정치공동체 속의 시민적 삶과 불가분의 관계를 가지기 때문이다. 시민으로 성장한다는 것은 사회적 관계 속에 나의 삶이 위치해 있음을 자각하여 나에 대한 존중과 더불어 타인을 존중하고, 권리와 책임을 동시에 생각하며 개인적 이익 못지않게 공익을 위해서도 노력하는 사람이 되는 것을 의미한다.

그렇다면 청소년을 어떻게 지적이고 실천적인 시민으로 성장할 수 있도록 할 것인가? 이에 대한 답을 찾는 것이 나의 연구과제이다. 그동안 이에 대한 연구를 진행해 왔지만, 분명하고 확고한 정답을 찾았다고 자신 있게 말하기에는 아직 나의 공부가 부족하다. 다만, 참여를 통해서 청소년의 시민성을 함양시키는 방안이 다른 방안 못지않은 효과적인 방안이라는 점을 제시할 수 있을 뿐이다. 참여를 통해서 참여에 내재해 있는 시민성 함양의 교육기제를 활용할 수 있을 뿐 아니라, 살아 있는 다양한 사회적 자원을 교육자원으로 활용할 수 있기 때문이다.

청소년참여에 대해서 다양한 견해가 우리 사회에 존재한다. 이 중 청소년참여에 대한 무조건적인 찬성이나 반대를 경계한다. 청소년참여 자체가 본질적으로 선 또는 악, 유용성 또는 무용성의 기제를 어느 하나만 내포하고 있는 것은 아니기 때문이다. 또한 청소년참여가 이루어지는 조건과 맥락, 성인들의 지원과 안내에 따라 청소년참여에 내재해 있는 여러 기제가 순기능 또는 역기능적으로 작동할 수 있기 때문이다. 청소년참여에 대한 다양한 견해 중, 참여가 지니는 교육적 힘을 활용하여 청소년을 시민으로 성장시킬 수 있다는 견해에 대해 나는 가장 많은 관심을 가지고 있다. 청소년참여가 지니는 이런 교육적 힘을 통해서 청소년을 시민으로 성장시키기 위해서는 사회에서 기득권을 가지고 있는 성인들의 도움이 절대적으로 필요하다. 성인들은 청소년을 긍정적으로 보고 청소년이 참여할 수 있는 통로를 만들어 주어야 한다. 참여 통로를 만들어 주는 것으로 그쳐서는 안 되며, 더 나아가 청소년과 파트너십을 가지고 참여를 교육적으로 안내하고 지원해주어야 한다.

본 책은 청소년참여와 시민성 함양의 관계를 중심으로 구성되어 있다. 생각건대 여러 가지로 부족하다. 그럼에도 불구하고 책을 내놓은 것은 청소년참여의 시민성 함양효과에 대해서 사회적·학문적 관심을 높이려는 바람에서이다. 그동안 청소년참여는 주로 청소년인권 보장이라는 측면에서 강조되어 왔을 뿐 청소년참여의 시민성 함양효과에 대한 관심은 낮았다. 인권적 측면의 청소년참여도 중요하지만, 이에 못지않게 시민교육적 측면의 청소년참여도 중요하고 가치 있다. 이 책의 출간을 계기로 청소년참여의 시민성 함양효과에 대해서도 많은 관심과 연구가 있었으면 한다.

마지막으로, 이 조그만 결실이 맺어질 수 있도록 도와주신 분들에게 감사의 인사를 드리고 싶다. 먼저 한국학술정보(주)의 박주선 님에게 감사를 드리고 싶다. 부족하기에 여러 번 망설였다. 박주선 님의 채근이 없었으면 이 책은 빛을 보지 못했을 것이다. 학문의 세계로 인도해 주신 이승종, 이미나 두 분 교수님에게도 늦었지만 감사를 드린다. 인내심을 가지고 세밀하게 교정을 보아준 TA 김은경 양과 편집진에게도 감사를 드린다. 끝으로 항상 든든한 후원자로 계시는 어머님에게 감사와 함께 이 책을 바친다. 아울러 늦은 귀가에도 넉넉한 마음을 보여준 아내 난희, 딸 슬아에게도 고마움을 전한다.

이 책을 내는 데 많은 분들이 도움을 주었다. 이 책의 모든 공(功)은 그분들에게 속하고, 모든 과(過)는 나에게 속한다.

2007. 11. 15.

북한산 자락에서 저자 씀

| 차 례 |

제7장　청소년의 대통령선거 참여경험과 정치의식 형성___193

제8장　청소년의 사회갈등 참여와 시민의식 형성___233

제9장   청소년참여 활성화를 위한 향후 과제___277

제1장

청소년과 참여, 시민성

I. 청소년과 참여

1. 청소년

우리가 흔히 쉽게 사용하는 청소년이라는 용어를 학문적으로 정의 내리는 것은 쉽지 않은 일이다. 때로는 청소년의 개념은 매우 논쟁적이어서 청소년을 개념화하는 것은 어렵다고 하는 학자가 있을 정도이다. 이런 어려움을 피하기 위해서 청소년을 성인과 아동의 중간적 존재 또는 아동기에서 성인기로 이행해 가는 단계에 있는 사람이라고 소극적 또는 잔여범주적으로 정의하기도 한다. 그렇지만 이런 소극적 또는 잔여범주적인 정의를 통해서는 청소년의 실체를 파악하기 어렵다. 청소년의 실체를 파악하기 위해서는 청소년에게 공통적으로 나타나는 특성을 바탕으로 청소년의 개념을 규명해 보는 것이 유용할 수 있다.

청소년은 생물학적, 심리학적, 사회학적 측면에서 특성을 가진다. 생물학적으로는 급격하게 성장하여 체격과 외모가 급변하고 다량의 성호르몬의 분비에 의해서 턱수염, 월경, 유방 등과 같은 제2차 성징을 보이고, 심리학적으로는 이성적인 사고능력이 발달하여 삶의 주체로서 자신을 인식하면서 정체성을 형성하기 시작하며, 사회학적으로는 주로 가정과 가족관계에 머물렀던 아동기에서 벗어나 학교, 지역사회, 각종 사회단체로 활동의 장이 확장되고 사회적 관계와 역할의 폭이 넓어지면서 독자적인 청소년문화를 형성한다. 이런 특성을 바탕으로 청소년에 대한 정의를 내리자면, 청소년은 생물학적으로 급속한 신체

적 발달과 생식능력, 심리학적으로 형식적 사고능력의 형성, 자아의식
과 자아정체감의 발달, 사회학적으로 사회적 관계의 확대와 독자적인
집단문화의 형성, 미혼·미독립 등과 같은 특성을 보이는 특정 발달단
계의 사람들이라고 할 수 있다.

그렇지만 이런 정의에 대해서도 논란의 여지가 있다. 특성적으로
보면, 청소년은 아동과는 확연히 구분되는 생물학적, 인지적, 정서적,
사회학적 특성을 가지고 있지만, 성인과는 명확히 구분되지 않은 점이
많기 때문이다. 특히 청소년 후기에 이르면 생물학적, 인지적 측면에
서 성인과 거의 구분되지 않을 정도의 모습을 보인다. 성인과 비슷한
체격과 외모를 지니고, 성인보다 나은 정보인지능력을 보이기도 하고,
성인처럼 다양한 사회적 관계와 문화를 형성하기도 한다.

특성적 접근의 이런 논란의 여지 때문에 청소년을 법제도적인 규정
에 의해 정의하려는 경향도 있다. 대표적으로 청소년기본법 규정에 기
대어 청소년을 9세 이상 24세 이하인 자[1]로 정의하려는 것이다. 법제
도적인 규정에 의한 정의는 법적인 행위능력을 기준으로 하는 것이지
만, 법적인 행위능력을 학문적으로 명확히 정하기 어렵기 때문에 여기
에는 정책적인 고려와 정치적인 판단이 다분히 개입된다는 점이 문제
이다. 법적인 성인이 되는 연령이 청소년기본법에서는 24세이지만 민
법 20세, 공직선거법 19세, 청소년보호법 19세 등으로 제각기 다른 점
에서 이런 개입을 짐작할 수 있다.

청소년 개념의 이런 모호성에 의해서 청소년 개념을 정의하는 데 있
어서 정치공학적인 측면에서 성인의 영향력이 증대되고 이를 둘러싸고
성인과 청소년의 갈등이 커진다. 이런 점은 참여와 관련하여 청소년을

---

1) 2007년 8월 현재 '24세 이하'를 '24세 미만'으로 개정 논의 중임.

정의할 때 특히 부각된다. 참여와 관련하여 청소년 개념의 본질과 속성을 규정하는 데 있어서 성인과 청소년의 견해가 첨예하게 충돌하는 것이다. 성인들은 정치·경제적 측면에서 청소년의 의존성, 무능력, 수동성, 피보호성을 강조하여 청소년의 개념을 규정함으로써 참여의 문턱을 높이려 함에 반해서, 청소년들은 스스로의 독립성, 능력, 능동성, 자주성을 강조하여 청소년의 개념을 규정함으로써 사회적 의사결정에 전면적으로 관여하고 적극적으로 참여하려고 하는 것이다.

참여와 관련한 청소년 개념 규정에 있어서 전자를 보수적인(전통적인) 견해라고 한다면, 후자를 급진적인 견해라고 할 수 있다. 보수적인 견해는 청소년을 보호하고 준비시켜 장차 온전한 정치사회의 구성원으로서 권능을 부여하려 함에 반해서, 급진적인 견해는 성인과 청소년의 차이를 인정하지 않고 동등한 수준에서 청소년과 관련된 사안에 대해 청소년에게 권능을 부여하려는 것이다. 이처럼 오늘날 민주화와 정보화의 진전에 따라서 청소년의 개념 및 본질 규정을 둘러싼 파열음이 커지고 있다.

생각건대, 보수적인 견해와 급진적인 견해 모두 문제가 있다. 보수적인 견해는 청소년의 미성숙성을 이유로 보호와 준비를 주장하지만, 청소년을 어떻게 발전시키고 개발할 것인가에 대한 근본적인 성찰과 경로 마련이 부족하다. 또한 지나치게 청소년을 부정적으로 보고 있는 것이다. 반면 급진적인 견해는 청소년에 대해 지나치게 낙관적으로 보고 있는 점이 문제라고 할 수 있다. 참여와 관련해서 청소년은 자신의 문제와 관련된 공적 영역에서의 의사결정을 홀로 합당하게 처리할 수 있는 역량을 지금 다 갖추고 있지는 않지만, 성인들과의 협력하에 합리적인 결정을 내릴 수 있는 존재로 규정될 필요가 있다. 더 중요한 점은 이런 참여의 기회를 통해서 시민으로서 필요한 능력을 개발할 수 있는 학습력이 청소년에게 있다는 것이다.

본 글에서 청소년은 아동기와 성인기의 중간에 놓여 있는 과도기적인 존재나 주변인이 아니라, 참여 능력이 있고 참여를 통해서 시민역량을 함양할 수 있는 시민적 학습력이 있는 독자적인 특성을 지닌 사회적 존재로 규정된다.

2. 참 여

오늘날 우리는 참여정부, 참여의 시대, 참여민주주의 등과 같은 말을 일상생활에서 흔히 듣는다. 이처럼 참여라는 용어에 대해 익숙해져 있다. 그렇지만 거의 생활용어가 되다시피 한 참여가 무엇인가에 대해서는 학자들마다 답이 다르다. 하트(Hart,1997)는 참여를 '자신의 삶에 영향을 주는 의사결정을 공유하는 과정'이라고 하고 있으며, 윈터(Winter, 1997)는 '청소년이 능동적으로 자신의 생활환경에 참여하는 기회'라고 한다. 유엔아동권리협약에서는 '자신의 삶에 영향을 미치는 의사결정에 참여하고 자신이 관심을 가진 사안에 대해 권한을 가지고 취하는 활동'이라고 하며, 나겔(Nagel, 1987)은 '사회의 보통 구성원이 의사결정의 결과에 영향을 미치거나 영향을 미치고자 하는 행동'이라고 한다. 국내학자인 박세일(2003)은 참여를 '자신의 삶의 조건과 환경에 영향을 미치는 집단적 의사결정에 자신들의 생각과 주장을 반영시키는 노력'으로 보며, 김영인(2002)은 '정치공동체의 일반구성원들이 자신의 삶에 관련된 정부·시민사회·직장의 의사결정 또는 집행에 직·간접적인 영향을 미치거나 미치려는 자발적인 행위'로 보며, 박효종(2006)은 '공공선이나 공공정책과 연관된 시민의 관습적 혹은 비관습적 활동을 포괄하는 직접적인 행위'로 보고 있다.

이러한 다양한 정의를 종합하면, 참여는 '일반사회구성원이 자신의 삶에 영향을 미치는 국가, 사회, 직장 등과 같은 공적인 영역의 의사결정에 직·간접적으로 영향을 미치려는 능동적이고 자발적인 행위'라고 할 수 있다. 이런 참여의 정의에서 참여의 몇 가지 특징을 도출할 수 있다. 첫째, 참여는 전문적인 정치인이나 로비스트가 아닌 일반구성원의 행위라는 점이고, 둘째, 공적인 영역의 의사결정에 관련된다는 점이고, 셋째, 외압이나 강제력에 의한 것이 아닌 참여 주체의 능동적이고 자발적인 행위라는 점이고, 넷째, 단순한 인식이나 의사가 아닌 직·간접적으로 영향을 미치려는 행위라는 점이다.

이와 같이 정의되는 참여는 개인의 자유와 권리, 자율성을 중시하는 자유주의 및 공동체의 전통, 덕목, 공공선의 실현을 중시하는 공동체주의와 밀접한 관련성을 가지고 있다(Lowery et al., 1992; Lowndes, 1995). 참여는 사회와 인간(개인)의 관계 속에서 이루어지는 것이어서 사회와 인간(개인)의 관계를 각각 다르게 규정하는 자유주의 또는 공동체주의에 따라 그 의의가 달라질 수밖에 없기 때문이다.

먼저 자유주의와 공동체주의에 대해서 간단하게 살펴보도록 하자. 자유주의는 개인의 선택의 자유를 제일의 도덕률로 삼고 어느 시대나 사회에서도 불변적으로 존립하여 사유 활동을 하는 추상적인 자아를 윤리적인 주체로 상정한다. 추상적 자아는 이성을 중심적인 도덕적 원천으로 삼아 자율성의 원칙에 따라서 행동한다. 이에 비해서 공동체주의는 '우리'를 '나'에 선행하는 것으로 보고, 공동체에 강한 소속감을 가짐으로써 정체성이 형성되는 상황적 자아 또는 관계적 자아를 중요시한다. 자유주의자들은 '자기 스스로 충족하는 개인', '좋은 사람(good man)'을 기르는 것을 중요시함에 반해서, 공동체주의자들은 다른 사람을 위한 박애(fraternity), 공공선의 이상을 실현하는 '좋은 시민(good citizen)'을 기르는 것을 중요시한다(Conover and Searing, 1994).

앞에서 언급한 것처럼 이런 자유주의와 공동체주의의 논리는 참여에 당연히 연결된다. 개인의 자율성, 추상적 자아, 자기 스스로 충족하는 개인을 중시하는 자유주의 입장에서 참여는 본질상 사적인 것이며, 개인의 이익을 추구하고 지키려는 도구적인 것에 불과하다. 참여는 어떤 공공선을 달성하기 위한 것도 아니며, 그 자체로 가치 있는 것도 아니어서 시민에게 요구될 수 있는 성질을 가지지도 않는다. 참여를 통해서 개인의 권리와 재산을 지키고 자신의 이익을 극대화하는 것은 지극히 당연시되며, 공공선의 실현, 타인에 대한 배려, 연대성, 사회적 책임 등은 그렇게 중요시되지 않는다. 자유주의 입장에서 참여는 비용-편익 분석에 입각해 이루어지는 행위일 뿐이다.

반면 시민의 덕목, 공익성, 관계적 자아, 연대와 배려 등을 중시하는 공동체주의 입장에서 참여는 본질상 공적인 것이며, 공동체의 발전과 공공선의 실현을 위한 내재적인 것이다. 참여는 그 자체로 가치 있는 것이며, 시민 또는 사회구성원으로서 당연히 지녀야 하는 덕목이다. 공동체주의에서의 참여는 비용-편익 분석에 입각하여 개인의 이익만을 추구하기 위한 천박하고 탐욕스러운 것이 아니라, 공익 실현을 위한 행동으로서 장려된다.

스카프(Scaff, 1975)의 참여의 언어적 의미 분석에 따르면, 이상에서 살펴본 자유주의적 참여와 공동체주의적 참여는 참여의 개념에 내포되어 있다. 그에 따르면, 참여(participation)의 의미는 선거, 캠페인, 시위 등에 참가하는 것(taking part)과 사상, 목표, 정서, 연대 등을 공유하는 것(sharing)으로 나누어진다. 참가(taking part)는 소유, 개인적 이익 추구의 의미를 나타냄에 반해서, 공유(sharing)는 타인에 대한 신뢰, 공동선의 보유, 자발적인 기여 등을 바탕으로 개인적인 헌신과 상호성의 의미를 나타낸다. 전자는 자유주의적 참여, 후자는 공동체주의적 참여를 의미한다고 할 수 있다. 결국 양자는 참여라는 동전의 앞뒷면을 형성한다고 하겠다. 따라서 스카프(Scaff)에 따르면, 양자는 참여의 대비되는 두 측면의 어느 하나를 강조한 것일 뿐이지 상호 배제적인 것은 아니다.

이와 같은 논의를 바탕으로 하면, 참여는 개념적으로 2가지 차원의 유형이 있다고 할 수 있다. 하나는 경제적인 비용-편익 분석을 바탕으로 사적 이익 실현의 가능성을 높이기 위한 권력 획득의 도구적 수단과 교환 행위로서 참여이고, 다른 하나는 상호 우정과 연대의 토대 위에서 공공선을 증진하기 위한 공유(sharing)와 공익적 행위로서 참여이다. 이를 바아버(Barber)의 약한 민주주의와 강한 민주주의와 연결시키면, 전자를 약한 참여, 후자를 강한 참여라고도 할 수 있다.

참여는 그 영역에 따라서 크게 2가지로 구분될 수 있다. 하나는 국가 권력을 토대로 하는 국가 기능에 직접적으로 관련된 것이고, 다른 하나는 국가 기능과 직접적인 관련성을 갖지는 않으면서도 다수의 삶과 관련된 사회공동체의 기능에 관련된 것이다. 전자는 국가의 공공정책의 형성이나 집행과정 또는 공직자의 선출에 관여하는 것으로 정치참여로 범주화될 수 있다(McClosky, 1968; Verba & Nie, 1972; Parry, Moyser and Day, 1992). 후자는 국가의 영역 외의 공적인 영역으로서 시민사회, 지역사회 등의 의사결정이나 일에 관여하는 것으로 사회참여로 범주화될 수 있다.

3. 청소년참여

이상의 청소년과 참여에 대한 논의를 종합하면, 청소년참여는 일반청소년들이 공적 영역의 공공문제나 인물선택에 관한 의사결정에 직·간접적으로 영향을 미치려는 명시적이고 자발적인 행위라고 할 수 있다. 청소년에게 있어서 공적 영역은 크게 국가적 영역과 사회적 영역으로 나누어질 수 있다. 국가적 영역에 있어 참여는 정책참여, 선거참여, 정책 및 선거에 영향을 미치고자 하는 집회와 시위 등과 같은 정치참여이고, 사회적 영역에 있어 참여는 봉사활동, 시민사회 및 지역사회 참여, 수련시설 운영참여 등과 같은 사회참여이다. 청소년참여는 자발적인 행위라는 점에서 외부의 압력이나 강요에 의해 어떤 사안에 개입하는 동원(mobilization)과 다르며, 명시적인 행위라는 점에서 단순한 관심, 태도, 의사와 구분된다. 또 청소년참여는 법이나 제도적으로 보장되어 있는 관행적 참여(conventional participation)뿐만 아니라, 합법적으로 인정되지 않는 집회나 시위와 같은 비관행적 참여(unconventional participation)를 포함한다.

청소년참여에 있어서 제기되는 논점의 하나는 참여 주체에서의 배제와 포함의 문제이다. 참여를 제도적으로 보장하는 관행적 참여에서 이 문제는 첨예하게 나타난다. 선거권 연령 인하 문제에서 볼 수 있듯이, 제도의 설정과 운영 권력을 지닌 기성세대가 청소년참여를 제도화하는 데 소극적이거나 부정적일 때, 참여 주체를 둘러싼 쟁점은 대립과 갈등의 양상으로 비화되기도 한다. 관행적 참여에서 누구를 참여 주체에 포함시킬 것인가 하는 것은 선험적 기준이나 학문적 논리에 의해서 결정되기보다는 사회세력들 간의 정치적 타협과 합의에 의해서 결정되는 문제라고 할 수 있다. 이런 사실은 2005년도 청소년 선거참여를 둘러싸고 벌어진 선거연령 인하 문제의 결정과정을 보면 잘 드러난다. 참여 주체의 범주 문제는 관행적 참여에서만 제기되는 것이 아니라 비관행적 참여에서도 제기되는 문제라 할 수 있다.

이 문제와 관련하여 청소년이 참여 주체가 되는 것이 바람직한가,

또 될 수 있는가 하는 질문이 제기될 수 있다. 전자는 규범적 측면의 판단 문제이고, 후자는 사실적 측면의 능력 문제이다. 둘 다 엄밀한 기준에 의한 답을 도출하기는 어렵지만, 전자에 대해서는 주로 인간본질의 내재적 욕구의 실현, 인격체로서의 자율성 보장, 시민으로서의 인권 보장, 청소년 에너지의 자원화 등을 답으로 내세운다. 후자의 문제는 청소년이 시민적 역량을 가지고 있는가 하는 것인데, 지식, 가치와 태도, 행위능력 등을 나타내는 지표를 통해서 측정될 수 있다. 그러나, 이 지표를 구성하는 데 있어서 규범적 판단요소의 개입, 지표를 통한 인간능력 측정의 한계 등의 문제 때문에 시민성의 측정은 매우 복잡성을 가지게 된다.

청소년이 참여 주체가 되는 것이 바람직한가의 문제, 즉 청소년참여의 바람직성은 청소년의 시민역량과 매우 밀접한 관련을 가진다. 여기에서 바람직하다는 것은 개인적 영역에서보다는 공적 영역에서의 좋음 또는 옳음을 뜻하는 것이다. 개인적 영역에서 자신 또는 자신과 관련된 폐쇄적인 집단 내의 몇몇 사람들에게만 좋거나 옳은 것을 참여에 있어서 바람직성이라고 하기는 어렵기 때문이다. 물론 이것이 중요하지 않은 것은 아니지만 이것만으로는 바람직함에 대한 타당성을 가지기 어렵다.

어떤 참여가 개인의 사적 이해관계를 넘어선 영역, 즉 공적 영역에 대한 기여를 포함할 때 바람직하다고 할 수 있을 것이다. 이런 점에서 청소년의 바람직한 참여는 앞에서 언급한 강한 참여를 의미한다. 청소년의 참여가 이런 바람직성을 가지려면, 청소년이 참여를 통해서 공적 영역에 대해 기여하려는 자세와 실천능력을 가져야 한다. 청소년이 시민으로서 자세와 역량을 가지고 참여를 할 때 비로소 참여는 바람직하게 된다. 따라서 청소년의 시민역량은 청소년참여가 바람직해지기 위한 전제 요건이다. 시민으로서 역량(공공선을 위해 기여하려는 자세, 실천능력, 지식, 문제해결력 등)을 갖추지 않은 참여는 오히려 사회발전이나 공공선 실현을 저해할 수 있다.

청소년의 시민역량은 다음 절에서 기술할 시민성의 핵심적인 요소이자 그 자체라고 할 수 있다. 또한 청소년의 참여는 시민성의 발현이기도 하면서 동시에 시민성에 영향을 미친다는 점에서 시민성과 밀접한 관련을 가진다. 이런 점에서 참여를 논의할 때 시민성에 대한 고찰은 필수적이다. 아래에서는 시민성에 대해서 살펴보도록 하겠다.

Ⅱ. 청소년의 시민성

1. 시민성

시민성의 개념 역시 논쟁적이어서 고정적인 합의가 존재하지는 않지만(Hall, Williamson & Coffey, 2000), 오늘날 일반적으로 정치공동체의 구성원인 시민으로서 갖추어야 할 자질로 이해되고 있다[2].

___

2) 시민성 개념은 2가지로 나누어질 수 있다. 하나는 시민성을 권리와 의무의 체계로 규정하는 것이며, 다른 하나는 시민성을 시민의 자질로 보아 인지적·정의적·행동적 차원에서의 지식, 기능, 태도, 행동능력 등으로 규정하는 것이다. 우리의 경우 서구사회처럼 근대사회의 성립과정에서 시민으로서 권리와 의무가 체계화되면서 시민 지위가 획득되고 정립되어 온 역사적 경험이 없고, 서구 민주주의 도입으로 시민으로서 권리와 의무와 즉각적으로 주어졌기 때문에, 시민성을 민주주의 사회의 구성원이 지

시민성의 개념은 본질적으로 개인과 정치공동체(또는 민주주의사회) 간의 관계에서 파생되는 것으로서(Matthews, 2001), 정치공동체와는 별개로 개인의 사람다움과 관련되는 인간성과는 구분된다. 인간성은 정치공동체 구성원으로서의 역할 수행을 위해서 필요한 자질과는 직접적으로 관계되지 않는 개개인의 품성과 자질을 의미하는 것으로서 사적인 성격을 가진다. 이에 비해, 시민성은 정치공동체, 즉 민주주의사회 구성원으로서 사회적 역할 수행을 위해서 필요한 품성과 자질로서 공적인 성격을 가진다.

인간성은 정치공동체나 시민사회를 떠나서 인간으로서 갖추어야 할 것이지만, 시민성은 정치공동체나 시민사회를 떠나서는 생각할 수 없는 사회적 구성개념으로서 정치공동체나 시민사회의 성격에 따라서 규정된다. 민주주의사회가 아닌 경우 시민성은 의의가 없다고 해도 과언이 아니다. 예컨대, 봉건주의 사회에서도 인간성은 중요하였지만, 시민성이란 개념은 일반적으로 성립되지 않았고 사회적 의의도 없었다. 물론 인간성과 시민성이 상호 배타적이거나 관련성이 없는 것은 아니다. 인간성은 시민성보다 더 넓은 영역이며 시민성 형성과 중첩된다. 그렇지만 인간성이 좋다고 시민성이 좋은 것은 아니며, 양자는 별개의 과정을 통해서 형성되는 것이라 할 수 있다.

시민성은 정치공동체(사회 또는 국가)와의 관계에서 시민이 가져야 될 자질이기 때문에, 시민의 지위와 밀접한 관련을 갖는다. 정치공동체와의 관계에서 시민의 지위는 개인적 소비자 또는 공동체 구성원으로 나누어 볼 수 있다(Lowndes, 1995).

개인적 소비자로서 시민을 바라보는 관점은 군스터렌(Gunsteren,

녀야 할 덕목의 체계 또는 자질로 보는 것이 합당하다(이종렬, 1999).

1994)이 권리와 선호의 계산자로서 시민을 규정하는 견해와 유사하다. 이 관점에서는 사회와 시민의 관계를 시장 메커니즘에 입각하여 규정한다. 시민은 공동체 구성원인 집합 개념으로서가 아니라, 시장에서 상품을 선택하는 소비자 개인으로서 존재한다. 개인인 시민은 공리주의적 관점에서 개인 자신의 이익을 극대화하기 위해서 행동하고 이것이 당연시된다. 결국 개인의 자유와 선택권, 교환의 원리가 최고가 된다(Lowndes, 1995; Gunsteren, 1994).

반면에, 공동체 구성원으로서 시민을 바라보는 관점은 역사적으로 발달되어 온 공동체를 강조하고, 개인의 시민성은 이 공동체로부터 파생된 것에 불과한 것으로 본다(Gunsteren, 1994). 시민이 된다는 것은 공동체 구성원의 자격을 획득하는 것을 의미한다. 공동체 구성원인 시민으로서 중요한 것은 공동체에 대한 충성심이며 개인의 이익을 극대화하는 것이 아니다. 시민은 시장의 교환에 의해서가 아니라 상호적 의무와 배려에 의해서 결합된다. 결국 공동체의 전통과 덕목이 최고가 된다.

양자의 구분은 정치철학의 두 차원을 반영하는 것이다. 전자는 로크(Locke), 홉스(Hobbes) 등으로 대표되는 자유주의, 후자는 아리스토텔레스(Aristoteles), 루소(Rousseau), 바아버(Barber), 맥킨타이어(MacIntyre) 등으로 대표되는 공동체주의와 관련된다. 이들 두 진영에서의 시민성에 대한 논쟁은 매우 복잡하고 다양한 의미를 가진 입장을 포함하고 있지만, 단순화시키면 개인적 소비자로서의 시민과 공동체 구성원으로서 시민에 대응하여 계약적 시민성과 공동체적 시민성으로 나눌 수 있다(Conover and Searing, 1994).

계약적 시민성은 자유주의 이론 특히 로크(Locke)의 재산이론과 교환이론을 바탕으로 개인적 소비자로서 시민이 갖추어야 될 자질이다. 이 입장에서는 공공성에 대한 요구는 최소화된다는 점에서 수동적 시민이 기대된다. 정치 또는 사회활동에의 참여는 본질상 사적인 것이며, 개인의 이익을 추구하고 지키려는 수단적인 것이다. 따라서 이것은 어떤 공공선을 달성하기 위한 것도 아니고, 그 자체로 가치가 있는 것도 아니며, 시민에게 요구할 수 있는 성질도 아니다. 시민은 선택의 자유를 제일의 도덕률로 삼고, 어느 시대나 사회에서도 불변적으로 존립하여 사유 활동을 하는 추상적인 자아에 따라서 행동한다. 이 입장에서는 '자기 스스로 충족하는 개인', '좋은 사람(good man)'을 기르는 것을 중요시한다(심성보, 1994; Conover and Searing, 1994).

구체적으로 계약적 시민성 관점에서는, 시민들이 모든 공적 · 사적 영역에서 합리적인 선택을 할 수 있는 자질을 갖추는 것이 중요시된다. 개인의 권리와 재산을 지키고 자신의 이익을 극대화할 수 있는 지식과 기능을 습득시키는 것이 우선시된다. 또한 개인주의적 가치와 태도가 당연시되고, 공익 우선성, 타인에 대한 배려, 연대성, 사회적 책임성 등은 그렇게 중요시되지 않는다. 비용 - 편익 분석을 통해서 가장 많은 이익을 얻을 수 있는 합리적 행동이 중요시되고, 공익지향적인 사회참여행동은 장려되지 않는다.

공동체적 시민성은 덕목, 전통 등을 중요시하는 공동체주의 이론을 바탕으로 개인으로서보다는 공동체 구성원으로서 시민이 갖추어야 할 자질이다(Lowery et al., 1992). 이 입장에서는 공공적 영역과 공공선에 대해서 적극적인 능동적인 시민을 기대하며, 공동의 활동과 전통으로 결합된 이웃과 친구들 간의 관계성에 기반을 둔 것으로 시민성을 묘사한다. 정치 또는 사회활동에의 참여는 본질상 공적인 것이며 사회전체의 공익을 위한 것으로 당연히 요구된다(Conover and Searing, 1994). 공동체적 시민성 관점에서는 '우리'를 '나'에 선행하는 것으로 보고, 공동체에 강한 소속감을 가짐으로써 정체성이 형성되는 상황적 자아를 중요시한다. 또한 공공선의 이상을 실현하는 '좋은 시민 (good citizen)'을 기르는 것을 중요시한다(심성보, 1994; Conover and Searing, 1994).

구체적으로 공동체적 시민성 관점에서는 시민들이 모든 공적·사적 영역에서 공동체의 전통을 존중하고 덕목을 갖추는 것을 중요시한다. 공익정신, 타인에 대한 배려, 연대의식, 사회적 책임성과 의무감, 참여적 태도 등을 기르는 것을 중요시한다. 비용-편익 분석의 합리적 관점보다는 공익 우선의 관점에서 사회참여행동을 장려한다.

시민성은 적극성의 정도에 따라서 수동적 시민성과 능동적 시민성으로 구분될 수 있다. 수동적 시민성은 사회구성원으로서 역할 수행이나 자신의 권리추구에 적극적이지 않다. 주어진 법이나 질서에 순응적일 뿐 더 이상의 사회발전이나 문제 해결을 위해서 나서지 않는다. 따라서 수동적 시민성은 낮은 비판능력·창의력·문제해결력·참여의지 등을 특징으로 한다. 반면 능동적 시민성은 사회구성원으로서 역할 수행이나 자신의 권리추구에 적극적이다. 사회발전이나 문제해결을 위해서 적극적으로 나서며 공·사 영역에 대한 관심이 높다. 따라서 능동적 시민성은 높은 비판능력·창의력·문제해결력·참여의지 등을 특징으로 한다.

이상의 정치철학과 적극성의 정도에 따라 분류한 것을 토대로 시민성을 유형화해 보면, 다음 〈표 1-1〉과 같다.

〈표 1-1〉 시민성의 유형

적극성기준 ＼ 정치철학기준	계약적 시민성	공동체적 시민성
수동적 시민성	I	II
능동적 시민성	III	IV

이 중에서 공동체적 시민성과 능동적 시민성이 결합한 Ⅳ를 참여적 시민성이라고 할 수 있다. 따라서, 참여적 시민성은 공동체적 시민성과 능동적 시민성의 특성을 동시에 지닌다. 즉, 참여적 시민성은 공공문제에 대한 관심, 공익정신, 능동적 참여, 문제해결력, 사회적 책임성 등을 핵심요소로 하는 공동체구성원으로서의 시민자질을 의미한다. 참여적 시민성은 오늘날뿐만 아니라 미래 민주주의사회에서 요구되는 시민성이다. 민주주의사회의 발전을 위해서는 공익정신 및 문제해결력을 바탕으로 하는 적극적인 참여활동이 필요하기 때문이다. 〈표 1-1〉의 다른 시민성 유형, 즉 유형 Ⅰ은 사익을 중심으로 하면서도 이를 위해 적극적으로 활동하지 않는 시민성이며, 유형 Ⅱ는 공익을 중심으로 하지만 이는 의식 속에만 있을 뿐 적극적으로 활동하지 않아 사회문제의 해결이나 사회발전에는 실질적으로 도움이 되지 않는 시민성이고, 유형 Ⅲ은 사익을 중심으로 적극적으로 활동을 하지만 공공문제 해결에는 나서지 않는 시민성이기 때문에 민주주의사회 발전에는 그다지 도움이 되지 않는다.

2. 현대사회의 특징과 청소년에게 요구되는 참여적 시민성

이와 같은 시민성 중에서, 오늘날 어느 것이 청소년에게 더 요구되는 것일까? 이것은 현대사회의 특징을 분석해 봄으로써 가늠될 수 있다. 앞에서 말한 것처럼 청소년에게 요구되는 시민성은 사회 맥락적인 것이기 때문이다.

현대사회의 특징은 여러 관점과 기준에서 다양하게 정리될 수 있겠지만, 본 글에서는 다음과 같이 4가지로 나누어 살펴보도록 하겠다.

첫째, 자본주의 발달이 고도화된 점이다. 세계화라는 용어에서 보듯이 경제적인 국경은 오늘날 거의 무의미해졌으며, 초국가적인 거대 자본이 전 세계인의 삶을 지배할 정도에 이르게 되었다. 이와 같은 자본주의 발달은 인간의 물질생활을 풍요롭게 하였지만, 시민문화, 공동체생활, 정치참여 등의 인간생활 전반에 걸쳐 문제점을 초래하였다. 자본주의 발달에 따라 점점 개인주의 더 나아가 이기주의적 사회의 모습으로 변모되었다. 도덕적 시민문화가 소멸되고 공동체적 가치와 삶이 쇠퇴하게 되었으며, 분열과 신뢰의 상실, 정치에 대한 냉소와 무관심이 사회를 지배하게 되었다(Wade, 1997). 특히 청소년들은 거대한 자본주의 사회구조에서 소외되어 사생활주의, 향락주의 등에 빠지고 목적의식이 상실되어, 정치적으로 더욱 무관심하게 되었다. 사회적 인식에서 좋은 시민이 되는 것을 정치적으로 참여하는 것으로 이해하지 않고, 단지 좋은 사람이 되는 것으로 이해하는 경향이 높아지게 되었다(Wade and Saxe, 1996). 자본주의의 퇴폐문화의 영향을 받아서 좋은 사람조차 되기 어려운 것이 오늘날 청소년들이 당면하고 있는 사회 현실이 되었다.

둘째, 생태계파괴, 전쟁, 빈곤과 굶주림, 핵무기 등 전 지구촌적 문제가 대두하여 인류의 생존을 위협하게 된 점이다. 인간 생존에 치명적인 위협이 될 정도에 이른 사회문제의 해결은 인류가 시급히 해결해야 할 당면과제가 되었지만, 아직도 그 해결책을 찾지 못하고 있다. 오히려 사회문제의 심각성은 더 깊어지고, 그 종류는 점점 다양해지고 있다.

셋째, 정보화에 따른 사이버 공간이 등장하여 일상생활에서 큰 비중을 차지하게 된 점이다. 인터넷으로 대표되는 정보화는 정치·경제·사회문화 등 여러 측면에서 인간의 생활을 변화시켰다. 특히 이러한 생활의 변화는 정보화에 대한 감수성이 예민한 청소년에게 두드러지게 나타났다. 양방향적 의사소통, 정보의 확산과 공유, 전자민주주의 등에서 볼 수 있는 것처럼 이러한 정보화는 인간 생활에 유익하게 작용하기도 하였다. 그렇지만 정보화매체에 의한 인간소외, 사이버 테러, 사이버 공간의 익명성으로 인한 부작용, 사생활 침해, 저질 문화의 유포, 정보독점에 의한 사회계층의 격차 심화 등에서 보는 것처럼 그 문제점도 만만치 않게 나타났다.

넷째, 시민사회가 등장하고 확대된 점이다. 법과 공권력에 의해 규제되는 국가의 공적 영역 및 자본의 논리에 의해 지배되는 시장의 사적 영역과는 별개로, 이들 영역을 감시하는 자율적이고 자발적인 영역으로서 시민사회가 의식적으로 형성되고 그 안에서 시민운동이 활발하게 일어난 것이다. 시민사회는 국가의 공적 영역뿐 아니라 사적 영역인 거대 자본의 횡포를 견제하여 시민의 인권을 보호하는 기능을 하고 있다(손봉호, 1998: 213). 국가-시민사회-자본의 3각 구도가 균형을 이룸으로써 민주주의 발전에 기여하고 있다고 할 수 있다. 오늘날 이러한 시민사회와 시민운동은 국내에만 머무는 것이 아니라, 서로의 연대를 통해서 세계 시민사회와 시민운동으로 확장·발전하고 있다.

이와 같은 현대사회의 특징을 고려할 때, 소비자로서 시민과 공동체 구성원으로서 시민, 이에 대응되는 계약적 시민성과 공동체적 시민성, 수동적 시민성과 능동적 시민성 중에서 오늘날 청소년에게 더 요구되는 것은 무엇일까? 사회문제를 해결하고 민주주의와 사회를 발전시켜야 한다는 관점에서 볼 때, 공동체 구성원으로서 시민, 공동체적 시민성과 능동적 시민성이 소비자로서 시민, 계약적 시민성과 수동적 시민성보다 더 요구된다고 할 수 있다. 물론 이들은 현실 세계에서 흑백의 구분처럼 명쾌하게 나누어질 수 있는 것이 아니며, 상호 배제적인 것도 아니다. 그러나 현대사회의 여러 가지 문제가 개인주의적이고 사익 중심적인 사회구조와 개인 활동에 의해서 발생한 것이라 할 수 있기 때문에, 계약적 시민성 및 수동적 시민성을 가지고는 해결되기 어렵다. 이를 극복하기 위해, 미래의 주역인 청소년의 시민성이 공동체적 시민성과 능동적 시민성이 결합된 참여적 시민성이 되어야 한다는 점을 부인하기는 어려울 것이다.

이러한 점은 바아버(Barber, 1984)의 강한 민주주의론을 통해서도 지지된다. 바아버(Barber)는 현대의 다양한 정치·사회적 위기의 원인을 자유주의의 과잉이 민주주의를 손상해 왔기 때문이라고 진단한다. 바아버에 따르면, 개인주의적이고 사적인 목적이 전적으로 우선시되는 약한 민주주의가 현대사회를 지배하고 있기 때문에 사회적 위기가 발생했다는 것이다. 이를 극복하기 위해서는 시민들이 탐욕과 이기심, 정치적 무관심에서 벗어나 상호 존중과 연대, 공익정신과 참여의식 등 강한 민주주의에 필요한 참여적 시민성을 길러야 한다는 것이다. 이 연장선상에서 헤이도(Hajdo)의 경우도 시민성을 약한(thin) 시민성과 강한(thick) 시민성으로 구분지어 논의하면서 강한 시민성을 기를 것을 역설하고 있다(Perry and Katula, 2001).

청소년에게 참여적 시민성 함양이 더 필요한 점은 뉴우만(Newmann, 1989), 파커(Parker, 1989), 웨이드와 삭스(Wade and Saxe, 1996), 손봉호(1998)에 의해서도 뒷받침된다. 뉴우만(Newmann, 1989), 파커(Parker, 1989)는 참여적 시민성이 청소년에게 필요함을 역설하고 있으며, 웨이드와 삭스(Wade and Saxe, 1996)도 미래사회는 오늘날보다 더 많은 사회적, 환경적, 경제적 문제들로 가득 차 있을 것이라는 이유로 청소년에게 요구되는 시민성은 공동체적인 참여적 시민성이라고 주장한다. 손봉호(1998)는 근대의 특징을 소극적 시민성이라고 함에 반해, 오늘날의 두드러진 특징을 적극적 시민성이라고 한다. 그에 의하면, 오늘날 시민사회의 확장에 의해서 개인은 자신의 문제를 넘어서 사회공동체 문제의 해결을 위해서 활동할 뿐 아니라, 세계 시민사회의 일원으로서 세계 공동체 문제의 해결을 위해서 활동할 수 있게 되었으며, 또한 이러한 활동을 위한 연대적 시민성을 요구받고 있다.

청소년이 함양해야 하는 참여적 시민성의 핵심요소는, 앞에서도 언급한 것처럼, 공공문제에 대한 관심, 공익정신, 능동적 참여의지와 행동, 문제해결능력, 참여에 따른 책임감 등이라고 할 수 있다. 참여는 관심으로부터 시작되는 것이기 때문에 청소년들에게 공공문제에 대한 관심을 가지도록 교육할 필요가 있다. 또한 참여적 시민성에서 참여는 개인의 이익보다는 공익을 지향하는 것이므로 청소년들에게 공익의 중요성을 일깨우고 공익정신을 가지도록 해야 한다. 사익을 위하여 관심을 가지고 참여하는 것은 굳이 교육이 없더라도 자연스럽게 이루어진다. 그러나 공익은 그 결실이 나에게 배타적으로 귀속되는 것이 아니라 사회 전체 또는 다른 사람들에게 귀속되는 것이므로, 이것의 중요성이 청소년에게 자연스럽게 터득되지는 않는다. 따라서 공익정신을 가지도록 교육하는 일은 청소년기에 있어서 중요하다.

공공문제에 대한 관심을 가지고 공익정신을 가지고 있다 하더라도 이것이 항상 실천으로 연결되지 않는다. 실천적인 행동이 따르지 않는 관념은 문제를 해결하고 사회를 발전시키는 데 도움이 되지 않는다. 관념을 실천하기 위해서는 청소년들에게 능동적으로 참여하려는 의지와 행동능력을 가지도록 해야 한다. 공익을 위해서 참여행동을 하더라도 어떤 문제를 해결할 수 있는 능력이 없으면, 참여는 오히려 사회를 불안정하게 하고 갈등을 증폭시키는 요소가 될 수 있다. 따라서 참여적 시민성의 내용으로서 문제해결능력은 참여의 생산성을 높이는 요소로서 중요한 의의를 가진다. 이런 이유에서 청소년들에게 공익정신,

참여행동 못지않게 이를 생산적인 결과로 연결시킬 수 있는 문제해결
능력을 길러주어야 한다.

마지막 참여적 시민성의 요소는 참여에 따른 책임감이다. 공익정신
과 문제해결능력을 가지고 이루어지는 참여이지만, 이것의 결과를 미
리 생각해 보게 하여 이에 대한 세심한 주의를 기울이도록 해야 한다.
아울러 타인에 대한 배려와 결과에 대해서도 책임을 질 줄 아는 책임
감을 청소년에게 함양시켜야 한다.

3. 참여적 시민성 관점에서의 청소년교육 반성

이러한 참여적 시민성을 청소년에게 어떻게 함양시킬 것인가? 이에
대한 답을 논하기 전에 먼저 참여적 시민성 함양이라는 관점에서 기
존의 청소년교육을 되돌아볼 필요가 있다. 넓은 의미에서 청소년교육
은 청소년을 대상으로 이루어지는 교육으로서 학교교육과 학교 밖 교
육을 포함한다.

학교교육은 청소년교육에서 가장 큰 비중을 차지하는 것이지만, 참
여적 시민성이라는 관점에서 보면 상당 부분 실패하였다고 할 수 있
다(이장현, 2002). 학교교육은 획일적인 교과지식 위주의 교육내용과
규율에 틀 지워져 청소년을 규격화, 수동화하는 경향이 강하며, 교사
(성인) - 학생(청소년)의 위계적인 권력구조 및 교육당국 - 교장 - 교사
- 학생으로 이어지는 경직된 관료조직과 같은 비민주적 구조에 의해
학생을 지배하며, 입시 위주의 교육에 의해서 경쟁적 품성과 이기주의
적 성향을 증대시키기 때문이다. 물론 학교교육의 이러한 문제점을 극
복하여 참여적 시민성을 기르기 위한 노력이 없는 것은 아니지만, 이
런 노력은 전체 학교교육에 비하면 미미한 것이라 할 수 있다. 결국,

현실적으로 학교 청소년교육은 앞에서 본 〈표 1-1〉의 수동적 시민성
-계약적 시민성이 결합한 Ⅰ유형, 또는 능동적-계약적 시민성이 결
합한 Ⅲ유형의 시민성을 양성하는 것이라 할 수 있다.

학교 밖 청소년교육의 대표적인 것은 청소년시설에 의한 청소년육
성활동이라 할 수 있다. 청소년육성은 "청소년활동을 지원하고 청소년
의 복지를 증진하며 사회여건과 환경을 청소년에게 유익하도록 개선
하고 청소년을 보호하여 청소년에 대한 교육을 보완함으로써 청소년
의 균형 있는 성장을 돕는 것"(청소년기본법 제3조)이다. 이 규정 중
에서 '청소년에 대한 교육'은 학교 청소년교육을 의미하는 것으로 보
인다. 대부분의 청소년이 대부분의 시간을 학교에서 보내면서 교육받
고 있기 때문이다.

이런 점에서 청소년육성활동은 청소년에 대한 교육, 즉 학교교육을
보완한다는 의미를 가진다. 이는 교과지식 위주의 학교 청소년교육에
서 길러지는 수동적 시민성-계약적 시민성을 보완하여, 수동적 시민
성을 능동적 시민성으로, 계약적 시민성을 공동체적 시민성으로 전환
함을 의미한다고 하겠다. 주로 청소년육성활동은 수련활동, 교류활동,
문화활동 등을 중심으로 하는 청소년활동으로 나타난다. 이러한 청소
년활동은 청소년의 직접적인 체험활동으로 이루어져 있어, 학교교육에
비해서 청소년들의 능동적 시민성, 공동체적 시민성을 기르는 데는 유
용하다. 그렇지만, 대부분의 활동이 자연체험활동이나, 수련시설 자체
의 프로그램 체험으로 이루어져 있어 사회실재와는 괴리되어 있으며,
시민으로서 살아가는 데 당면하게 될 다양한 사회문제와도 동떨어져
있다. 따라서, 현재의 청소년육성활동은 인성 위주의 체험활동 중심으
로 이루어져 있어서 인간성 함양에는 유용하지만, 참여적 시민성 함양
에는 충분하지 않다고 할 수 있다.

학교 밖 청소년교육은 가정과 대중매체를 통해서도 이루어진다. 가정은 가장 기초적인 사회화기관으로서 교육기능을 수행할 수 있음에도 불구하고 이미 이 기능을 상당 부분 상실하고 있다. 부부 맞벌이, 부모와 자녀의 대화 부족, 결손가정 증가 등으로 참여적 시민성을 함양하기 위한 가정교육은 거의 이루어지지 않고 있다. 대중매체 역시 획일적이고 일방적인 정보 전달과 상업주의에 치중하여 참여적 시민성 함양을 위한 청소년교육기관으로서 기능을 상실하였다고 할 수 있다. 오히려 오늘날 대중매체의 역기능에 의해서 청소년들이 물질주의, 향락주의, 소비주의 등에 물들고 있는 실정이다.

이상에서 살펴본 것처럼, 기존의 학교교육 및 학교 밖 교육을 통해서는 청소년의 참여적 시민성을 기르기에는 역부족이다. 기존의 청소년교육을 보완 또는 대체하는 방안으로서 NGO활동, 자원봉사활동 등과 같은 참여를 통한 청소년교육을 생각할 수 있다. 다음 장에서 살펴볼 참여의 시민성 함양효과를 활용해서 청소년에게 필요한 참여적 시민성을 형성할 수 있을 것으로 생각한다.

제2장

참여와 시민성 함양효과

▼ Ⅰ. 문제 제기

2002년에 행해진 제16대 대통령선거와 참여정부 수립, 다양한 NGO 활동의 활성화로 인해 오늘날 우리 사회에서도 시민의 참여가 새로운 관심사로 부각되고 있다. 제16대 대통령선거 투표율이 역대 대통령선거 중 가장 낮았음에도 불구하고[3], 이전에 비해 질적으로 다른 자발적인 시민 참여문화[4]가 형성되었다는 점에서 제16대 대통령선거는 참여 측면에서 중요한 의의를 지닌다. 선거과정에서 나타난 자발적인 참여문화를 통해서 지역주의, 금권, 당파적 정당조직 등에 입각한 구태 정치가 일소되고, 정치적 이념과 정책, 시민들의 참여 등에 입각한 새로운 정치 지형이 열릴 것으로 기대되었다. 반면 이와 같은 참여에 대한 긍정적인 기대와는 달리 인기 영합적인 민중주의(populism)적 정치문화를 조성하고, 분별력이 약한 젊은 세대들의 무모성에 의존한다는 부정적인 시각이 존재했던 점도 부인할 수 없다.

제16대 대통령선거를 계기로 우리 사회에서 제기된 참여에 대한 이런 긍정적·부정적인 시각은 오래전부터 민주주의 이론 진영 내에서도 존재해 왔다. 긍정적인 관점에서, 참여는 민주주의 본질로서 시민

---

3) 대한민국 수립 이후 지금까지 16대 대통령선거 중 시민들의 직접 투표를 통하여 대통령을 선출한 것은 10번(2대, 3대, 4대, 5대, 6대, 7대, 13대, 14대, 15대, 16대)이었으며, 이 10번 중 이번 16대 대통령선거 투표율이 70.8%로 가장 낮았다.
4) 노사모, 창사랑 등의 온라인상의 자발적인 지지모임이 결성되어 오프라인상의 다양한 참여로 이어졌으며 국민참여 경선제를 통해서 대통령후보를 선출하였다. 이는 이전의 오프라인 중심의 위에서 아래로의 수동적이고 타율적이며 비토론적인 정치문화를 온라인과 오프라인이 결합된 아래로부터 위로의 능동적이고 자율적이며 토론적인 정치문화를 형성하는 계기가 되었다.

들이 갖추어야 할 당연한 덕목으로서 강조되어 왔다. 예컨대, 고대 그리스에서 참여는 선한 삶 자체와 동일시되어 시민이 된다는 것은 곧 도시 국가의 공적인 일에 능동적으로 참여하는 것을 의미하였으며, 참여하지 않는 자는 쓸모없는 자로 취급되었다(Mulgan, 1990). 아리스토텔레스(Aristoteles, 1996)나 루소(Rousseau, 1999)가 '국가나 정치 공동체에 참여하는 개인을 시민'이라고 한 점도 시민이 갖추어야 될 필수적인 덕목으로서 참여의 가치를 강조하는 것이다. 이 외에 긍정적인 관점을 가진 사람들은, 참여는 정치체제의 정당성을 높여서 체제 안정성을 높일 뿐 아니라, 시민을 양성하는 교육적 기능을 한다고 주장하여 왔다.

이에 반해 부정적인 관점을 가진 사람들은, 참여는 민주주의 본질도 아닐 뿐 아니라 시민들이 당연히 가져야 할 덕목도 아니라고 주장하여 왔다. 더 나아가 참여는 사회의 불안정과 혼란을 야기하여 사회적 비용을 증대시키고, 시민성을 함양시키기는커녕 사적인 욕구와 이기심만을 자극하여 대립과 반목하는 태도를 기를 뿐이라고 강조하였다.

이처럼 현실 여론에서나 이론 진영에서나 참여에 대해 긍정적인 견해와 부정적인 견해가 양립해 왔음에도 불구하고, 시민교육이나 학교의 사회과교육에서는 참여를 시민들이 해야 하는 당연한 것으로 강조하고 있다. 이렇게 시민교육에서 강조하고 있는 것처럼 과연 참여는 바람직하고 사회발전에 긍정적인 것인가? 이에 대한 결론을 내리기 위해서는, 참여를 바라보는 긍정적·부정적인 두 가지 관점에 대한 심층적인 이론적·경험적인 연구의 축적이 선행되어야 할 것이다. 이는 장기적인 과제라 할 수 있다. 본 연구에서는 이 장기적인 과제 수행을 위한 하나의 기초적 작업으로서 참여에 대한 두 가지 관점의 차이에 대한 이론적 검토를 하고자 한다. 특히, 참여의 시민성 함양효과에 초

점을 두어 차이를 검토함으로써, 참여에 있어서 핵심적인 논점 중 하나가 참여의 시민성 함양효과임을 밝히고자 한다.

▼ II. 참여에 대한 두 가지 관점

1. 두 가지 관점: 참여민주주의 대 엘리트민주주의

민주주의는 관점에 따라서 다양하게 분류될 수 있지만, 본 연구내용인 참여와 관련된 민주주의 분류방식[5]으로 참여민주주의와 엘리트[6]민주주의[7] 외에도 직접민주주의와 대의민주주의, 고전적 민주이론과 수정적 민주이론을 들 수 있다(이승종, 1997). 직접민주주의와 대의민주주의, 고전적 민주이론과 수정적 민주이론의 분류는 참여에

---

[5] 이와 같은 참여 관련 내용에 의한 민주주의의 분류방식 외에도, 시기에 따라서 전통적 민주주의이론(18세기 중엽에서 19세기 중엽 사이에 형성)과 근대 민주주의이론(20세기 중반 형성)으로 분류하기도 하지만(조정남 편, 1993), 참여의 내용성이 명확하게 드러나지 않고 그 개념의 포괄성이 너무 넓어서 ― 전통적 민주주의이론에는 간접 민주주의이론, 발전주의이론 등이 포함되고, 근대 민주주의이론에는 엘리트민주주의이론, 다원주의 민주주의이론 등이 포함됨. ― 참여의 시민성 함양효과를 연구하는 본 논문에 적합한 분류기준은 아닌 것으로 판단된다.

[6] 엘리트는 그들의 활동 영역에서 가장 높은 위치의 능력을 가진 자들을 말한다(Sartori, 1987).

[7] 이는 체제가 엘리트들에 의하여 운영되지만, 권력을 잡고 있는 엘리트가 변경될 수 있으며 권력획득 경쟁이 보장되어 있다는 점에서 민주주의라 할 수 있다(조정남 편, 1993).

대하여 다음과 같은 오해를 불러일으킬 여지가 있기 때문에 본 연구에는 적합하지 않다. 직접민주주의와 대의민주주의 구분에서, 직접민주주의는 참여의 중요성과 긍정성을 강조하는 점에서는 참여민주주의와 동일하다. 그렇지만, 직접민주주의는 루소처럼 직접적인 참여만을 주장하는 것으로 여겨져, 참여민주주의자이면서 대의제를 긍정하는 밀(Mill)이나 1960년대 이후의 참여민주주의자들을 제외시키는 것처럼 보여서 개념의 혼란을 일으킬 가능성이 있다. 고전적 민주이론과 수정적 민주이론의 구분을 보면, 전자는 참여민주주의, 후자는 엘리트민주주의에 해당하는 것이지만, 고전적이라는 용어가 루소, 밀, 토크빌 등의 참여민주주의자만을 포함하고 1960년대 이후에 다시 등장한 참여민주주의자들을 제외하는 것처럼 보일 가능성이 있다.

따라서 본 연구에서는 그 용어에 있어서 참여에 대한 관점의 차이를 잘 드러내는 참여민주주의와 엘리트민주주의 분류방식을 채택한다. 전자는 일상생활 속에서 직접참여를 주장하는 자들뿐 아니라 대의제를 인정하면서도 동시에 참여의 가치를 긍정하여 다양한 참여를 주장하는 자들도 포괄하는 것으로서, 루소(Rousseau), 밀(Mill), 토크빌(Tocqueville), 바아버(Barber), 페이트만(Pateman), 바흐라흐(Bachrach) 등이 이에 속한다. 후자는 참여에 대한 부정적 또는 제한적 입장을 포괄하는 것으로서, 슘페터(Schumpeter), 사르토리(Sartori), 다알(Dahl), 베렐슨(Berelson) 등이 이에 속한다.

참여민주주의와 엘리트민주주의는 민주주의의 본질과 참여, 인간의 정치적 합리성과 참여능력, 참여의 효과에 관하여 상이한 견해를 보이며 대립하고 있다. 다음에서는 이에 대하여 구체적으로 고찰하기로 하겠다.

2. 참여민주주의 관점

1) 민주주의 본질과 참여

참여민주주의에서는 민주주의를 윤리적 목적이자 정치적 방법으로 본다(Bachrach, 1967). 민주주의는 인간의 존엄성, 자유와 평등, 개인의 도덕적 발달, 공공선 등을 체화시키고 있는 이념으로서 정치사회가 추구해야 하는 윤리적 가치이며, 동시에 이를 달성할 정치적 수단으로서 제도적 협정이자 절차, 방법이라는 것이다.

민주주의(democracy)는 어원상으로 볼 때 '시민(demos)'이 자유롭고 평등한 입장에서 정치에 참여하는 이른바 '시민에 의한 지배'를 의미한다. 참여민주주의는 이러한 언어적 의미에 충실하여 민주주의를 해석하려고 한다. 예컨대, 루소는 공공선의 실현을 의미하는 윤리적 가치로서 민주주의 실현을 위하여 시민의 직접적인 지배와 참여를 주장한다(Rousseau, 1964).

대규모 산업사회에 들어와서도 참여민주주의자들은 여전히 민주주의를 윤리적 가치로 여기고 참여를 본질적 요소로 생각하고 있다. 단적으로 대규모사회에서 대의제의 불가피성을 인정하는 밀의 경우도 민주주의에서 참여의 본질적 가치를 인정하고 선거에서의 참여뿐 아니라, 지방자치, 지역사회, 직장 등에서 참여의 중요성을 인정하고 그 확대를 주장한다(Mill, 1948).

바아버(1984)에 이르러서, 민주주의와 참여는 일상적인 삶의 방식으로까지 확대되고 보편화된다. 그에 의하면, 오늘날 민주주의 위기는 민주주의의 과잉이 아니라 민주주의의 과소에서 비롯된다. 그는 참여제도를 통한 참여의 일상화에 의하여 오늘날의 민주주의 및 사회위기를 극복함은 물론 시민성의 회복과 민주주의의 발전이 가능하다고 한다. 따라서 그가 주장하는 강한 민주주의에서는 정책이나 의사결정의 소비자로서보다는 직접 참여하는 생산자로서의 시민역할을 중요시한다.

이처럼 참여민주주의에 있어서 민주주의는 윤리적 가치를 지닌 목적이자, 이 목적을 달성하기 위한 정치적 수단이다. 이러한 목적이자 수단인 민주주의에 있어서 시민들의 참여는 본질적 가치를 지니게 되며 바람직한 것으로 평가된다. 패리 등(Parry, Moyser and Day, 1992)의 "참여 없이는 민주주의가 존재할 수 없다"는 말은 이러한 점을 단적으로 나타낸다.

2) 인간의 정치적 합리성과 참여능력

참여민주주의에서는 인간의 정치적 합리성[8]과 참여능력을 인정한다. 엘리트만이 창의적이고 공익적이며, 일반시민들은 수동적이며 사익적이라는 논변은 인정되지 않는다. 예컨대, 루소에 의하면, 공공선은 어디에나 존재하고 정상적인 인간은 누구든지 그 공공선을 알 수 있으며, 이 공공선의 실현을 위해서 참여한다. 인간이 참여를 통하여 공공선을 실현시켜 나간다는 이 말은 인간의 정치적 합리성에 대한 신뢰를 단적으로 나타내는 것이다. 이러한 점은 "한·두 사람의 군주나 철인보다는 다수의 의지가 더 현명할 수 있다"는 바아버(1984)의 말에서도 잘 나타난다.

이러한 신뢰의 논리적 귀결로 일반시민들의 참여는 바람직하게 되며, 이것이 정치체제의 발전이나 안정성에 문제를 야기하지 않는다.

---

8) 사적·당파적인 입장을 떠나서 공적·전체적인 입장에서 공정하고 이성적으로 정치적 사안에 대하여 사고하고 판단할 수 있는 능력을 말한다.

더 나아가 엘리트와 시민 간의 역할은 고정적이지 않으며 가변적이어
서 상호 바꾸어질 수 있게 되고, 정치적 의사결정에서 기회의 평등뿐
아니라 권력의 평등이 중요시된다(Bachrach, 1967). 사람들은 자신의
목표를 알고 합리적인 참여방법을 통하여 이를 실현할 수 있으며, 공
익을 위하여 개인 또는 당파의 이익을 양보할 수 있는 정치적 합리성
과 참여능력을 가진다(Kaufman, 1969; Miller, 1992). 이러한 정치적
합리성이 있기 때문에 참여를 통해서 사람들은 점점 더 나은 시민성
을 함양해 갈 수 있다(김대환, 1997; Nagel, 1987).
　이처럼 참여민주주의는 인간의 정치적 합리성과 참여능력을 인정하
고 있으며, 이것을 전제로 시민들의 적극적이고 광범위한 참여에 대하
여 긍정적인 시각을 갖게 된다.

3) 참여의 효과

　참여의 효과에 관해서는 다양한 견해가 존재한다(Pateman, 1970;
Verba & Nie, 1972; Parry, Moyser and Day, 1992; Thompson, 1970;
Nagel, 1987; Richardson, 1983; Barber, 1984).
　이를 종합하면, 참여의 효과를 공동체에 대한 것과 참여자 자신에
대한 것으로 나누어 볼 수 있다. 공동체에 대한 것으로는 도구적 효과
와 통합적 효과, 참여자 자신에 대한 것으로는 본질적 효과와 시민성
함양효과를 들 수 있다. 이를 구체적으로 보면 다음과 같다.

(1) 도구적 효과

　참여의 도구적 효과는 참여가 다른 목적달성을 위한 수단으로서 활

용되는 것을 의미한다. 오늘날 제한된 사회적 가치는 주로 국가나 공공조직의 정책결정을 통해서 배분된다. 이러한 정책결정을 통하여 누가, 무엇을, 언제, 어떻게 얻게 되는가와 관련해서 참여의 도구적 효과는 중요성을 가진다. 참여는 정책결정에 대하여 영향력을 행사하는 도구이어서 일반적으로 참여를 하지 않는 사람보다는 참여를 하는 사람이 원하는 것을 획득할 가능성이 많기 때문이다. "참여는 시민들이 선호하는 방식대로 정부가 행동하도록 영향력을 행사하는 가장 중요한 도구적 행위이다"는 버바와 나이(Verba and Nie, 1972)의 말은 이런 점을 잘 나타낸다.

도구적 효과를 나타내는 참여에서 추구되는 목적에는 이타적·이기적인 것 등이 망라될 수 있다(Parry, Moyser and Day, 1992). 그렇지만 일반적으로 도구적 참여는 참여자가 참여의 편익과 비용을 고려하여 사익을 추구하는 경제적 관점에서 주로 논의되어 왔다. 이 관점에 입각하면, 참여의 편익과 비용에 대한 경제적인 계산이 참여 또는 비참여 행동을 낳게 한다. 이렇게 경제적인 관점에서 참여를 보는 것은 로크(Locke)의 재산이론과 동의이론에서 그 근원을 찾아볼 수 있다(Scaff, 1975).

이와는 달리 사회·심리적 관점에서 도구적 참여를 설명하는 입장이 있다. 참여 여부를 결정하는 데 있어서 참여자는 비용-편익의 경제적 계산뿐 아니라 사회적 환경이 자신의 경제적 인식, 시민적 태도에 영향을 미치는 방식을 고려한다는 것이다(Parry, Moyser and Day, 1992). 이는 도구적 효과를 나타내는 참여는 경제적 요인만이 아니라 사회적·심리적·이데올로기적 요인에 의해서도 이루어짐을 의미한다.

(2) 통합적 효과

참여의 통합적 효과는 참여 경험에 의하여 시민들의 공동체소속감이
증진되고 결속력이 강해지는 것을 의미한다(Pateman, 1970; Richardson,
1983). 시민들의 참여에 의해서 정치체제나 정책의 정당성은 더 높아지
고 정책에 대한 시민들의 복종성이 커짐으로써 공동체는 구심력을 갖
기 때문이다. 아리스토텔레스(Aristoteles, 이병길·최옥수 역, 1996)의
"서로 다른 자들이 참여과정을 통해서 각각 다른 부분을 이해하고 이
것이 모여 전체를 이해할 수 있기 때문에…… 이를 통해서 시민들은
스스로 통치하고 통치받는 최선의 국가를 이룬다"는 말은 이러한 참여
의 통합적 효과를 잘 나타낸다.

(3) 본질적 효과

참여의 본질적 효과는 참여가 참여자 자신의 가치와 존엄에 대한
인식을 제고시키고 더 나아가서는 스스로에 대한 자부심을 느끼게 하
는 것을 의미한다(김대환, 1997; Nagel, 1987). 이러한 참여의 본질적
효과는 인간의 본성과 관련되며 내면적인 것이다. 이는 참여를 통해서
살아 있다는 느낌을 가지고 공동체의 구성원으로서 자신이 중요하다
는 것을 느끼게 되는 것과 관련된다. 이러한 효과는 실제로 정치에 참
여하는 자만이 느낄 수 있는 것으로서 루소가 자유에 대해서 기술한
바9)를 적용하여 표현한다면, "참여를 하는 자만이 그 가치를 자각하

---

9) 루소는 "자유는 그것을 가진 사람만이 그 가치를 자각하고 그것을 잃을 때
   는 그에 대한 취향마저 잃게 되는 순결 또는 덕목과 같은 것"이라 한다.
   ("Discourse on the Origin and Basis of Inequality Among Men" in The
   Essential Rousseau, trans. Lowell Bair. New York: Mentor Books, 1974;

고 참여하지 않을 때는 그에 대한 취향마저도 잃게 되는 순결 또는 덕목과 같은 것"이라 할 수 있다.

고대 그리스에서는 공적인 일에 참여하지 않는 자를 쓸모없는 자로 여기며 idiotes로 표현하였는데, 이것이 오늘날 바보라는 idiot의 어원이 되었다는 점(Mulgan, 1990)에서 볼 때도, 참여가 인간 존재에 있어서 불가분의 본질적 측면의 하나라는 것을 알 수 있다. 그 당시의 아리스토텔레스(이병길·최옥수 역, 1996)도 '국가를 인간 생존을 위한 필연적인 자연적인 결합물'로 보고 이러한 '정치공동체에 참여하는 것을 온전한 인간이 되기 위한 필연적인 일'로 보았다. 이러한 점에서 그는 "인간은 정치적 동물이고 정치공동체를 갖지 않는 자는 신이거나 동물 중 하나"라고 하였다. 여기에서 "인간은 정치적 동물이다"라는 명제는 정치공동체에의 참여와 인간본성의 불가분성을 단적으로 나타낸다.

(4) 시민성 함양효과

참여의 시민성 함양효과는 참여가 참여자의 심리적 측면에 영향을 줌으로써 정치적 지식, 태도, 가치관 등의 시민성을 형성하고 발전시키는 것을 의미한다. 리챠드슨(Richardson, 1983)에 의하면, 참여는 참여자의 자기존중과 존엄성 획득, 참여자의 지적 능력과 자신감 개발, 사회적 존재로서 자신 발견 등의 시민성 함양효과를 갖는다고 한다. 시민성 함양효과는 참여가 참여자에게 다양한 경험을 제공하여 '참여 → 자기개발 → 존재양식의 발전적 변화'라는 동태적 과정을 형성하는 것이라 할 수 있다(김대환, 1997). 여기에서 '존재양식의 발전적 변화'

Nagel, 1987 재인용)

라 함은 한 개인이 민주사회의 시민으로 성장되어 가는 것을 의미한
다. 참여에 의한 시민성 함양효과는 후술하는 바와 같이 루소, 밀, 바
아버 등의 참여민주주의자들에 의해서 가장 중요한 참여의 효과로서
주장되어 왔다.

3. 엘리트민주주의 관점

1) 민주주의 본질과 참여

엘리트민주주의에서 민주주의는 정치적 방법일 뿐 그것이 아무리
훌륭한 결의를 만들어 내더라도 그 자체가 목적이 될 수는 없다
(Schumpeter, 1993; Walker, 1966).

이러한 주장은 민주주의의 어원인 '시민(demos)'과 '지배 또는 권력
(kratos)'의 해석에 있어서도 잘 드러난다. 엘리트민주주의자들은 어떤
민주주의 체제나 역사적 조건 아래에서도 '시민'의 범주에 모든 사회
구성원이 포함될 수는 없다고 한다. 고대 그리스에서는 시민자격, 신
분, 성별에 의해서, 근대에는 성별, 재산, 나이 등에 의해서, 오늘날에
는 이성능력—이는 흔히 성년, 미성년이라는 나이 기준으로 표준화된
다—이라는 기준에 의해서 차별되고 배제된다는 것이다(Schumpeter,
1993; Dahl, 1989; Sartori, 1987). 이러한 논리의 이면에는 민주주의는
시대와 조건에 따라서 달라지는 것으로서 그 자체가 변하지 않는 가
치로서 윤리적 목적은 아니라는 점과 시민들의 참여도 평등한 것이
아니라 제한과 차별, 배제가 존재한다는 점을 강조하고자 하는 의도가
있다.

또한 '지배'를 해석하는 데 있어서도, 그 방식의 다양성을 인정하여

시민이 실제로 직접 지배하는 것만을 의미하거나 의미할 수는 없는 것이다. 선거를 통해서 시민이 인민의 지배자가 되고자 하는 사람을 승인하거나 부인할 기회를 가지는 것만으로도 충분히 민주주의 의미에 부합되는 '지배'라는 것이다(Schumpeter, 1993). 이러한 주장은 참여민주주의에서 이야기하는 모든 시민이 동의하는 확정적인 공공선의 존재를 부인하며 설령 있다 하더라도 일반 시민들은 이를 알 수 없다는 것을 전제로 한다. 이러한 전제하에서 엘리트민주주의는 시민에게 만족과 행복을 주는 것이 민주주의이고 시민을 위한 정치라고 보며, 참여민주주의에서 주장하는 시민에 의한 것만이 오로지 민주주의이고 시민을 위한 정치일 수는 없다는 결론에 도달하게 된다.

이러한 결론에 입각한 슘페터(Schumpeter, 1993)에 의하면, 시민의 적극적인 참여는 민주주의의 본질이 아니며 오히려 민주주의를 위해서도 바람직하지 않다. 그는 정치문제의 결정권을 시민에게 귀속시키고 대표자 선출을 이에 부속하는 문제로 보는 참여민주주의 관점을 뒤바꾸어, 시민의 역할은 정부구성 또는 대표자를 선출하는 것이고 시민에 의한 정치문제의 결정은 부수적인 지위를 가진다고 한다. 이것이 민주주의 협정의 근본목적이라는 것이다. 이에 따르면, 결국 민주주의는 엘리트들이 시민들의 지지를 획득하여 권력을 유지하기 위한 주기적인 경쟁의 장에 불과할 뿐이지 그 자체가 고귀한 윤리적 가치를 갖는 것은 아니다. 민주주의가 다른 정치방식과 구분되는 것은 경쟁을 하는 엘리트들을 시민들이 승인할 기회를 갖는다는 점뿐이다.

사르토리의 경우도 민주주의에서 엘리트의 역할을 핵심적인 것으로 본다. 그는 시민들의 선거참여 목적을 민주주의의 증진이 아닌 최상의 능력을 지닌 지도자를 선출하는 것이라고 일관되게 주장한다. 그에 의하면, 민주주의 최대의 적은 그 자신이며 민주주의를 살리는 길은 민주주의의 과잉을 줄이는 것이다(Bachrach, 1967). 이에 따르면 결국 민주주의의 성공과 안정은 시민 대중의 정치적 무관심과 무능력에 의존하게 된다(Walker, 1966).

이처럼 엘리트민주주의에서는 민주주의의 윤리적 가치나 목적성을 부인하고 단지 하나의 정치방식으로서 민주주의만을 인정할 뿐이다.

2) 인간의 정치적 합리성과 참여능력

엘리트민주주의는 인간의 정치적 합리성과 참여능력에 대해서 회의적이며 인간의 본성에 대해서 부정적이다(Kaufman, 1969; Dahl, 1989). 일반시민은 정치에 대하여 무지하고 수동적이며 합리적 판단능력을 가지고 있지 않다. 또한 정치에 관심도 없을 뿐만 아니라 설사 관심을 가지고 참여한다 하더라도 자신의 이기적·당파적인 입장을 벗어나기 어렵다. 반면 엘리트는 창의적이고 정치적 합리성을 가지고 있을 뿐만 아니라 자신의 입장을 벗어나 공익을 고려할 수 있다(Walker, 1966; Bachrach, 1967).

이러한 엘리트민주주의의 인간관은 슘페터에 의해서 잘 나타난다. 슘페터(Schumpeter, 1993)에 의하면, 인간은 군중심리가 작용할 경우 도덕적 통제를 잃고 야만적인 충동에 사로잡히며 사회적 책임성이 결핍되어 있고 비논리적 주장에 대하여 감수성을 갖는다. 따라서 정치적 합리성을 갖지 못하는 일반시민들은 참여민주주의자들이 주장하는 것처럼 일반의사의 담지자가 될 수 없고, 이들이 정치과정에서 표출하는 것은 엘리트나 선동자에 의해서 제조된 의사(意思)일 뿐이다(Schumpeter, 1993; Ricci, 1970). 선동되고 조작되기 쉬운 일반시민들의 참여는 바람직하지 않으며 더 나아가 시민들은 정치과정에 능동적으로 참여할 수 있는 능력도 없다.

베렐슨, 라잘스펠드, 맥피(Berelson, Lazarsfeld and McPhee, 1954)
도 일반시민들이 민주주의의 성공적인 운영에 필요한 요건들을 갖추
고 있지 못하다고 평가한다. 이들은 동기, 지식, 공익원리, 이성을 기
준으로 일반시민들을 평가한다. 시민들은 정치생활에 강한 참여동기를
가져야 하지만 실제 이러한 동기가 매우 약하며, 정치적 사안에 대하
여 잘 알아야 하지만 그렇지 못하고, 사익뿐 아니라 공익원리도 고려
하여 투표하여야 하나 그렇지 못하다는 것이다. 더 나아가 시민은 투
표나 의사결정에 있어서 이성적 판단을 하여야 하나 이러한 이성을
갖고 있지 못하다는 것이다.

이처럼 엘리트민주주의에서는 일반시민은 본질적으로 무능하고 순
종적·수동적이며, 반면 엘리트는 합리적 능력, 능동성, 공익정신 등을
가진다고 본다.

3) 참여의 효과

엘리트민주주의의 참여 효과에 대한 입장을 참여민주주의의 입장에
대응하여 정리하면 다음과 같다.

(1) 도구적 효과

엘리트민주주의가 참여의 도구적 효과를 전적으로 부인한다고 평가
하기는 어렵다. 주기적인 선거참여에 의한 엘리트의 지배에 대한 승인
여부를 결정할 수 있는 시민들의 역할을 인정하기 때문이다. 선거를
통한 엘리트에 대한 통제를 인정한다는 것의 의미는 시민들의 선호가

선거참여를 통해서 국가정책의 결정과 집행에 투입된다는 점을 인정하는 것이다. 그렇지만 엘리트민주주의는 참여의 도구적 효과를 적극적으로 인정하는 것 같지는 않다. 엘리트민주주의 입장에서는 정치에 무관심하고 수동적인 일반시민들이 참여의 도구성을 활용하기 위해서 적극적으로 참여한다고 볼 수 없으며 또한 이를 바람직하지도 않다고 생각하기 때문이다.

(2) 통합적 효과

일반시민의 정치적 합리성을 부인하는 논리적 귀결로서 엘리트민주주의는 참여의 사회통합적 효과를 부인한다. 다수 시민들은 충동적인 행동 이외의 다른 행동을 할 능력이 없기 때문에 이들의 참여에 의하여 정치체제는 해체되고 불안정하게 된다. 엘리트민주주의에 의하면, 정치체제나 민주주의 존립과 발전은 일반시민의 광범위한 참여보다는 엘리트의 헌신에 달려 있다. 엘리트들만이 공공정신을 가지고 어떤 사안을 능동적으로 주도하여 결정할 수 있기 때문이다. 따라서 일반시민의 정치적 무관심과 비참여는 정치체제의 안정과 발전에 기여한다(Walker, 1966).

다두제를 주장하는 다알에 의하면, 하위계층일수록 정치적으로 비활동적이며 전체주의적 인성이 많이 발견되어서 이들이 참여할수록 규범에 대한 합의는 깨지고 민주체제의 안정성은 위협받게 된다(Pateman, 1970: 8-10). 사르토리의 경우도 일반시민들의 적극적인 참여가 전체주의에 이르게 할 수 있다는 우려를 표명한다. 그에 의하면, 전문적이고 책임성 있는 엘리트들만이 시민대중의 압력으로부터 정치체제와 민주주의를 수호할 수 있다(Bachrach, 1967: 40). 이러한

논리에 따르면, 비민주적인 인성을 가진 시민들의 참여나 투입은 최소
가 되고 엘리트의 산출은 최대가 되도록 하는 것이 민주주의 발전이
나 정치체제의 통합을 위해서 바람직하게 된다.

(3) 본질적 효과

엘리트민주주의는 참여의 본질적 효과를 부인한다. 일반시민은 참
여에 대하여 관심이 없으며 이러한 비참여가 자아실현이나 행복을 방
해하지 않는다. 엘리트와 일반시민을 구분하여 참여는 주로 엘리트의
일이며 일반시민은 선거라는 최소 참여만을 통해서 이들을 통제하거
나 정당화하는 것이 바람직하다고 보는 엘리트민주주의에서는 참여가
시민의 덕목으로서 자리매김될 여지가 없다. 일반시민들의 삶에서 참
여는 부수적일 뿐이다.

(4) 시민성 함양효과

엘리트민주주의에서는 참여를 통한 시민성의 함양을 인정하지 않는
다. 참여과정에서 인간의 변화 가능성을 부인하는 이러한 견해는 인간
의 능력을 엘리트 - 일반시민으로 서열화 · 고정화시켜 일반시민의 최
소 참여를 주장하는 논리의 연장선상에 있다. 참여를 통한 시민성의
함양과 인간의 변화가능성이 인정된다면 엘리트 - 일반시민의 서열적
구분, 최소참여의 설득력이 감소될 것이며 더 나아가 인간의 정치적
합리성과 참여능력을 회의적으로 평가하는 엘리트민주주의의 전제가
무너지게 될 것이다.

4. 두 관점에 대한 평가

이상에서 논의된 참여민주주의와 엘리트민주주의의 참여에 대한 관점을 비교·평가하여 요약하면 〈표 2-1〉과 같다.

〈표 2-1〉 참여에 대한 관점 정리

쟁 점 \ 민주주의 유형		참여민주주의	엘리트민주주의
민주주의 본질과 참여	민주주의	윤리적 목적, 정치적 방식	정치적 방식
	참여	긍정적, 본질적	부정적, 부수적
인간의 정치적 합리성과 참여능력	정치적 합리성과 참여능력	긍 정	부 정
	엘리트-일반시민 관계	가변적	비가변적
참여의 효과	도구적 효과	긍 정	약한 긍정
	통합적 효과	긍 정	부 정
	본질적 효과	긍 정	부 정
	시민성 함양효과	긍 정	부 정

위에서 논의된 참여에 대한 쟁점 중 몇 가지 핵심적인 사항을 더 구체적으로 검토할 필요가 있다.

첫째, 민주주의가 윤리적 목적인가에 대해서는 민주주의의 역사적인 발전과정을 통해서 검토할 필요가 있다.

고대 그리스에서 민주주의는 도시국가라는 정치공동체의 운영원리로서 작동하였다. 이것은 시민들이 참여하여 정치공동체의 일을 논의하고 합의해 가는 원리이자 정치적 협정이었다. 근대에 이르러 민주주의는 절대군주의 전제에 대한 저항의 이념으로서 재등장하였으며 이과정에서 자유와 평등의 가치를 내재화하였다. 오늘날 민주주의는 인간의 존엄성, 보편적인 인권, 공동체운영을 위한 원리 등을 의미한다.

이러한 민주주의의 역사성을 볼 때, 엘리트들을 선출하고 승인하는 정치방식에 불과한 것으로 보는 것은 지나치게 민주주의의 가치를 협소화하는 것이라 판단된다.

둘째, 엘리트만이 정치적 합리성을 갖는다는 주장을 살펴볼 필요가 있다.

이 입장에서는 엘리트만의 합리성을 전제로 시민의 이익은 엘리트가 이끄는 정부로부터 오는 것일 뿐 정부 정책결정과정에 대한 참여로부터 오는 것은 아니라고 한다. 즉 결과로서 이익만을 인정할 뿐, 참여과정이나 투입으로서 이익을 인정하지 않는다. 이러한 주장이 타당하다면, 참여민주주의자들의 주장은 상당 부분 그 설득력을 상실할 것이다.

그렇지만 엘리트만이 정치적 합리성을 가지고 공익을 추구한다고 보기는 어렵다. 엘리트들도 비합리성과 당파성을 가지기 때문이다. 예컨대, 18·9세기의 지배 엘리트에 의한 폭정이나 이러한 폭정을 방지하기 위하여 고안된 견제와 균형의 원리는 이를 반증하는 것이다. 미국과 영국의 역사를 보더라도 민주주의와 입헌적 자유를 확대시켜 온 주요한 힘은 일반시민들이었다. 역사적으로 볼 때 엘리트의 무책임한 행동이 사회에 더 큰 위험을 끼친 사례를 쉽게 찾아볼 수 있다.

또한 일반시민들의 정치적 합리성을 부인한다면, 정치방식으로서 민주주의도 의미가 없을 것이다. 왜냐하면, 일반시민들은 합리적 판단을 하지 못하고 항상 조작될 것이기 때문에 이러한 시민들에 의한 엘리트에 대한 판단과 선출은 이미 더 이상 민주적일 수 없고 심사기능을 상실하기 때문이다. 합리적이지 못한 시민들이 합리적인 엘리트들을 항상 선출하고 승인한다는 보장도 없게 되어서 결국은 이러한 정치방식으로는 엘리트민주주의가 추구하였던 체제의 안정성과 민주주의 발전을 도모하기도 어려울 것이다.

셋째, 참여는 사회통합을 저해하고 정치체제를 위험에 빠뜨릴 것인가 하는 문제를 살펴볼 필요가 있다.

이 문제는 일반시민들이 정치적 합리성을 갖지 않는다는 것과 밀접한 논리적 관련을 갖는다. 시민들이 정치적 합리성을 갖지 않기 때문에 이성적 판단을 하지 못하고 개인적 이익이나 파당적 이익만을 추구하여 사회적 안정성을 해친다는 것이다. 현실적으로 보아 다양한 이해관계를 가진 시민들의 참여는 일시적으로 사회를 불안정하게 하는 요소가 될 수 있다.

그렇지만 장기적인 관점에서 보아 이러한 다양한 이해관계의 표출과 합의는 사회를 안정시키는 데 기여할 가능성이 높다. 사회적인 안정은 사회구성원인 시민들의 자발적인 합의와 동의에 의하여 이루어질 수 있기 때문이다. 합의를 이루는 과정이 소란스럽고 불안정하게 보일 수 있지만, 이러한 과정을 거친 후의 체제와 정책에 대한 시민들의 충성심은 더욱 높아질 것이다. 또한 미국이나 영국 등 안정적인 나라의 참여 수준이 불안정한 개발도상국의 수준보다 높다는 톰슨(Thompson, 1970: 67-9)의 주장에서 보는 것처럼, 참여가 공동체의 통합성을 필연적으로 해하는 것은 아니라고 할 수 있다.

이들 쟁점을 다시 요약하면 다음과 같다.

엘리트민주주의에 따르면, 시민 대중들은 정치에 무관심하고 이기적이며 무능력하고 이는 참여를 통하여서도 바람직하게 변하지 않기 때문에 이들의 참여는 정치적 불안정을 가져온다는 것이다. 따라서 시민 대중들의 참여는 최소화하여야 하며 정치는 엘리트에 맡겨야 한다는 것이다. 이를 도식적으로 나타내면 '시민의 비합리성과 무능력 → 참여 → 시민의 능력 불변 또는 저하 → 정치 불안정 → 민주주의 저해'이다.

　반면 참여민주주의에 따르면, 시민 대중들은 공익추구적이며 판단 능력을 가지고 있기 때문에 이들의 참여는 공익을 증진시키고 민주주의 발전을 가져온다. 특히 시민들의 참여를 통한 능력의 발전 가능성을 인정하기 때문에 참여는 적극적으로 장려되어야 한다. 이를 도식적으로 나타내면 '시민의 정치적 합리성 → 참여 → 시민의 능력 고양 → 민주주의 발전'이다.

　생각건대, 참여민주주의와 엘리트민주주의 간에 나타나는 시민의 정치적 합리성 여부, 엘리트와 시민의 관계, 참여의 사회통합성 등의 많은 쟁점은 결국 참여가 시민성 함양효과를 갖는가 하는 문제로 귀결된다. 참여가 시민성 함양효과를 갖는다면, 참여를 통하여 시민들의 시민성발전에 의해서 시민들이 공적이고 합리적인 판단을 할 수 있게 되어 엘리트만이 정치적 합리성을 가지므로 엘리트와 시민 간의 관계는 고정적이라는 주장은 설득력을 잃을 것이고, 장기적으로는 참여가 사회통합에 기여할 수 있다는 점이 판명될 것이기 때문이다. 따라서 참여민주주의와 엘리트민주주의 간의 참여에 대한 다분히 규범적인 논쟁에 대한 해결의 실마리를 찾기 위해서도 참여의 시민성 함양효과에 관한 좀 더 구체적인 검토가 필요하다.

▼ Ⅲ.　참여의 시민성 함양효과에 대한 검토

위에서 간략하게 논의한 참여의 시민성 함양효과에 관한 두 가지 관점을 이하에서는 구체적으로 고찰하도록 하겠다.

1. 부정론: 엘리트민주주의

엘리트민주주의자들은 시민들의 참여에 의하여 시민성이 함양되는 것을 부인한다. 이러한 견해는 슘페터, 사르토리, 베렐슨, 라스웰 등에서 잘 나타나고 있다.

슘페터는 일반시민들의 정치적 합리성에 대한 불신을 토대로 참여민주주의자들이 주장하는 공익추구의 참여동기, 숙의(熟議, deliberation)의 참여절차, 투표나 비투표의 참여성향에 의한 시민성 함양효과를 부인한다. 예컨대, "한 시민이 국사(國事)에 관하여 숙의하는 경우에도 책임감 있는 행동을 뒷받침하는 의사를 표시할 여지는 전혀 없다"는 슘페터의 말(Schumpeter, 1993)에서 숙의의 참여절차에 의해서도 책임감이나 효능감 등의 시민성이 함양되지 않을 것이라는 그의 생각을 알 수 있다. 또한 그의 회의적인 입장은 일반시민들은 참여나 정치토론에서는 주도면밀성, 판단력, 두뇌의 명석함을 발휘하지 않으며 무책임하게 행동한다고 하는 것(Schumpeter, 1993)에서도 확인할 수 있다. 참여의 성패는 참여자 자신에게 직접적으로 귀속되지 않기 때문에 참여 자체 또는 이에 수반되는 토론, 성찰 등이 참여자를 변화시키거나 동기를 유발하지 못한다는 것이다.

이러한 슘페터의 견해는 참여과정에서 나타나는 자기성찰, 토론 등에 의한 시민성 함양효과를 인정하는 참여민주주의나 경험중심 교육론의 주장과 배치되는 것이다. "인간은 그가 이해관계를 가지고 접촉하는 사적 영역을 넘어선 공적 영역에 들어서게 되면 관찰력, 추리력, 합리성 등이 현저하게 감퇴하게 된다"는 슘페터의 말(Schumpeter, 1993)에서도 공적 영역에의 참여는 참여자의 시민성을 발전시킬 수 있는 동기유발자가 되지 못함을 확인할 수 있다. 슘페터가 보기에 시민들은 자신에게 직접 이익을 가져오지 않는 참여에는 관심도 없을뿐더러 설령 참여한다 하더라도 조작되거나 매수되기 쉽고 부화뇌동한다(Schumpeter, 1993). 이렇게 쉽게 매수, 조작, 부화뇌동하는 상태에서 참여가 시민성 함양효과를 가져올 것으로 기대하는 것은 불가능하다.

더 나아가 슘페터는 참여과정에서의 다양한 정보제공에 의한 시민성 함양효과도 인정하지 않는다. 이는 다음과 같은 슘페터의 말에서 단적으로 나타나고 있다.

> (국가적 및 국제적 사항의 영역에 참여할 때) 완전하고도 정확한 보도가 많다 할지라도 무지는 여전히 존속하리라는 것을 표시한다. 정보제공만으로 그치지 않기 위하여 또는 정보의 이용법을 강연, 수업, 토론회를 통해서 가르치기 위하여 행해지고 있는 찬양할 만한 노력에도 불구하고 여전히 무지는 존속하는 것이다. …… 인민을 사닥다리 위로 끌어올릴 수는 없다(Schumpeter, 1993).

슘페터에 의하면, 참여를 통한 판단력, 법의식, 관용, 효능감, 책임감 등의 시민성이 함양되지 않음은 물론 오히려 시민성 함양에 있어서 참여의 역효과를 암시하고 있기까지 하다. 예컨대 다음 슘페터의 말은 이러한 역효과를 잘 나타내고 있다.

전형적인 시민은 그가 정치 분야에 들어가자마자, 한층 더 낮은 지적 능력의 수준까지 떨어지게 된다. 즉 그는 그 자신이 실제로 관심을 갖고 있는 정치문제에 있어서는 서슴지 않고 유치하다고 인정할 정도의 방법으로 논의하고 분석하는 것이다. …… 그의 사고는 연상적이 되며 감정적이 된다(Schumpeter, 1993).

사르토리 역시 참여에 의하여 지적인 능력, 법의식, 관용, 효능감, 사회적 책임성 등이 형성되는 시민성 함양효과를 부인한다. 특히 그는 투표 참여의 시민성 함양효과를 부정한다. 이는 단적으로 "투표를 통해서 투표하는 방법을 배울 수 없다"는 말로 표현되고 있다(Pateman, 1970, 재인용).

페더슨(Pedersen, 1982)은 시민들이 참여를 통하여 시민의식, 높은 지적수준, 도덕성발달, 능동적인 인성형성의 시민성 함양효과를 거둘 수 있다는 밀의 주장을 미국에서의 참여에 관한 경험연구를 토대로 검토하고 있다. 페더슨은 이 연구에서 밀이 주장하는 투표·비투표 참여의 시민성 함양효과를 인정하기 어렵다는 결론을 내리고 있다. 그는 이러한 결론의 논거로 다음의 4가지를 제시한다.

첫째, 투표 참여를 통한 시민성 함양효과의 크기가 매우 작으며, 그 효과가 있다 하더라도 대부분 기존에 참여자가 가지고 있던 당파적 성향을 강화하는 것이기 때문에 밀이 주장하는 '정치교육의 학교'로 투표 참여를 묘사하는 것은 과장된 것이라는 점이다(Pedersen, 1982).

둘째, 밀이 주장하는 지방자치에의 직접참여, 배심원참여, 직장참여 등의 비투표 참여의 시민성 함양효과도 그 비투표 참여의 양이 매우 적기 때문에 거의 없다고 한다(Pedersen, 1982). 비투표 참여에는 소수의 시민들만이 참여하기 때문에 시민 대중의 시민성을 개발하는 실질적인 효과는 없다는 것이다.

셋째, 투표 · 비투표 참여의 시민성 함양효과에 관한 체계적 · 경험적 자료를 수집하고 측정하는 것이 거의 불가능하여 참여의 시민성 함양효과를 단언하기 어렵다는 것이다(Pedersen, 1982).

넷째, 어떤 사안이 지속적인 시민성 함양효과를 가지려면 예측 불가능하고 변화하여 계속적으로 자극을 제공하여야 하는데, 오늘날 민주정치체제하에서 참여는 본질상 반복적이고 예측가능하여서 계속적인 자극이 되지 못하고 지속적인 시민성 함양효과를 나타내기 어렵다는 것이다(Pedersen, 1982).

베렐슨 등(1954)은 참여민주주의자들이 주장하는 참여과정에서 시민들 간의 진정한 이성적인 토론은 거의 없다고 하면서 참여의 시민성 함양효과를 부인한다. 베렐슨 등에 의하면, 설령 토론이 있다 하더라도 이에 의하여 참여자가 설득되거나 변화될 가능성은 거의 없다고 한다. 토론이나 정치적 대화가 참여자들 간의 상호 이해의 폭을 넓혀 관용의 태도를 함양하고 효능감, 법의식, 공동체의식 등을 형성하는데 기여하지 않는다는 것이다. 이러한 베렐슨 등의 주장으로부터 라스웰(Lasswell)은 한걸음 더 나아가서 참여과정에서 토론은 반목과 분열을 불러일으켜 심리적 갈등과 대립감정을 조장한다고 하여(Bachrach, 1967, 재인용), 참여의 역효과를 주장한다.

2. 긍정론: 참여민주주의

루소, 밀, 바아버 등의 참여민주주의자들은 참여에 의해 시민성이 형성된다는 참여의 시민성 함양효과를 참여의 핵심으로 주장하여 왔다.

루소는 정치에 참여함으로써 개인은 비로소 사회에서 필요한 시민자질을 갖추게 된다(Rousseau, 이환 역, 1964)라고 하여, 참여의 중요한 효과로서 시민성의 함양을 들고 있다. 루소(Rousseau, 이환 역, 1964: 26)는 참여를 통해 인간은 '자연적 신분에서 시민 신분으로의 이행'하며 '행위에 있어서 본능에 정의를 대치시키고…… 과거에는 없었던 도덕성을 부여함으로써 인간 안에 주목할 만한 변화'를 일으키며, '그의 능력은 단련되고 개발되며, 그의 생각은 폭이 넓어지고 그의 감정은 고상'해진다고 하면서 '어리석고 무지한 일개 동물을 지적인 존재 그리고 한 인간으로 만들어 준 이 행복한 순간을 길이 축복'해야 할 것이라고 한다.

그렇다면 참여는 왜 이런 시민성 함양효과를 가지는가? 이에 대한 루소의 대답을 다음과 같이 2가지로 추론하여 볼 수 있다.

첫째, 참여는 동기 차원에서 일반의사의 실현을 지향한다는 것이다(Rousseau, 이환 역, 1964). 학습에 있어서 동기는 매우 중요한 요소로서 학습의 방향과 효과를 좌우한다. 따라서 루소가 주장하는 참여가 일반의사를 지향하고 있는 것은 학습동기 중 내재적 동기로서 높은 학습 동력을 형성할 수 있다.

둘째, 직접참여의 과정에서 숙의(deliberation)가 이루어진다는 것이다. 루소는 참여의 과정에서 숙의를 강조한다. 참여과정에서 "자신만을 바라보던 사람도 이제는 다른 원리에 따라 행동하고 또 자기의 요구에 귀 기울이기 전에 자기의 이성과 의논하지 않을 수 없음을 알게 된다"는 루소의 말(Rousseau, 이환 역, 1964)처럼 숙의를 통해서 시민들은 참여 경험을 이성적으로 통찰하게 되며 시민으로서 바람직한 자세와 태도를 함양한다.

밀은 대의정부의 불가피성을 강조하는 점에서 루소와 다르다. 이는 소규모 공동체의 맥락에서 참여를 논의하였던 루소와는 달리 산업화된 대규모 사회에서 루소가 주장하는 시민들의 직접참여가 불가능한 현실을 고려하였기 때문으로 보인다. 이처럼 대의제를 이상적인 정부형태로 인정하면서도 시민들의 능동적인 참여를 강조하며 참여의 시민성 함양효과를 주장하는 밀의 견해는 일견 모순되는 것처럼 보인다. 대의제를 이상적인 정부형태로 본다는 것은 엘리트 중심의 정치운영을 인정하는 것이라 할 수 있기 때문이다. 그렇지만 밀은 토크빌(Tocqueville)처럼 민주주의를 사회상태로 보고 민주주의가 시민성 형성에 미치는 영향을 중시한다는 점에서 민주주의를 정치방식으로만 볼 뿐 민주주의하에서 시민들의 참여와 이를 통한 시민성의 개발을 인정하지 않는(Schumpeter, 1959) 오늘날 엘리트주의적 대의정부론자들과는 다르다.

밀은 대의제하에서 기본적 참여 양태로서 투표의 중요성을 강조하여 '윤리적 의무의 일종'(Mill, 1948)이라고 한다. 그는 당시에는 파격적이라 할 수 있는 노동계층, 여성 등에게도 선거권의 확대를 주장하였다. 밀이 이렇게 선거권의 확대를 주장한 이유 중 하나는 참여의 시민성 함양효과 때문이다. 노동계층은 지적 수준이 낮고 당파적인 계급입법의 가능성이 있기 때문에 그들에게 선거권을 줄 수 없다는 당시의 지배적인 사회적 통념에 대하여, 밀(1948)이 "육체노동자들의 정치선거권은 정신능력 개발의 강력한 도구이다. 정치적 삶 자체가 가치있는 학교이다"는 주장을 통하여 반박하고 있는 모습에서 이를 추론할 수 있다. 밀은 투표 외의 배심원, 지방 수준에서 공직 담당, 직장에서의 참여 등 다양한 참여를 강조하며 이러한 강조의 이유로 참여의 시민성 함양효과를 들고 있다.

밀에게 있어서 참여는 어떤 원리에 의해서 시민성 함양효과를 나타내는 것일까? 이에 대한 대답으로 다음과 같은 몇 가지를 추론하여 볼 수 있다.

첫째, 참여자가 참여과정에서 자신의 당파성이나 사적 이익보다는 공적 원리나 공적 이익에 입각한다는 것이다(Mill, 1948). 이러한 공익 지향적 참여동기가 시민성 함양효과를 낳게 하는 요인이 된다.

둘째, 참여과정에서 토론이 이루어진다는 것이다. 밀의 참여에서 토론은 필수적인 요소이며 이러한 토론을 통하여 시민의식을 함양하며 공동체의 구성원임을 자각하게 되어 시민성을 형성할 수 있게 된다. 이러한 토론의 교육적 중요성은 다음 글에서도 잘 나타난다.

> 사람은 참여과정에서의 경험과 토론에 의하여 자신의 잘못을 시정할 수 있다. 단 경험만으로는 이것이 가능하지 않고 이 경험을 어떻게 해석하여야 할 것인가를 보여줄 토론이 반드시 있어야 한다(Mill, 1948).

셋째, 형식적인 교수·학습보다는 '행하는 것(doing)'에 의해서 더 잘 배울 수 있다는 것이다(Pedersen, 1982). 밀의 이러한 견해는 "학습은 행동(action)을 필요로 한다."는 콘라드와 헤딘(Conrad and Hedin, 1977)의 말에 의하여서도 뒷받침된다. 이때의 '행하는 것'은 단순한 행동이라기보다는 실천(practice)을 의미한다고 볼 수 있다. 실천은 자신의 생각이나 신념을 펼쳐 사회를 변화시키려는 목적지향적인 행위로서 참여는 이러한 실천을 의미한다고 할 수 있다. 이러한 점에서 참여는 수동적인 동원이나 목적지향성이 없는 맹목적 행위와는 구별된다. 밀의 '행하는 것'은 프레이리(Freire)가 사용한 praxis의 개념과 유사하다. praxis는 세상을 변화시키려는 실천적 행위이기 때문이다. 프레이리에 의하면, praxis는 성찰(reflection)과 행위(action)의 결합이다(Kolb, 1984).

이에 비추어 보면, 밀의 참여도 그 속에 성찰과 행위가 변증법적으로 내포되어 있다고 할 수 있다. 이러한 성찰과 행위의 변증법적인 상호 작용에 의해서 참여는 인간의 내면을 변화시키는 시민성 함양효과를 거두는 것이라 생각된다. 즉 참여행위 → 성찰 → 인간 내면의 변화·발전 → 참여행위 등의 순환적 상승작용에 의해서 자기 능력과 행동의 발전이 이루어지는 것이라 할 수 있다.

바아버는 민주주의를 약한 민주주의와 강한 민주주의로 나누고 오늘날 우리 사회의 위기를 극복하기 위하여 후자를 지지한다. 강한 민주주의는 참여지향의 시민과 참여제도를 근간으로 하는 시민자치공동체라는 관념에 근거한다(Barber, 1984). 강한 민주주의에서는 정치를 '살아가는 방식'으로 이해하며 정치 개념의 핵심을 변형성(transformation)으로 본다(Barber, 1984). 따라서 이러한 정치에의 참여 역시 그 핵심은 참여자를 변화시키는 변형성에 있다. 다음 글에서 보듯이 이러한 변형성의 힘이 참여의 시민성 함양효과를 낳는다.

> 강한 민주주의에서 정치는 인류 미래의 힘이다. 무엇보다도 사적인 것이 공적으로, 종속성이 상호 의존성으로, 갈등이 협력으로, 허가가 자기 입법으로, 결핍이 사랑으로, 노예신분이 시민성으로의 변형가능성이 참여 맥락에서 나타난다(Barber, 1984).

이러한 변형적인 참여과정을 통하여 공익정신, 협동심과 자율성, 관용 등의 시민성이 갖추어짐을 알 수 있다.

그렇다면 강한 민주주의에서 참여의 변형적인 힘은 어떤 원리에 근거하여 생기는 것일까? 이에 대한 답을 다음과 같이 몇 가지로 정리하여 볼 수 있다.

첫째, 인식론적 측면에서 정치 이전의 독립적이고 절대적인 판단 근거를 인정하지 않는 점이다(Barber, 1984). 약한 민주주의에서처럼 정치 이전의 독립적 판단근거를 인정한다면, 시민들이 참여과정에서 능동적으로 숙의할 필요가 없을 것이다. 참여과정에서 나타나는 모든 사안을 이미 존재하는 독립적인 객관적 판단근거에 비추어 기계적으로 판단하고 결정하면 될 것이기 때문이다. 그러나 강한 민주주의에서는 정치 이전의 선험적인 절대적 진리를 인정하지 않음으로써 모든 것의 판단 근거는 정치과정에서 창출되고 합의될 수밖에 없게 된다. 정치 이전의 절대적인 판단의 근거가 존재하지 않기 때문에 정치적 지식은 시민공동체에의 참여과정에서 생성된다. 정치는 이익추구가 아닌 호혜성, 공공성, 상호 의존성, 자기 입법성, 시민성 창출의 과정이 된다. 이러한 창출과 합의과정은 시민들로 하여금 끊임없이 능동적으로 숙의하고 판단하도록 함으로써 참여의 시민성 함양효과를 낳게 한다.

둘째, 동기적 측면에서 참여동기가 공익적이며 참여 자체가 끊임없는 동기 유발자라는 점이다. 참여과정에서 "우리로 하여금 공적으로 생각하고 공적으로 행동하도록 하기 때문에 시민이 창출된다."(Barber, 1984)고 한다. 이처럼 강한 민주주의의 공익추구적 참여동기가 시민성 함양효과를 나타내는 요인이라 할 수 있다. 참여동기 이외에도, 참여 자체가 시민성 함양을 위한 끊임없는 동기 유발자가 되어 참여의 시민성 함양효과를 낳는다. "지식에 대한 욕구는 참여에 선행하는 것이 아니라 참여에 뒤따르는 것이다."(Barber, 1984)라는 점에서 알 수 있듯이 참여과정에서 참여자는 다양한 지적인 자극을 받음으로써 법의식, 관용, 효능감, 지적인 능력 등을 함양하게 된다.

셋째, 절차적 측면에서 참여과정이 일련의 정치적 대화(political talk), 공적 의사결정(public decision making), 공동작업과 행위(common work and action)로 이루어져 있다는 점이다(Barber, 1984). 특히 정치적 대화는 강한 민주주의적 참여의 핵심적 요소로서 언어 및 언어적 상징에 의한 모든 인간의 상호 작용을 의미한다. 대화는 말하는 것뿐 아니라 듣는 것, 생각하는 것뿐 아니라 느끼는 것, 성찰하는 것뿐 아니라 행동하는 것을 포함한다(Barber, 1984). 따라서 대화는 인지적일 뿐 아니라 애정적, 정서적이다. 정치적 대화에서 듣기는 교육적 측면에서 보아 매우 중요한 위치를 가진다. 듣기는 언어적 상호 작용에서 상호성과 평등성을 고양시키기 때문이다. 또한 듣기는 자신의 주장을 관철시키려는 것보다는 나를 상대방의 입장에 놓고서 상대방을 이해 (empathy)하고 같은 점을 찾아 공공선과 공동의 목적을 찾고 추구하려는 것이기 때문이다(Barber, 1984). 이러한 듣기에 의해서 참여는 상호 공감대의 폭을 넓히고 나 이외의 사람을 배려하는 효과를 가져온다. 정치적 대화가 인지적일 뿐 아니라 애정적, 정서적이라는 것은 합리성뿐 아니라 공감과 친교의 매개, 갈등 해소와 합의 추구의 도구로서 의미를 갖는다.

3. 논의에 대한 평가

위에서 본 것처럼 슘페터, 사르토리, 다알, 베렐슨 등과 같은 엘리트 민주주의자들은 참여에 의한 시민성 함양을 부인한다. 오히려 참여는 시민들의 지적 능력을 저하시키고 반목과 갈등을 키워 시민교육 측면에서 역효과를 가져온다고 한다. 이들이 내세우는 참여의 시민성 함양효과 부정론의 근거를 다음과 같이 대략 여섯 가지로 정리할 수 있다.

첫째, 참여자의 이성적 사고능력을 인정하지 않는 것, 둘째, 물질적·사적인 동기에 의해 참여가 이루어지는 것, 셋째, 성찰과 토론, 대화와 의사소통과 같은 숙의형 참여절차가 갈등과 반목을 불러일으킨다는 것, 넷째, 투표·비투표 참여성향, 즉 참여의 양 또는 강도의 누적이 효과에 의한 시민성 함양효과를 인정하지 않는 것, 다섯째, 참여의 시민성 함양효과는 측정하기 어렵고 그 증거도 불충분하다는 것, 여섯째, 참여는 본질적으로 반복적이고 예측가능하기 때문에 시민성 함양효과를 거두기 위한 교육적 자극이 되지 못한다는 것이다.

그렇지만 이러한 부정론의 근거는 설득력이 약하다고 생각된다.

첫째, 인간의 이성에 대한 신뢰는 근대 민주주의 형성 이후 일관된 민주주의의 전제이다. 이성적 사고능력이 없다면 함께 살아가는 조화로운 공동체 생활은 불가능하며 국가나 민주주의 제도 자체가 성립되지 못하였을 것이다. 또한 인류 역사 이래로 진행되어 온 교육과 문화는 인간의 이성에 대한 신뢰를 전제로 하는 것임과 그 전제가 타당하다는 것을 반증하는 것이기도 하다.

둘째, 시민들의 참여는 물질적·사익적인 동기와 이유에 의하여 이루어지기도 하지만, 비물질적·공익적인 동기와 이유에 의하여 이루어지기도 한다. 이러한 공익적이고 헌신적인 참여에 의하여 시민성과 사회가 발전하기도 한다. 더 나아가 나이와 버바(1975)가 인도에서 행한 사적이익추구 접촉이 정치에 대한 심리적 관여라는 시민성 형성에 긍정적으로 영향을 미치는 경험적 연구결과에 나타난 것처럼, 물질적·사익적인 동기에 의한 참여가 시민성 함양효과를 나타내지 않는다고 단정할 근거도 희박하다(김영인, 1999).

셋째, 앞에서 제시한 라스웰의 주장처럼 토론과 대화 과정이 서로의 차이를 확인하고 증폭시키는 것에 머물러 시민성 함양효과를 가지지 않을 수도 있지만, 토론을 통한 의사소통과 이에 뒤따르는 성찰의 과정은 상호 사고와 이해의 폭을 확대함으로써 당파성과 이기성을 뛰어넘는 관용과 법의식, 효능감 등의 시민성을 함양시키는 기능을 할 수도 있다(Thompson, 1970; Dewey, 1916; Mill, 1948; Barber, 1984). 실제로 시민들이 정책이나 후보자에 대하여 일정 기간 동안 토론을 하게 한 후 자신의 의사를 표명하게 한 1999년 호주의 국민투표, 1996년 미국 텍사스주의 에너지 공급원에 대한 여론조사 등을 보면, 전자에서는 공화정에 대한 지지가 53%에서 73%로 지지하였고, 후자에서는 재생에너지에 비용을 더 물겠다는 소비자가 50%에서 80%로 급증하였다(조선일보, 2002. 5. 14. 41판 12면). 이 조사 결과를 볼 때 토론과 대화, 성찰 등의 숙의형 참여절차는 법의식, 관용, 사회적 책임성 등과 같은 시민성을 형성시키는 시민성 함양효과를 가진다고 할 수 있겠다.

넷째, 나이와 버바(1975)가 인도와 오스트리아에서 행한 연구결과를 보면 투표 참여가 당파성의 강도를 더 강화시키는 것으로 나타나고 있다. 그렇지만, 훨씬 많은 경험적 연구에서 투표 참여가 외적 정치효능감을 높이고(Finkel, 1985), 체제에 대한 긍정적인 태도를 형성시키며(Finkel, 1987), 인지적·정의적 영역에 있어서 바람직한 시민성을 함양시키는 것(Parry, Moyser and Day, 1992)으로 나타나고 있다. 또한 투표 참여는 참여자의 개인적 선호를 사회적 선호로 집합시키는 단순한 흥정과 협상에 불과한 것이 아니라 공동체와 민주주의의 발전을 생각해 보고 체험해 보는 장으로서 의미를 갖는다. 이렇게 볼 때 투표 참여의 시민성 함양효과를 전적으로 부인하는 것은 타당하지 않다.

또한 비투표 참여의 일종인 자치단체활동이 공동체복지에 대한 기여의식을 높이고 있는 것(Nie & Verba, 1975), 국가수준의 문제해결 활동이 정치적 개념화를 증진시키고 있는 것(Leighley, 1991)을 볼 때 비투표 참여의 시민성 함양효과를 부인하는 것도 타당하지 않다. 앞에서 제시한 것처럼 페더슨의 경우는 비투표 참여의 시민성 함양효과를 인정하면서도 비투표 참여에 대한 참여의 양이 많지 않기 때문에 결국은 상쇄되어 버려 시민성 함양효과는 거의 없다고 하지만, 이는 별개 차원의 문제를 동일시하는 오류를 범하고 있다. 비투표 참여 자체에 시민들을 바람직하게 변화시키는 교육효과가 있다는 점과 이 비투표 참여에 많은 사람들이 참여하지 않기 때문에 많은 시민대중을 변화시키지 못한다는 점은 별개의 문제이기 때문이다. 또한 오늘날 다양한 시민단체에 많은 시민들이 참여하고 있는 것을 보면 비투표 참여의 양이 많지 않다는 것도 단정하기 어렵다.

다섯째, 시민성 함양효과 측정의 어려움과 증거의 부족은 참여의 시민성 함양효과와는 별개의 문제이다. 시민성 함양효과는 인간의 변화와 관련되는 것이기 때문에 그 속성상 측정을 하는 데 오랜 시간이 걸리고 양화하기 어려운 점은 있다. 따라서 측정상의 곤란과 이로 인한 증거의 확보가 어렵다는 점은 수긍할 만하지만, 이를 근거로 참여의 시민성 함양효과를 부인하는 것은 논리적으로 타당하지 않다.

여섯째, 참여가 반복적이고 예측가능하여 교육적 자극이 되지 못하다는 점은 수긍하기 어렵다. 투표 참여는 제도적으로 정하여져 있어서 어느 정도 주기적으로 반복되는 면이 있지만 비투표 참여는 그 속성상 참여자가 주도권을 가지고 있는 것으로서 예측이 곤란하다. 더 중요한 것은 반복적이고 예측가능하다고 하여서 교육효과가 없는 것인가 하는 점이다. 오늘날 행하여지고 있는 대부분의 시민교육이 공식화된 교육과정에 의하여 진행되는 것을 볼 때도 참여가 예측가능하고 반복적이기 때문에 지속적으로 교육적 자극이 되지 못한다는 논리는 타당하지 않다 할 것이다.

또한 참여의 시민성 함양효과는 듀이 등이 주장해 온 경험중심 교육론에 의해서도 정당화될 수 있다. 일종의 경험으로서 참여는 정책, 의사결정 등에 대한 단순한 행위나 작용에 그치는 것이 아니라 이러한 행위나 작용에 대한 반작용이 숙의를 매개로 하여 참여자의 내부에 반영되는 계속적인 동태적 과정이라 할 수 있다. 이러한 참여과정에서 경험의 계속적인 재구성을 통해서 시민성은 형성·발전되어 간다. 경험의 계속적인 재구성을 통해서 감각적 경험이 추상적 경험으로 내면화되고 사적 경험이 공적 경험으로 재구성되는 것이다(류한구, 1989).

듀이에 의하면, 참여와 같은 직접경험이 경험의 범위가 제한적이고 시간과 비용이 많이 들어가는 약점이 있음에도 불구하고 간접경험보다 몇 가지 교육적 측면에서 우월하다(Dewey, 1916). 상징에 의하여 매개되는 간접경험에 의한 교육은 진정한 의미에서 사물을 대표하지 못할 위험이 언제나 상존하여 결국에는 언어 매체 자체가 목적이 되어 버릴 가능성이 매우 높다. 반면 직접경험은 모든 감각기관을 동원시켜 역동적이고 생생한 느낌과 인식을 제공하여 이러한 위험성을 감소시킨다. 또한 가치판단의 표준은 상징매체를 통한 이론에 의해서라기보다는 구체적인 사태에 당하여 그 사태에서 나오는 심각한 문제를 느끼고 성찰·판단하도록 함으로써 내면화된다. 자유로운 상상력이 직접적 인식의 매체가 됨으로써 지성이나 이해력이 오히려 간접경험에서보다는 직접경험에서 더 활발하게 작동된다는 것이다.

이 외에도 경험은 인지적 요소뿐 아니라 정서적, 가치적 요소가 모두 내포되어 있는 것이기 때문에, 이러한 인지적·정서적·가치적 요소를 내면화시키는 것은 위에서 본 것처럼 매개되지 않은 직접경험에 의한 방법이 유효할 수 있다. 이처럼 경험중심 교육론에 의하면 참여가 긍정적인 시민성 함양효과를 나타낸다는 점을 긍정할 수 있다.

종합적으로 판단할 때, 참여 경험에 의한 인간의 변화 가능성을 부인하는 것은 역사적 경험이나 경험중심 교육론 입장에서 볼 때 무리한 논리라 할 수 있다. 참여 경험에 의한 인간변화의 속도나 정도에 있어서 차이는 있을 수 있겠지만, 그 변화는 인정되어야만 한다. 참여의 시민성 함양효과에 관한 기존의 경험적 연구도 참여에 의한 시민성 함양 가능성을 인정하고 있다[10]. 이러한 점에서 참여에 의한 바람직한 인간변화의 가능성을 인정하는 참여민주주의 관점이 보다 설득력이 있는 입장이라 할 것이다.

결국 이런 참여의 시민성 함양효과는 첫째, 정치적 개념과 기능의 습득, 둘째, 정치 효능감의 제고, 셋째, 타인에 대한 이해 증진과 공동체의식, 넷째, 사회통합의식 형성 등으로 정리될 수 있다. 이를 좀 더 구체적으로 보면 다음과 같다.

첫째, 참여를 통해서 시민들은 정치적 지식을 학습하고 의사소통기능, 대화와 타협기능, 의사결정기능, 문제해결기능 등 다양한 참여적 기능을 체득하게 된다. 책이나 강의를 통한 간접적인 지식이나 기능의 습득이 아니라 체험과 활동을 통해서 실생활에 적용이 가능한 살아 있는 지식과 기능을 터득하게 된다. 특히 참여적 기능의 숙달은 참여민주주의 실현의 전제 조건이며 산업사회의 병폐로 누적된 사회문제 해결을 위한 필요조건이기도 하다. 인류의 생존을 위협할 지경에까지 이른 생태계 파괴, 자원 고갈, 사회계층 간의 갈등 등은 시민들의 적극적인 참여를 통해서만 해결될 수 있기 때문이다.

둘째, 참여는 시민들의 정치 효능감을 제고시킨다. 참여하지 않는 자들보다 참여하는 자들이 정부나 정책결정에 갖게 되는 자신감은 일반적으로 높게 나타난다. 참여과정에서의 상호 작용은 시민들의 정치적 자신감을 서로 상승시켜 나간다. 특히 참여를 통한 문제해결이나

---

10) 나이와 버바(Nie and Verba, 1975), 핀켈(Finkel, 1985, 1987), 레그리(Leighley, 1991), 패리·모이저·데이(Parry, Moyser and Day, 1992), 김영인(2002), 박가나(2001), 김원태(2001) 등의 경험연구에서 참여의 시민성 함양효과가 인정되고 있다.

정부정책에의 투입 효과 경험은 민주시민으로서 자신감을 높이는 중요한 계기가 된다. 정치 효능감은 현대 사회에서 민주시민이 갖추어야 할 중요한 자질이다. 내적·외적 정치 효능감이 높을수록 시민들은 정치에 관심을 가지고 적극적으로 활동하게 된다.

셋째, 시민들은 참여의 과정에서 타인에 대한 이해 증진과 공동체의식을 형성한다. 참여는 인지적 영역의 능력 배양뿐만 아니라 정의적 영역의 태도, 정치적 관심과 흥미, 타인 존중, 사회적 책임성 증진 등에도 긍정적인 영향을 줌으로써, 인지적 요소와 정의적 요소를 골고루 갖춘 시민성을 배양하는 데 기여할 수 있다. 참여는 시민들 간의 지속적인 상호 작용 과정 속에서 이루어지고, 이런 상호 작용을 통해서 시민들이 혼자로서는 자신의 이익의 추구뿐 아니라 사회문제의 해결이 어렵다는 것을 인식하게 된다. 참여자들 간의 상호 이해관계가 달라 나타나는 갈등적 상황조차도 시민들의 타인에 대한 이해 증진과 공동체의식의 형성에 기여한다. 갈등과 대립은 소모적일 뿐 아니라 민주사회에서는 상대방의 일방적인 희생에 의해서 내가 원하는 전부를 가질 수는 없는 것이기 때문에 양보와 타협이 필요하고 타인과의 협력이 필요함을 깨닫게 된다. 참여는 시민 상호 간에 입장을 바꿔 생각할 수 있는 기회를 제공함으로써 메말라 가는 현대 사회에 특히 요구되는 공동체의식과 타인 존중을 증진시킬 수 있는 유용한 교육의 장이 된다.

넷째, 참여를 통해서 시민들은 사회통합의식을 발전시켜 나간다(Richardson, 1983). 시민들의 자발적인 참여는 정부체제와 정책에 대한 정당성을 제고시킨다. 정부정책과 체제의 정당성이 높아질수록 이들에 대한 복종심은 높아지고 시민들 간의 일체의식도 높아질 것이다. 참여가 활성화될수록 사회적 안정이 무너질 것이라는 견해도 있으나 이는 참여의 초기 현상일 수는 있으나 지속되는 것은 아니다. 인간은 이성적 대화능력과 타협능력을 가지고 있기 때문이다. 오히려 참여과정에서 시민들은 정부와 사회의 중요성을 자각하게 되고 이를 통해서 서로 간의 연대의식과 단결력은 제고될 수 있다.

4. 참여의 유형과 시민성 함양효과

참여는 단일한 모습이 아니고 다양한 형태로 나타난다. 시민들이 가진 사회적 자원이나 심리적 조건에 따라서 각각의 참여유형에 대한 접근의 정도가 다르게 나타날 뿐 아니라, 각각의 유형이 시민성에 미치는 교육적 효과도 다르게 나타난다. 따라서 참여유형을 분류하는 것은 그 교육적 기능과 효과를 살펴보는 데 있어서 의의를 갖는다. 참여의 유형은 다양한 기준에 의해서 분류될 수 있으나(이승종, 1997, pp.81-92 참조), 여기에서는 수준에 따라서 전국수준 참여와 지방수준 참여로, 방법에 따라서 투표(voting) 참여와 비투표(non-voting) 참여로 나누고자 한다. 전국수준-지방수준 참여로의 분류는 시민들이 참여에 있어서 느끼는 시간적, 지리적, 심리적 거리감을 기준으로 한 것이다. 전국수준에 비해서 지방수준의 참여가 시민들에게 주는 거리감이 작다 할 수 있다. 투표-비투표 참여 방법의 분류는 참여의 지속성과 능동성 여부를 기준으로 한 것이다. 비투표 참여와 비교할 때, 투표는 일정 기간마다 한 번씩 유권자 모두에게 기회가 주어져 일회적으로 행사되고 마는 특성을 가지므로 그 지속성과 능동성의 정도가 작다고 할 것이다.

이에 따라 두 가지 기준을 조합하면, 참여유형은 전국수준-투표 유형(Ⅰ), 지방수준-투표 유형(Ⅱ), 지방수준-비투표 유형(Ⅲ), 전국수준-비투표 유형(Ⅳ) 등의 넷으로 분류될 수 있고, 이를 구체화하면, [그림 2-1]과 같다.

[그림 2-1] 참여의 유형

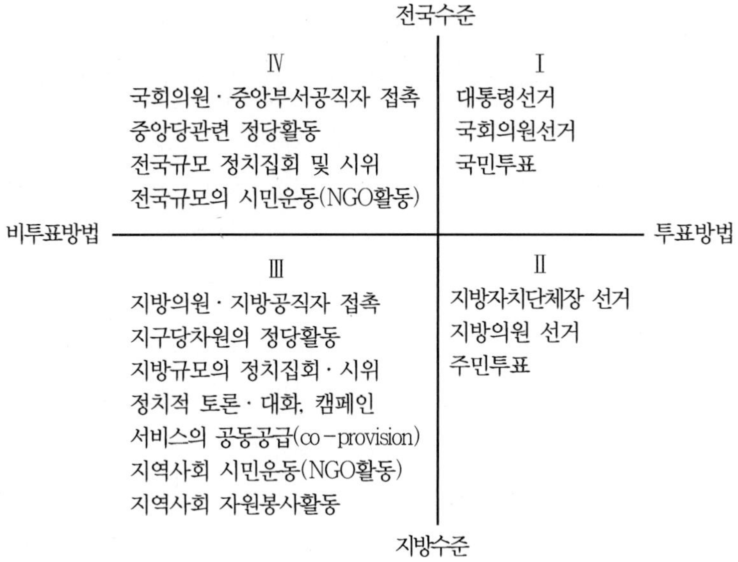

전국수준

Ⅳ	Ⅰ
국회의원·중앙부서공직자 접촉 중앙당관련 정당활동 전국규모 정치집회 및 시위 전국규모의 시민운동(NGO활동)	대통령선거 국회의원선거 국민투표

비투표방법 ——————————————————— 투표방법

Ⅲ	Ⅱ
지방의원·지방공직자 접촉 지구당차원의 정당활동 지방규모의 정치집회·시위 정치적 토론·대화, 캠페인 서비스의 공동공급(co-provision) 지역사회 시민운동(NGO활동) 지역사회 자원봉사활동	지방자치단체장 선거 지방의원 선거 주민투표

지방수준

참여의 유형에 따른 시민성 함양효과는 위 그림의 Ⅰ, Ⅱ, Ⅲ, Ⅳ 각 영역 내의 구체적인 참여유형에 따라서도 달라지겠지만, 여기에서는 Ⅰ, Ⅱ, Ⅲ, Ⅳ의 포괄적인 참여유형과 시민성 함양효과의 관련성에 대해서만 살펴보기로 하겠다. 참여의 수준에 따른 시민성 함양효과는, 전국수준 참여보다는 지방수준 참여가 클 것이다. 이는 전국수준 참여보다는 지방수준 참여가 심리적, 시·공간적 거리감이 적어서 시민들이 자유롭게 부담감을 덜 느끼면서 참여할 수 있고, 참여의 기회가 많을 것이기 때문이다. 또한 지방수준 참여에 주어지는 내용도 전국수준에 비해서 일상생활과의 관련성이 높고 복잡성의 정도가 낮아서, 시민들이 관심을 더 가질 수 있고 시민들 간의 담론 구조의 창출도 용이할 것이기 때문이다.

레그리(Leighley)의 국가문제해결활동이 지방문제해결활동에 비해서 정치적 개념화에 있어서 더 긍정적인 영향을 준다는 연구결과가 있으나, 이 연구결과 하나를 가지고는 전통적으로 주장되어 온 지방수준 참여가 가지는 교육적 기능의 우월성[11]을 부인할 정도의 일반화를 끌어내기는 미흡하다고 생각된다. 레그리(Leighley)의 연구를 계기로, 앞으로 전국 또는 지방 수준 참여가 가지는 교육적 효과의 우월성에 대해 좀 더 정교한 연구가 있어야겠지만, 일반적으로 일상적인 생활 및 체험과 가까울수록 교육적 효과가 크다고 할 때, 전국수준 정치보다는 지방참여가 더 교육적 효과가 크다고 할 수 있다.

다음으로, 투표-비투표 방법에 따른 시민성 함양효과를 살펴보기로 하자. 관련된 선행연구결과를 보면, 투표의 교육적 효과와 캠페인 활동, 자치단체활동, 사적이익 추구 접촉 등 비투표 방법의 시민성 함양효과가 나라에 따라서, 개인변인의 하위요소에 따라서 다양하게 나타나고 있다. 그렇지만 선행연구의 수가 많지 않으며, 이런 선행연구가 투표-비투표 방법에 따른 시민성 함양효과의 비교를 목적으로 한 것도 아니기 때문에 그 교육적 효과의 우열을 일반화하기는 어렵다. 다만, 여기에서는 다음과 같은 이유를 토대로 가설적 차원에서 투표 참여보다는 비투표 참여의 시민성 함양효과가 클 것으로 본다. 먼저 참여의 과정에서 정치적 담론과 상호 작용이 지속되고 이에 대한 능동적인 참여가 이루어질수록 시민성 함양효과는 크게 나타날 것으로 생각할 수 있다.

투표 참여는 비투표 참여에 비해서 참여의 기회가 몇 년마다 한 번

---

11) 밀, 토크빌, 베네트 등이 지방참여의 시민성 함양효과를 강조하고 있으며, 론데스(Lowndes, 1995)도 지방참여는 실천적인 측면에서 참여와 토론의 기능을 습득하게 하며, 도덕적인 측면에서도 시민적 자유와 시민성을 터득하게 하는 중요한 시민교육의 장임을 강조하고 있다.

씩 주어지는 수동적인 성격이 크고, 그 지속성에 있어서도 투표 행위 한 번의 일회성이 강하며, 개인적이고 단절적인 참여에 그쳐서 참여의 과정에서 타인 또는 정부 기관과의 상호 작용이나 담론이 활발하지 않기 때문에 기대되는 시민성 함양효과가 작다고 할 수 있다. 이에 반해, 정당활동, 접촉, 정치적 집회나 토론, 캠페인, 비정부 시민단체(NGO) 활동 등의 비투표 참여방법은 시민들의 자발성, 능동성을 바탕으로 하며, 지속적인 활동과 활동 과정에서의 활발한 담론을 특징으로 하기 때문에 여기에서 기대되는 시민성 함양효과는 크다고 할 수 있다.

위의 논의를 종합하여, 참여유형에 따른 시민성 함양효과의 상대적 크기를 가설적인 차원에서 정리해 볼 수 있다. 참여의 수준과 방법에 따른 시민성 함양효과를 동시에 고려할 때, 시·공간적 거리감은 지속적·능동적 참여를 위한 하나의 조건적 요소로 볼 수 있으므로 시·공간적 거리감보다는 지속성·능동성의 요소가 더 중요하게 작용할 것이다. 따라서 투표-비투표 방법에 따른 시민성 함양효과를 제1차적인 기준으로 삼고, 이 범주 내에서 전국-지방수준에 따른 시민성 함양효과를 기준으로 판단한다. 단 여기에서 고려해야 할 하나의 요소는 투표 참여방법은 지방보다는 전국수준에서 현실적으로 더 많은 관심과 참여를 불러일으키며, 이에 따른 시민들 간의 활동도 활발하므로 전국수준에서의 투표 참여방법의 시민성 함양효과가 더 클 것으로 생각된다.

이를 통해서 보면, 참여 각 영역의 시민성 함양효과의 상대적 크기는 Ⅲ-Ⅳ-Ⅰ-Ⅱ순으로 나타날 것으로 기대된다. 그러나 참여유형 자체가 시민성 함양효과를 불러일으키는 것이 아니기 때문에, 이것은 어디까지나 잠재적인 교육효과일 뿐이다. 이런 시민성 함양효과가 실현되기 위해서는 시민들이 현실적으로 이런 다양한 참여유형에 참여할 수 있도록 참여제도가 뒷받침될 필요가 있다. 참여제도의 뒷받침을 통해서 참여의 시민성 함양 기능은 실효성을 거둘 수 있다.

▼ Ⅳ. 제 언

지금까지 참여에 대한 참여민주주의와 엘리트민주주의 관점을 고찰하였다. 고찰을 통하여 참여에 대한 참여민주주의 관점이 보다 설득력이 있음을 알 수 있었다. 이러한 참여민주주의 관점은 시민교육에서 다양한 참여프로그램을 개발하여 교육방법으로 활용할 필요가 있음을 시사한다. 교실에서의 강의식 또는 매체활용 수업에서 벗어나 사회 실재를 교육의 장으로 활용하는 참여학습이 중요함을 시사하는 것이다.

앞으로 본 연구의 이론적 논의를 더욱 발전시키기 위해서는, 다음과 같은 연구가 이루어질 필요가 있다.

첫째, 참여에 대한 이론을 풍성하게 함과 동시에 그 토대를 확고하게 하기 위해서, 이론적 논의와 함께 다양한 경험적 연구들이 설계되어 경험적 근거들이 축적되어야 한다. 특히 참여의 도구적·통합적·시민성 함양효과에 대한 경험적 연구들이 필요하다. 이러한 경험적 연구의 축적은 다시 참여에 대한 이론적 논의에 환류되어 이론의 발전에 기여하게 될 것이기 때문이다.

둘째, 참여의 시민성 함양효과와 관련하여 참여가 어떤 메커니즘에 의하여 시민성을 함양시키는가 하는 미시적인 참여학습이론이 연구되어야 한다. 지금까지의 논의는 다분히 사상적이고 거시적인 차원에서 이루어져 왔다고 할 수 있다. 그렇지만 이러한 사상적이고 거시적인 이론만으로는 참여의 시민성 함양효과의 생명력과 설득력이 지속되기 어려울 수 있다. 사상적이고 거시적인 이론을 기반으로 미시적인 참여학습이론이 개발되고 체계화되어야 한다.

셋째, 참여유형론에 대한 연구를 통해 참여유형론이 정교화될 필요가 있다. 지금까지는 원론적이고 총론적인 수준에서 참여에 대한 논의가 이루어져 왔다. 이러한 논의는 참여유형론에 대한 연구로 발전될 필요가 있다. 참여는 다양한 유형을 가지고 있으며 각각의 유형에 따라 성격이나 효과가 상이할 것이기 때문이다.

제3장

봉사활동 참여와 시민성 함양

Ⅰ. 문제 제기

청소년은 미래 우리 사회의 주역이다. 정치사회화 이론에 따르면, 일반적으로 청소년기에 형성된 시민성은 성인기의 시민성에 중요한 영향을 준다(Dawson, et al., 1977; Conover and Searing, 1994). 그러므로 청소년이 현재 어떠한 시민성을 갖느냐에 따라서 우리 민주주의와 사회의 앞날이 좌우된다고 하여도 과언이 아니다. 청소년의 시민성은 미래의 민주주의와 사회뿐 아니라 현재의 민주주의와 사회에도 큰 영향을 미친다. 청소년은 현재 가정, 학교, 사회집단 등의 구성원으로서 다양한 활동을 하고 있기 때문이다.

청소년의 시민성은 사회 맥락과 밀접한 관련을 갖는다. 청소년이 어떤 사회 맥락에서 살고 있는가에 따라서 그에게 요구되는 시민성의 모습이 달라진다. 규범적 차원에서 요구되는 시민성뿐 아니라 실제로 형성되고 있는 시민성도 사회 맥락과 밀접한 관련을 갖는다. 청소년의 시민성은 정치적으로 학습하는 과정에서 형성되며 이러한 학습은 가정, 학교, 대중매체 등 기존의 사회에 존재하는 매개체를 중심으로 이루어지기 때문이다.

현재와 미래 사회는 변화의 양상이 복잡하고 그 속도가 빠를 뿐 아니라 해결해야 할 문제가 산적해 있다. 이러한 사회에서 살아가야 할 청소년에게 요구되는 시민성은 자기 이익만을 따지는 개인주의적인 것이기보다는 공동체문제 해결에 적극적이고 공익지향적인 것이어야 할 것이다. 오늘날 학교교육으로 대표되는 기존의 교육기관은 청소년의 시민성 함양에 있어서 큰 비중을 차지하고 있음에도 불구하고 이러한 시민성을 성공적으로 함양시키고 있다 하기 어렵다. 그 이유로 사회실재와는 단절된 교실 속에서의 교수·학습, 학습의 수동성·피상성, 사회교육기관이나 대중매체의 상업주의적 경향, 프로그램의 빈곤 등을 들 수 있다(Peters, 1999; 김영인, 2002).

그렇다면 민주주의와 사회발전에 필요한 시민성을 청소년에게 어떻게 효과적으로 함양시킬 것인가? 청소년의 봉사활동 참여에 주목할 필요가 있다. 봉사활동 참여는 봉사학습효과를 가지고 있기 때문이다.

▼ II. 시민성 함양의 방안으로서 봉사활동 참여

1. 기존의 청소년 시민성 함양 방안에 대한 반성

현대사회에 필요한 민주적 시민성으로서 참여적 시민성을 기존의 교육기관은 청소년에게 잘 함양시키고 있는 것일까? 청소년 시민성 함양을 위한 기존의 교육기관으로 가정, 학교, 대중매체, 사회교육기관 등을 들 수 있다. 아래에서는 참여적 시민성 함양이라는 측면에서 이러한 교육기관에 대해서 살펴보기로 하겠다.

이들 교육기관 중 학교가 가장 대표적이라고 할 수 있다. 그런데 학교는 참여적 시민성을 기르는 민주시민교육에 있어서 일정 부분 실패하였다고 할 수 있다. 그 이유는 교과서 텍스트 중심의 획일적인 교육, 위계적 권력구조, 물질주의·개인주의에 입각한 경쟁 조장 등의 학교 자체의 비민주성(Wade, 1997), 입시 위주의 학교 풍토 등을 들 수 있다. 또한 학교는 학생을 교육하기 위해서뿐 아니라 관리하기 위해서 조직되어 있기 때문에 참여적 시민성 함양에 방해가 되기도 한다. 예를 들어 정형화된 수업시간과 계획 등은 다양한 시도를 곤란하게 하며 학교생활을 틀에 박히게 한다(Parker, 1989).

가정은 가장 기초적인 교육기관임에도 불구하고 이미 이 기능을 상당 부분 상실하였다. 부부 맞벌이, 부모와 자녀의 대화 부족, 결손가정 증가 등으로 참여적 시민성을 함양하기 위한 가정교육이 거의 이루어지지 않고 있다. 대부분의 대중매체와 사회교육기관은 상업주의로 인해서 참여적 시민성 함양을 위한 청소년교육기관으로서 기능을 상당 부분 상실하였다고 할 수 있다.

이 외에도 가정, 학교, 대중매체, 사회교육기관 등에서는 교육 주체와 대상이 엄격하게 구분되어 시민성은 교육 주체에서 대상으로 일방적으로 전달되는 것으로 여겨지고 있다. 이러한 시민성 함양 방안에서는 청소년은 수동적인 교육대상일 뿐이어서 참여적인 시민성을 함양하는 데 있어서는 한계를 드러낼 수밖에 없다. 이 한계를 극복하여 참여적인 시민성을 효과적으로 함양하는 방안은 참여민주주의자들이 주장하는 것처럼 '배움으로써 행하는 것(doing by learning)'보다는 '행함으로써 배우는 것(learning by doing)'일 수 있다.

2. 청소년 시민성 함양 방안으로서 봉사활동 참여

그렇다면 기존의 청소년 시민성 함양 방안에 대한 보완책 또는 대안은 무엇일까? 봉사활동이 하나의 보완책 또는 대안이 될 수 있다. 봉사활동 참여는 봉사학습효과를 가지기 때문이다. 아래에서는 봉사활동에 대해서 살펴보도록 하겠다.

1) 봉사활동의 개념

봉사활동은 타인 또는 지역사회를 위한 자발적인 사회체험·참여 행위이다. 봉사활동 참여를 통해서 청소년들은 자신의 삶이 타인과 밀접하게 관련되어 있으며 지역사회의 일원임을 경험하게 된다(Wade, 1997). 또한 봉사활동 참여를 통해서 지역사회와 제도를 변화시키고, 지역사회의 소속감을 고취함과 동시에 봉사학습효과를 통하여 시민성을 함양할 수 있다(Johnson and Notah, 1999).

이러한 봉사활동 참여의 특징으로 자발성, 공익성, 무보수성, 학습성, 행위성 등을 들 수 있다.

자발성은 봉사활동 참여가 국가 권력이나 어떤 권위에 의해서도 통제되거나 강압되지 않은 자발적인 활동임을 나타내는 것이다. 이는 봉사활동이 자원봉사활동이라고 불리는 점에서도 잘 나타난다. '자원(voluntary)'이라는 용어는 인간의 자발적인 의지를 나타내는 라틴어 voluntus에서 유래된 것이다(김정배 외, 1999).

공익성은 봉사활동 참여가 사익보다는 공익정신에 의한 활동임을 나타내는 것이다. 봉사활동 참여는 자신보다는 타인이나 사회를 위한 것으로서 이타적인 시민정신이 활동의 중요한 전제가 된다.

무보수성은 봉사활동 참여가 아무런 물질적인 반대급부 없이 이루어지는 활동임을 나타내는 것이다. 봉사활동 참여는 봉사자의 자아실현, 만족, 신념의 충족 등이 중요한 동기가 된다.

학습성은 봉사활동 참여가 봉사자의 능력을 변화시키고 시민성을 함양하는 교육 경험을 본질적으로 내포하는 활동임을 나타내는 것이다. 봉사활동 참여는 사회와 제도를 변화시킬 뿐 아니라 봉사자 자신을 변화시키는 활동이다.

행위성은 봉사활동 참여가 단순히 심리적인 지식, 태도, 신념 등과
는 다른 운동, 실천, 노력 등을 나타내는 인간의 구체적인 행동임을
나타내는 것이다. 심리적인 요소는 봉사활동 참여의 전제 요소일 뿐
봉사활동 참여 자체일 수는 없다.

2) 봉사활동 참여의 효과에 대한 경험연구 분석

위에서 봉사활동 참여의 특징으로 들고 있는 학습성이 실제로 나타
나는 것일까? 이것은 봉사활동 참여를 통해서 공동체적 시민성을 함
양할 수 있는가와 관련하여 중요한 문제이다. 이에 대한 답을 찾기 위
해서는 봉사활동 참여에 대한 경험적인 선행연구를 분석해 볼 필요가
있다. 경험적 선행연구에서 학습성이 확인되면, 청소년 시민성 함양
방안으로 봉사활동 참여의 설득력이 제고될 것이기 때문이다.

외국의 경우 봉사활동 참여의 효과에 대한 다수의 개별적인 연구가
있다. 본 연구에서는 이러한 개별적 연구를 하나씩 검토하는 것보다
개별적 연구를 종합적으로 검토한 연구를 살펴보는 것이 효과적일 것
으로 판단되어 페리와 카투라(Perry and Katula, 2001), 콘라드와 헤
딘(Conrad and Hedin, 1982)의 두 연구를 선택하였다.

페리와 카투라(Perry and Katula, 2001)는 미국의 봉사활동 참여에 관
한 경험적 연구 37개를 대상으로 봉사학습효과를 분석하였다. 이에 따르면
봉사활동 참여는 봉사자의 시민성 관련 인지적 이해에 긍정적인 영향을
주며, 장차의 봉사활동 참여에도 긍정적인 영향을 주는 것으로 나타났다.

콘라드와 헤딘(Conrad and Hedin, 1982)은 미국의 봉사활동 참여
가 포함된 27개 경험중심 교육프로그램이 청소년의 사회적, 인지적,
심리적 발달에 미치는 영향을 분석하였다. 분석결과 이들 프로그램이

자아 존중감, 도덕적 추론, 개인 및 사회적 책임성, 문제해결에 있어 긍정적인 효과가 있는 것으로 나타났다.

미국의 경우 민주주의나 봉사활동 참여의 역사가 우리보다 길다. 이러한 역사와 전통이 짧은 우리의 경우도 미국에서와 같은 효과가 나타날 것인지를 분석해 볼 필요가 있다.

은지용(2002)은 서울시내 고등학생 1,085명을 대상으로 봉사활동 참여의 반성경험이 시민성에 미치는 영향을 연구하였다. 이 결과 봉사활동 참여의 반성경험은 시민성의 하위요소인 자율성, 공동체의식, 참여의식, 관용정신에 긍정적인 영향을 주는 것으로 나타났다.

이유경(2002)은 대구시내 대학생 400명을 대상으로 자원봉사활동 경험이 자아정체성과 삶의 질에 미치는 영향을 연구하였다. 자원봉사활동 경험은 자아정체성의 하위요소인 자신감, 자신에 대한 모습 인식과 삶의 질의 하위요소인 자신의 삶에 대한 인식에 긍정적인 영향을 주는 것으로 나타났다.

최은희(2001)는 수도권의 고등학생 707명과 교사 86명을 대상으로 학생봉사활동의 교육적 가치에 대해 연구하였다. 연구결과 봉사활동 경험이 있는 학생들이 없는 학생들보다 교육적 효과가 크게 나타났다.

강수정(2001)은 서울시내 고등학생 600명을 대상으로 자원봉사활동과 청소년 인성 간의 관계를 연구하였다. 연구결과 자원봉사활동에 적극적으로 참여하고 능동적인 동기를 가질수록 자아정체성, 도덕성, 시민성 발달이 높은 것으로 나타났다.

김동배·조학래(1997)는 서울시내 고등학생 376명을 실험집단과 통제집단으로 나누어 1994년-95년 동안 3차에 걸쳐 청소년 자원봉사활동의 효과성에 관한 연구를 하였다. 연구결과 자원봉사활동은 청소년의 자아정체성과 도덕성 발달에 매우 긍정적인 영향을 주는 것으로 나타났으며 이러한 영향은 6개월 이후에도 지속적으로 유지되는 것으로 나타났다. 또한 봉사활동은 건전한 여가활동, 의미 있는 삶, 새로운 기술 습득, 책임감 형성에도 많은 도움이 되는 것으로 나타났다.

청소년 봉사활동 참여의 시민성 함양효과는 이러한 양적인 연구결과 외에도 성공회대학교에서 2000년부터 주최해 온 '전국 청소년 사회참여 발표대회' 자료집에도 잘 나타나 있다. 이 중 2002년도 자료집에는 인권, 환경, 평화, 노동, 학교, 제도개선 등의 여러 영역에 걸쳐 청소년들의 봉사활동 참여 결과가 정리되어 있다. 봉사활동 참여를 통해서 청소년 스스로 변화된 모습을 정리해 놓은 것 중의 일부를 발췌하면 다음과 같다.

'마음도 성숙해지고 무엇보다도 남을 먼저 생각하게 되는 좋은 습관을 가지게 된 것', '사회참여활동을 하면서 나도 무엇인가를 할 수 있다는 기쁨과 보람', '장애인들이 편리하고 안전한 생활을 할 수 있도록 …… 도덕적이고 양심적인 행동을 통해서 실천해 나가야 하는 것', '가장 큰 변화는 실수와 실패에 있어 두려워하지 않는 자신감을 얻었다는 것', '앞으로도 이러한 활동이 있으면 적극적으로 참여', '봉사에 재미를 느끼고 활동하고 싶은 마음', '지금까지 모르고 살았던 것을 참 많이 알게 된 것'(성공회대학교, 2002).

외국과 우리나라의 경험적 연구결과를 통해서 볼 때, 봉사활동 참여가 봉사자인 청소년을 변화시켜 자신의 이익만을 추구하는 것보다는 공동체와 공익을 중시하고 적극적으로 참여하는 참여적 시민성을 함양시킴을 알 수 있다. 이렇게 봉사활동 참여가 봉사자에게 영향을 미쳐 시민성을 함양시키는 효과를 봉사학습효과(service-learning effects)라고 할 수 있다. 아래에서는 경험적으로 나타나는 이러한 봉사학습효과에 관한 이론적 근거를 살펴보도록 하겠다.

3) 봉사학습효과에 관한 이론적 탐색

(1) 봉사학습효과의 이론적 배경

봉사학습(service-learning)의 정의는 다양하게 내려질 수 있지만, 일반적으로 봉사학습은 학교 또는 지역사회의 요구에 맞게 조직된 봉사활동에 자발적으로 참여하여 얻은 경험을 통하여 봉사자 개인의 시민성을 함양하고 발달해 가는 과정이라고 할 수 있다(Wade, 2001; Johnson and Notah, 1999; Wade and Saxe, 1996). 즉 봉사학습은 청소년들이 타인과 지역사회를 돕는 봉사활동 자체를 일련의 학습경험이 되도록 구조화하는 것을 의미한다. 봉사학습의 아이디어는 청소년이나 학생은 강의실과 실제 세계(real world)의 경험이 상호 연결될 때 가장 잘 학습할 수 있다는 데서 비롯된 것이다(Crump, 2002). 이러한 봉사학습의 아이디어를 지지하는 논리적 근거를 참여민주주의론과 경험중심 학습론에서 찾을 수 있다.

① 참여민주주의론

루소(Rousseau), 밀(Mill), 바아버(Barber), 페이트만(Pateman) 등의 참여민주주의자들은 사회·정치참여의 가장 중요한 효과로 참여자의 시민성 함양을 들고 있다. 참여를 통해서만이 효과적으로 참여적 시민성이 길러진다는 것이다(Pateman, 1970). 바아버(Barber)의 다음 말은 이러한 참여의 효과를 잘 나타내고 있다.

강한 민주주의에서 정치는 인류 미래의 힘이다. 무엇보다도 사적인 것이 공적으로, 종속성이 상호 의존성으로, 갈등이 협력으로, 허가가

자기 입법으로, 결핍이 사랑으로, 노예신분이 시민성으로의 변형가능
성이 참여 맥락에서 나타난다(Barber, 1984).

바아버는 참여의 핵심을 변형성에 두고 있다. 이러한 변형적인 참
여과정을 통하여 공익정신, 협동심과 자율성 등의 시민성이 참여자에
게 함양된다.

그렇다면 어떻게 해서 참여는 참여자를 변화시켜 시민성을 함양시키게
되는 것일까? 그 대답을 동기적 측면과 절차적 측면에서 찾아볼 수 있다.

첫째, 동기적 측면에서 참여는 참여자의 공익적 동기에 의해 유발
됨과 동시에 참여과정 자체가 끊임없이 참여자의 동기를 유발한다. 참
여 자체가 끊임없는 시민성 함양의 동기 유발자가 되어 참여의 시민
성 함양효과를 낳는 것이다. "지식에 대한 욕구는 참여에 선행하는 것
이 아니라 참여에 뒤따르는 것이다"는 바아버(Barber, 1984)의 말에서
알 수 있듯이 참여과정에서 참여자는 다양한 지적인 자극을 받음으로
써 시민성 함양을 위하여 노력하게 된다.

둘째, 절차적 측면에서 참여과정이 일련의 정치적 대화(political talk),
공적 의사결정(public decision making), 공동작업과 행위(common work
and action)로 이루어져 있어 교육적 상호 작용과 성찰이 이루어진다
(Barber, 1984). 정치적 대화는 참여의 핵심적 요소로서 언어 및 언어
적 상징에 의한 모든 인간의 상호 작용을 의미한다. 대화는 말하는 것
(speaking)뿐 아니라 듣는 것(listening), 생각하는 것(thinking)뿐 아니
라 느끼는 것(feeling), 성찰하는 것(reflecting)뿐 아니라 행동하는 것
(acting)을 포함한다(Barber, 1984). 따라서 대화는 인지적일 뿐 아니
라 애정적·정서적이게 된다. 정치적 대화가 인지적일 뿐 아니라 애정
적·정서적이라는 것은 합리성뿐 아니라 공감과 친교의 매개, 갈등 해

소와 합의 추구의 도구로서 의미를 갖는다. 이에 비하여 공적 판단과 결정은 동의와 의지에 입각하여 공동으로 살아가야 할 사회와 미래를 합의하고 창출하는 것이다(Barber, 1984). 공동행위와 작업은 공적 판단과 결정의 실현이며 검증이라 할 수 있다. 공동행위의 과정에서 시민들은 공동의 목적을 추구하며 사회적 유대와 단결력이 고취된다.

이렇게 참여는 참여자의 심리적 측면에 영향을 줌으로써 정치적 지식, 태도, 가치관 등의 시민성을 형성하고 발전시키는 기능을 본질적으로 내포한다. 참여가 참여자에게 다양한 경험을 제공하여 '참여 → 자기 개발 → 존재 양식의 발전적 변화'라는 시민성 함양의 동태적 과정을 형성하는 것이다(김대환, 1997: 23).

봉사활동 참여는 오늘날 참여민주주의자들이 내세우는 참여의 대표적인 유형이다. 이런 점에서 봉사활동 참여를 통해 참여적 시민성을 함양할 수 있다는 봉사학습효과는 참여민주주의론에 의해 논리적으로 지지된다.

② 경험중심 학습론

듀이(Dewey)의 경험중심 학습론에 의해서도 이러한 봉사활동 참여의 시민성 함양효과, 즉 봉사학습효과는 뒷받침될 수 있다. 듀이(Dewey)에 의하면 경험은 일차적으로 인간과 그의 자연 및 사회 환경 사이에 존재하는 활동적 관계를 의미한다(Dewey, 1916). 활동적 관계는 인간과 자연 및 사회 환경 사이에서 나타나는 능동적 요소와 수동적 요소의 결합(Dewey, 1916)으로 나타난다. 능동적 요소는 인간이 그 환경에 대하여 작용을 가하는 과정적인 것과 관련되며 수동적 요소는 작용을 받은 환경이 그 작용에 대한 반응으로서 인간에게 되돌리는 결과적인 것과 관련된다. 결국 경험은 능동적 측면에서 해보는 것과 수동적 측면에서 당하는 것이 동시에 결합된 것으로 해보는 것의 결과가 우리 내부의 변화에 반영되고 이것이 다시 해보는 것으로 연결되는 계속적인 동태적 과정이라 할 수 있다. 이러한 동태적인 과정을 통해서 경험은 지식의 원천으로서 또 앎의 과정으로서 기능하게 된다(Conrad and Hedin, 1982).

이러한 경험의 시민성 함양효과가 어떻게 이루어지는가를 이해하기 위해서는 듀이(Dewey)의 1차적 경험(primary experience)과 2차적 경험(secondary experience)에 대한 논의가 필요하다. 1차적 경험은 우리가 일상생활에서 마주치는 소재들을 감각기관을 통해서 경험하는 것을 말하고, 2차적 경험은 1차적 경험 내용을 소재로 하여 마음에서 반성과 성찰, 즉 사고작용을 통해서 이루어지는 관념이나 판단 등의 내적 경험을 말한다. 올바른 지식획득 또는 시민성 함양의 방법은 1차적 경험과 2차적 경험을 밀접하게 연결시키는 경험적 방법을 통해야 한다고 듀이는 주장한다. 경험적인 방법에 의하면, 언제나 탐구재료를 1차적인 경험에서 끌어와서 사고를 통한 2차적인 경험과정을 거치면서 그 의미를 확장하고, 이러한 2차적 경험의 탐구 결론은 다시 직접적이고 감각적인 1차적인 경험을 통해서 그 타당성을 검증해야 한다.

경험적 방법은 이런 종합적이고 계속적인 순환과정을 의미하며, 이를 통하여 지식 또는 시민성은 형성되고 확장되어 간다. 1차적 경험과 2차적 경험을 통한 학습의 과정은 레윈(Lewin)의 이론에 의해서도 잘 뒷받침된다. 레윈(Lewin)에 의하면, 개인적인 구체적 경험은 관찰과 성찰을 위한 토대가 되고, 이러한 관찰과 성찰을 통해서 다음의 행동을 위한 지침이 될 개념과 지식이 형성된다. 새롭게 형성된 개념과 지식은 새로운 상황에서의 행위에 의해 검증이 되고 수정이 된다(Kolb, 1984).

사고 또는 성찰을 통한 경험이 가능하다면 왜 봉사활동 참여 같은 직접경험이 필요한가 하는 의문이 들 수 있다. 봉사활동 참여를 통해서 얻을 수 있는 바를 정리하여 이론적으로 학습시키면, 즉 간접경험을 시키면 훨씬 효율적이지 않을까 하는 의구심이 생기는 것이다. 이에 답하기 위해서 듀이의 직접경험과 간접경험의 논의를 살펴볼 필요가 있다.

듀이에 의하면, 직접경험은 경험의 범위가 제한적이고 시간과 비용이 많이 들어가는 약점이 있음에도 불구하고 간접경험보다 몇 가지 교육적 측면에서 우월하다(Dewey, 1916). 상징에 의하여 매개되는 간접경험에 의한 교육은 진정한 의미에서 사물을 대표하지 못할 위험이 언제나 상존하여 결국에는 언어 매체 자체가 목적이 되어 버릴 가능성이 매우 높다. 반면 직접경험은 모든 감각기관을 동원시켜 역동적이고 생생한 느낌과 인식을 제공하여 이러한 위험성을 감소시킨다. 또한 가치판단의 표준은 상징 매체를 통한 이론에 의해서라기보다는 구체적인 사태에 당하여 그 사태에서 나오는 심각한 문제를 느끼고 성찰하고 판단하도록 함으로써 내면화된다. 자유로운 상상력이 직접적 인식의 매체가 됨으로써 지성이나 이해력이 오히려 간접경험에서보다는 직접경험에서 더 활발하게 작동된다는 것이다.

경험에는 인지적 요소뿐 아니라 정서적·가치적 요소가 모두 내포되어 있기 때문에, 이러한 인지적·정서적·가치적 요소를 내면화시키는 것은 위에서 본 것처럼 매개되지 않은 직접경험에 의한 방법이 더 효과적일 수 있다. 또한 시민성은 인지적 요소보다는 정서적·가치적 요소가 더 중요하고 실제 생활의 장에 더 필요한 것이라 할 때, 직접경험에 의한 것이 형식적인 이론 학습보다 더욱 효과적인 학습방법이다. 형식적인 교수·학습보다는 실제 활동경험(doing)에 의해 더 잘 배울 수 있다.

청소년에게 있어서 봉사활동 참여는 듀이가 말하는 생활경험 중 하나라 할 수 있다. 경험중심 학습론을 봉사활동 참여에 적용하면 청소

년은 봉사활동 참여과정에서 타자와의 관계를 통해 자신이 공중의 일
원임을 자각하고 자신 또는 가족 내에만 국한하던 판단의 준거점을 사
회 전체로 확장할 수 있다. 또한 봉사활동 참여는 다른 사람들과의 관
계 속에서 협동적으로 이루어지는 만큼 이 과정에서 다른 사람들의 영
향을 받아들이게 됨으로써 참여적인 시민성을 구성하는 계기가 된다.
이처럼 봉사활동 참여는 듀이가 말하는 내부적 요소와 객관적 조건의
상호 작용으로서, 개인의 생장 과정이라고 할 수 있다(Dewey, 1938).

(2) 봉사학습의 구조

이렇게 참여민주주의론과 경험중심 학습론에 의해서 지지되는 봉사학
습은 어떠한 구조에 의해서 시민성을 함양시키는 것일까? 페리와 카
투라(Perry & Katula, 2001)에 따르면, 봉사활동이 시민성 함양을 가
져오는 봉사학습의 구조는 선행요인(antecedents), 봉사활동의 특성
(attributes of service), 봉사자의 속성(attributes of the server), 개인의
변화(individual changes), 제도(institutions)의 5가지 요소로 구성되어
있다. 웨이드와 삭스(Wade and Saxe, 1996)에 따르면, 봉사학습은 봉사
활동경험의 성찰, 봉사활동 시간, 봉사자의 속성, 봉사활동 영역의 4요소
에 의해 효과가 결정된다.

이를 종합하면, 봉사학습효과를 결정하는 봉사학습구조의 요소로
선행요인, 봉사활동의 특성, 봉사자의 속성, 성찰과 반성, 개인의 변화,
제도의 6가지를 들 수 있다.

첫째, 선행요인은 봉사학습의 출발점으로 봉사활동을 맥락 속에 위치
되도록 한다. 버바 등(Verba et al., 1995)의 참여가 시민성에 미치는 영
향에 대한 연구를 통해서도 확인되었듯이, 선행요인은 주로 가정 또는

가족적 요인과 관련된다. 구체적으로 부모의 교육수준, 사회경제적 지위, 지역사회의 정착성 정도, 종교 유무와 헌신성 등을 들 수 있다. 이러한 선행요인은 봉사학습효과를 촉진 또는 제약하는 객관적 요건이 된다.

둘째, 봉사활동의 특성은 봉사활동 프로그램의 질, 효과적인 실행, 봉사활동경험의 적절성과 관련된다. 프로그램의 질은 봉사와 학습이 동시에 이루어질 수 있도록 봉사자의 발달과 사회적 조건을 고려하여 체계적으로 구조화되어 있는 정도에 의해서 판단될 수 있다. 프로그램의 효과적인 실행은 목표에 맞는 양질의 프로그램이 설계되어 프로그램의 논리에 맞게 봉사자들에게 주어지는 것을 의미한다. 이렇게 실행되면 봉사자들이 프로그램을 통해서 봉사활동을 하면서 구체적인 경험을 하게 된다. 봉사활동의 경험이 시민성을 개발하는 데 있어서 유효하려면 충분한 활동시간이 주어져야 한다.

셋째, 봉사자의 속성은 봉사자 각각의 개인적 차이와 관련된다. 구체적으로 연령, 소득, 인성 등을 들 수 있다. 이는 봉사학습효과를 결정하는 데 있어서 중요한 요소이다. 봉사자의 속성과 봉사활동의 특성이 상호 작용을 함으로써 개인의 변화를 가져오게 된다.

넷째, 성찰과 반성은 봉사활동 과정과 후에 이루어지는 사고작용으로서 봉사학습의 핵심적인 요소이다. 단순한 봉사활동 체험만으로는 충분한 봉사학습효과를 거두기 어렵다. 쉰(Schine, 1999), 뉴우만(Newmann, 1989), 웨이드와 삭스(Wade and Saxe, 1996) 등은 봉사학습효과를 위해서는 지속적인 성찰이 필수적임을 강조하고 있다. 봉사활동 참여의 교육적 힘은 이타적이고 인간적인 단순한 봉사경험에서 나오는 것이 아니라 봉사자로 하여금 봉사활동 과정과 후에 탐색하고 분석하고 비판하고 계획하고 결정해 보도록 하는 성찰적 경험에서 나오는 것이다(Claus and Ogden, 1999).

이러한 성찰과 반성의 중요성은 듀이의 경험중심 학습론에 의해서 잘 뒷받침된다. 듀이의 경험 개념에는 이미 성찰과 반성이 내포되어 있다. 그에 의하면 해보는 것과 당하는 것의 연결을 지각하고 그 의미를 파악하는 것이 경험학습의 핵심적 요소이다. 단순히 해보는 것으로만 끝날 때는 학습이 이루어지지 않거나 미미하다는 점에서 해보는 것의 결과가 어떻게 우리 내부에 반영되는가의 파악이 경험의 교육적 의미를 이해하는 데 있어서 중요하다. 해보는 것의 결과가 내부에 반영되고 그 의미가 파악되는 것은 성찰의 매개를 통해서라고 할 수 있다. 경험이 의미 있는 것이 되려면 반드시 거기에는 성찰이 개입되어야 한다(Dewey, 1916). 이 성찰은 해보는 것의 결과가 우리 내부에 의미 있게 반영되는 면에도 개입하지만 행하는 것 자체에도 개입하여 의미 있는 행위가 되도록 한다. 이는 성찰에 의해서 경험의 질이 변화된다는 것으로서 경험이 교육적으로 의미 있는 것이 되려면 성찰 자체가 경험의 요소로서 위치를 가져야 됨을 나타낸다. 행위가 경험의 외부적 요소라면 성찰은 경험의 내부적 요소가 되는 것이다.

다섯째, 개인의 변화는 봉사활동의 특성, 봉사자의 속성, 성찰과 반성의 종합적인 일련의 상호 작용과정을 거친 후 나타나게 된다. 개인의 변화는 봉사활동에 의해 나타나는 심리적 · 행동적 특성이라고 할 수 있는데, 이러한 변화가 모두 시민성 함양으로 나타나는 것은 아니다. 다음에 설명될 제도의 여과를 거친 후 최종적으로 시민성 함양으로 나타나게 된다. 이러한 개인의 변화는 봉사활동 과정에서 경험하게 되는 지적 자극, 사회화, 실천(practice) 등에 의해서 나타나게 된다. 봉사활동은 인지과정을 자극하는 새로운 상황을 봉사자에게 제공한다. 이런 상황에서 봉사자는 피아제(Piaget)가 말하는 인지적 불균형을 경험하게 됨으로써 인지구조의 동화와 조절의 순환적인 과정을 되풀이하게 되어

지적 능력이 향상되게 된다. 봉사활동은 학습과정에서 중요한 의미를 가진다. 성인이나 동료 청소년들로부터 봉사자는 칭찬·보상 등의 강화를 받음으로써 바람직한 행동을 반복하여 내면화하게 된다. 또한 봉사활동 과정에서 반두라(Bandura)가 말하는 모델의 모방(변영계, 2000)을 통해서 민주시민으로서 필요한 가치와 태도를 학습하게 된다. 이외에도 봉사활동은 시민성 실천의 장을 제공함으로써 봉사자의 시민성을 더욱 향상시켜 간다. 이때의 실천은 프레이리(Freire)가 사용한 praxis의 개념과 유사하다. 프레이리(Freire)에 의하면, praxis는 성찰(reflection)과 행위(action)의 결합이다(Kolb, 1984). 이에 비추어 보면, 봉사활동의 실천에는 성찰과 행위가 변증법적으로 내포되어 있다고 할 수 있다. 이러한 성찰과 행위의 변증법적인 상호 작용에 의해서 봉사활동은 인간의 내면을 변화시키는 봉사학습효과를 거두게 된다.

여섯째, 제도는 봉사활동이 시민성에 미치는 봉사학습효과를 거르는 여과장치로서 기능을 한다. 국가정치체제, 지역사회, 학교 등과 같은 제도는 규칙을 제정하고 시행함으로써 봉사학습효과를 증대시키거나 약화시킬 수 있다. 제도는 사회적 합의의 산물이기 때문에 이 제도의 틀을 벗어나는 시민성은 일반적으로 용인되기 어렵다. 청소년이 봉사활동 참여를 통해서 얻게 되는 개인의 변화도 이 제도의 틀 내에서 합당성이 인정될 때에 최종적으로 시민성 함양의 결과로 나타나게 된다. 물론 이러한 제도는 불변의 것은 아니다. 제도는 안정적이긴 하지만 봉사활동과 같은 시민들의 사회참여활동에 의해서 변화되기도 한다. 따라서 제도의 여과기능은 계속되지만 그 여과의 준거는 시대와 사회의 맥락에 의해서 변화된다.

이상의 봉사학습구조를 간략하게 나타내면 [그림 3-1]과 같다.

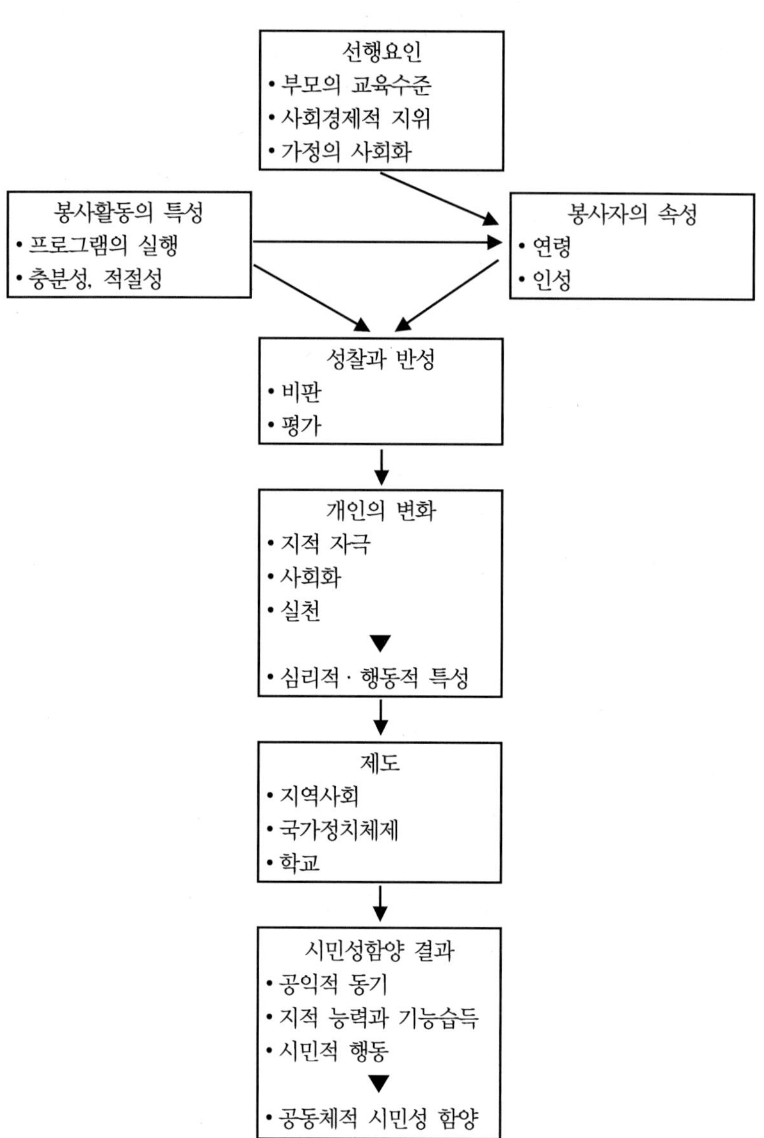

[그림 3-1] 봉사학습구조

자료: Perry and Katula(2001)의 그림을 토대로 수정

Ⅲ. 봉사활동 참여의 지도

1. 봉사활동 참여의 실태

봉사활동 참여의 유형은 크게 학교 주도형과 청소년자원봉사센터나 사회복지시설 같은 지역사회 주도형으로 나눌 수 있다.

오늘날 대부분의 청소년이 중·고등학생[12]이므로 학교가 주도하는 봉사활동의 비중이 높고 중요하다. 학교 주도 청소년 봉사활동은 1995년 '5·31 교육개혁방안'에서 봉사활동의 내용과 참가시간을 '학교생활기록부'에 기재하고 상급학교 진학 시에 반영하도록 하면서 외형적으로 활성화되기 시작하였다. 외형적으로 활성화되긴 하였지만 내실이 갖추어지지 않음으로써 많은 문제점을 노정하고 있는 것이 오늘의 현실이다.

대부분의 학생들이 봉사활동에 관한 사전교육을 받지 못함으로써 준비나 계획 없이 참여하고(정경, 2001; 박명래, 2000), 학생들은 성적이나 진학에 도움이 되는 내신 점수에 필요한 봉사활동 시간을 채우기 위한 방편으로 참여하고(이유경, 2002; 정경, 2001; 박명래, 2000), 교사의 경우도 봉사활동을 의무적으로만 부과하고 있을 뿐 지역사회 또는 봉사활동 관련기관과의 협력과정이 전혀 없는 경우도 있다(이유경, 2002). 또한 봉사학습효과를 얻는 데 있어서 중요한 요소인 체계적인 성찰과 반성의 과정이 거의 없이 학교 봉사활동이 이루어지기도

---

12) 초·중학교는 의무교육이고 고등학교 진학률이 2000년 99.5%, 2001년 99.0%, 2002년 98.5%인 점으로 보아 대부분의 청소년이 학생이라고 하여도 큰 무리는 아닐 것이다.

한다. 대전시내 760명의 중·고생을 대상으로 한 박명래(2000)의 연구에 따르면 봉사활동 후 일지기록은 응답자의 91.6%가, 토론회나 평가회의 개최는 응답자의 95.5%가 하지 않는 것으로 나타난 연구결과는 이를 간접적으로 입증하고 있다.

이러한 우리나라의 학교 봉사활동 실태는 미국의 경우와 대비된다. 미국의 경우 봉사활동은 P(Preparation: 준비) - A(Action: 행동) - R(Reflection: 반성)의 3단계가 일반화되어 있으며 교과와 유기적으로 연결되어 있다. 또한 사전에 이러한 절차가 체계적으로 계획된 프로그램이 마련되고 이 봉사활동 프로그램을 학생이 주도하도록 한다. 봉사활동 전문교사나 교과교사는 도우미 또는 조언자로서 역할을 할 뿐이다(중앙일보, 2003. 3. 14. 40판 23면).

문화관광부에서 청소년의 인성계발과 공동체의식을 함양하기 위해서 설치한 '청소년 자원봉사센터'에서 주도하는 봉사활동도 학교 주도형과 크게 다르지 않은 것 같다. '청소년 자원봉사센터'의 봉사활동도 대부분 학생들이 와서 하기 때문이다. 다만 일손돕기활동, 위문활동, 캠페인활동, 자선구호활동, 환경시설보전활동 등의 프로그램을 제공하고 사전에 교육을 시키고 있는 점은 학교 주도형과 다른 것이라 할 수 있다.

2. 봉사활동 참여의 지도

앞에서 살펴본 봉사활동의 봉사학습효과에 관한 경험적 연구결과를 보면 그 효과가 긍정적임을 알 수 있다. 물론 이러한 효과가 시민성의 전 하위요소에 나타난 것은 아니며 그 효과의 크기가 모두 큰 것도 아니다. 위에서 살펴본 봉사활동의 실태로 미루어 보면 봉사활동이 지니는 잠재적인 봉사학습효과를 최대화시키고 있지 못한 것이라고 할 수 있다. 그렇다면 어떻게 하면 봉사활동이 지니고 있는 잠재적인 봉사학습효과를 최대화시킬 수 있을까? 앞에서 살펴본 봉사학습구조의 요소 특히 봉사활동의 특성, 봉사자의 속성, 성찰과 반성이 유기적으로 연결되도록 봉사활동의 준비-행동-평가의 과정이 구조화되어 지도되어야 한다. 일반적으로 이러한 과정을 설명하면 다음과 같다.

첫째, 준비단계에서 봉사자가 가지고 있는 선행요인, 봉사자의 속성, 봉사활동의 특성이 종합적으로 고려되어 봉사자에 맞는 프로그램이 계획되고 안내되어야 한다. 프로그램을 계획하거나 탐색할 때 지역사회의 봉사활동기관과의 협력과 봉사자인 청소년의 참여가 필요하다. 프로그램이 계획되면 봉사자에 대한 사전교육이 이루어져야 한다. 사전교육 시에는 봉사활동의 목적과 절차가 충분히 설명되어 단순히 점수를 따기 위한 시간 때우기 식으로 봉사활동이 이루어지지 않도록 한다. 이 준비단계에서의 봉사활동을 하는 올바른 목적의식과 동기부여는 봉사학습효과를 최대화시키기 위해서 중요한 의의를 갖는다.

둘째, 행동의 단계에서 봉사활동 과정에서 인간관계가 발달하고 신뢰감이 형성될 수 있도록 충분한 시간이 주어져야 한다. 봉사활동이 일회적으로 끝나지 않고 지속적인 활동이 될 수 있도록 지도되어야 한다. 지역사회 또는 지역사회기관과 파트너십을 발달시키고, 지역사회인사나 집단들이 청소년 봉사활동을 지도 또는 안내하도록 한다(Crump, 2002). 봉사활동의 주도권을 봉사자인 청소년이 갖도록 하여 봉사활동의 주체가 되도록 하고 어려운 점이 발생하면 교사나 지역봉사활동 관련자는 즉시 도울 수 있도록 하여야 한다. 봉사적 요소와 학습적 요소가 동시에 구현될 수 있도록 봉사라고 하는 활동경험 자체가 하나의 학습구조로 운영되도록 교사나 지역봉사활동 관련자는 세심하게 배려하여 지도하여야 한다(김정배 외, 1999). 활동 과정 중에도 성찰과 반성의 시간을 가질 수 있도록 활동일지나 소감문을 쓰도록 지도할 필요가 있다.

셋째, 평가단계에서 봉사활동의 전 과정에 대한 성찰과 반성을 통한 마무리 시간을 갖는다. 이러한 성찰과 반성은 개인적으로뿐 아니라 봉사활동 참여자 모두에게 의미 있는 경험 공유의 장이 된다. 미흡한 점에 대한 반성도 중요하지만 더욱 중요한 것은 잘된 점을 드러내고 서로 격려하는 일이다. 성찰과 반성은 축제적 분위기에서 서로에 대한 격려와 결합될 필요가 있다. 성찰과 반성은 봉사활동의 봉사학습효과를 최대화하기 위해서 필수적이고 핵심적인 요소이다(Wade, 2001: 26; Hollis, 2002: 201).

이러한 일반적인 과정을 구체적인 사례와 결부시켜 지도를 하면 다음과 같다.

□ 봉사활동 참여의 주제: 노인복지시설 봉사활동

○ 주제 설정 시 유의점
- 봉사활동자의 관심과 가치관이 반영되어 스스로 주제를 설정하도록 하고 지도하는 사람은 이에 대한 정보와 조언을 하는 역할에 그치도록 한다. 이렇게 될 때 봉사활동자의 동기가 최대로 유발되며 봉사활동의 학습효과는 최대화될 수 있다.
- 봉사활동자가 스스로에 알맞은 주제를 설정할 수 있도록 지도자는 여러 가지 봉사활동 주제가 실려 있는 목록을 제시한다. 이 목록에는 봉사활동 주제의 의의에 대한 간단한 설명이 제시되어야 한다.

-가능하면 개인보다는 소모임이 하나의 봉사활동 단위가 되어 봉
사활동 주제를 선택하도록 한다.

□ 준비 단계

○ 내 용
-봉사활동을 할 노인복지시설을 물색하고 선정한다. 이때 대상 복
지시설과의 사전 협의를 통해서 봉사활동인원, 시기, 구체적인 봉
사활동거리 등을 정한다.
-노인의 특성과 노인복지시설의 실태 등에 대한 조사를 하도록 안
내한다.
-지도자가 준비한 시청각 자료, 선행실천사례, 지식 등을 제공한다.
-토론과 발표를 통해서 노인복지시설의 봉사활동이 갖는 의의와
정보를 공유한다.
-봉사자가 갖는 선행요인과 속성, 노인복지시설 봉사활동의 특성
을 고려하여 각자에게 맞는 구체적인 역할과 계획을 세운다. 봉
사활동자의 능력이 잘 발휘될 수 있도록 하고 희망을 존중한다.
-지도자는 준비 단계를 정리하면서 노인복지시설 봉사활동의 의의,
목적 등을 봉사활동자가 확실하게 알도록 하고 주의사항을 주지
시킨다.

○ 유의점
-노인복지시설 봉사활동에 관한 다양한 시청각 자료와 실천사례를
준비하고 소개한다.
-소극적인 봉사활동자가 있는 경우 설득을 통하여 동기를 부여하

도록 유의한다.

-봉사학습효과가 나타날 수 있도록 일회적인 봉사활동이 아닌 어느 정도 지속적인 봉사활동이 되도록 시간을 확보하도록 유의한다.

□ 행동 단계

○ 내 용

-사전에 선정된 노인복지시설에 정해진 시간에 모이도록 한다.

-사전에 계획된 역할 예를 들면 청소하기, 말벗하기, 빨래하기, 사무적인 일 돕기 등의 일을 한다.

-노인복지시설에 있는 노인, 종사자 등과의 인간적인 교류를 할 수 있는 친교의 시간, 경험담 듣기 등의 시간을 갖는다.

-봉사활동자 간의 협력과 격려를 통해서 서로 신뢰관계를 형성하도록 한다. 하루에 하나씩 다른 봉사활동자의 잘한 점을 찾아 칭찬하도록 한다.

-매일 봉사활동일지를 쓰도록 한다.

○ 유의점

-봉사활동자의 어려운 점을 파악하고 도와주기 위해서 봉사활동자, 노인복지시설 종사자 등을 통해서 매일 상황을 점검한다.

-봉사활동 과정에서도 자기반성의 시간을 갖도록 지도한다.

□ 평가 단계

○ 내 용
- 노인복지시설 봉사활동자 전원이 모여서 봉사활동 기간 동안의
  경험을 발표하고 공유한다. 모든 봉사활동자가 각자 자신의 느낀
  점, 잘된 점, 반성할 점, 앞으로의 각오 등을 솔직하게 이야기하
  도록 한다.
- 서로의 잘된 점을 칭찬하고 격려한다.

○ 유의점
- 축제 분위기가 되도록 음식을 준비하고 노인복지시설 종사자, 기
  타 관련 있는 사람들도 참여하도록 한다.
- 이번의 노인복지시설 봉사활동이 다른 봉사활동으로 이어질 수
  있도록 분위기를 조성한다.

▼ Ⅳ. 맺음말

이상에서 청소년기에 갖추어야 할 시민성, 이런 시민성을 함양하기
위한 방안으로서 기존의 학교, 대중매체 등의 사회화 기관의 한계와
이의 대안으로서 봉사활동의 필요성, 봉사활동을 통한 시민성 함양으
로서 봉사학습효과, 봉사학습효과를 최대화하기 위한 봉사활동 지도
등에 대해서 살펴보았다. 청소년기는 한 개인의 삶에 있어서도 매우

중요하지만 전체 사회에 있어서도 매우 중요하다. 청소년기는 성인기 직전의 시기로서 시민성 형성의 감수성과 가소성이 높기 때문이며, 이렇게 형성된 시민성이 대부분 성인기로 이어지기 때문이다.

우리 사회의 산적한 문제를 해결하고 민주주의를 발전시키기 위해서는 청소년이 함양해야 할 시민성은 시장메커니즘에 바탕을 둔 개인주의적인 계약적·수동적 시민성보다는 공동체원리에 바탕을 둔 공동체적·능동적 시민성이어야 할 것이다. 이를 위한 효과적인 방안 중 하나가 봉사활동에의 참여이다. 하지만 입시구조, 경쟁주의, 열악한 사회자원, 봉사학습효과에 대한 무지와 무관심 등의 이유로 아직도 봉사활동에 대한 지속적이고 자발적인 참여는 미흡한 편이다. 또한 봉사활동 프로그램의 개발과 운영이 다양하지 못하고 체계적이지도 않다.

이를 극복하기 위해서 앞으로 이론적인 측면에서 봉사학습효과에 대한 체계적인 연구가 필요하다. 지금까지 봉사활동의 봉사학습효과에 대한 연구는 실천적이고 경험적인 측면에서 주로 이루어져 왔다. 이를 이론적으로 뒷받침할 수 있는 심층적인 연구가 필요하다. 특히 봉사활동의 봉사학습효과 메커니즘이 이론적으로 규명될 필요가 있다.

정책적인 측면에서는 국가 차원의 투자와 관심이 필요하다. 국가의 예산이 뒷받침되는 봉사활동센터가 청소년들이 자주 이용할 수 있는 지역사회 단위에 만들어지고 이 센터와 학교와의 유기적인 연계를 통해서 청소년 봉사활동이 지도되어야 한다. 청소년 봉사활동을 전문적으로 지도할 수 있는 전문가 양성프로그램이 도입되어야 하며 이러한 프로그램을 거친 전문가를 봉사활동센터에 배치해야 한다. 아울러 학교 교사 중 일부를 봉사활동전문가로 육성하여야 한다. 이렇게 함으로써 봉사활동이 지닌 교육적 힘이 최대로 발현될 수 있고 이를 통해서 청소년이 더욱 바람직한 시민성을 함양할 수 있게 될 것이다.

제4장

참여학습과 청소년 법교육

▼ I. 문제 제기

　민주사회는 법치주의를 근간으로 운영된다. 인류사회에 등장하였던 다른 어떤 사회보다 법을 중시하며 법을 통해서 사회적 합의를 표출하고 사회적 갈등과 문제를 해결하려 한다. 법을 통해서 사회를 유지하고 발전시킬 수 있다는 점은 오랜 역사적 과정에서 인간의 이성이 이루어낸 성과라 할 수 있다. 오늘날처럼 다원적인 가치와 이익의 추구가 폭넓게 인정되는 사회에서 질서 유지와 평화적 발전을 위해서는 특히 법의 기능과 역할이 중요하다. 법 형성과 집행의 공정성, 법에 대한 신뢰와 준수가 없이 사회적 평화와 발전을 기대할 수 없기 때문이다.

　이렇게 민주주의 발전과 불가분의 관련을 맺는 법치주의 실현을 위해서는 공정한 법 제도의 수립과 법적 시민성을 갖춘 시민이 양성되어야 한다. 양자 모두 중요한 요소이긴 하지만, 공정한 법 제도의 구비도 결국은 법적 시민성을 갖춘 시민에 의한 것이라 한다면, 이러한 시민의 양성이 법치주의 나아가 민주주의 성패의 관건이라 할 수 있다. 여기에서 시민 양성을 핵심 목표로 하는 청소년 시민교육의 교육적 책무성을 확인할 수 있다. 특히 법적 시민성을 갖춘 시민 양성을 위해서는 청소년 시민교육 내의 법교육이 강화될 필요성이 있다.

　이러한 필요성의 인식하에, 지금까지 사회(공통사회) 또는 정치 과목 내의 하나의 단원으로 취급되었던 법교육이 제7차 교육과정에서는 '법과 사회'로 독립되었고, 법무부 산하 기관에 법교육센터가 설립되었다는 점은 청소년 시민교육에 시사하는 바가 크다 할 수 있다. 미국의 경우는 우리보다 먼저 청소년에 대한 법교육의 중요성을 인식하여 1960년대부터 법교육이 구체화되기 시작하였다. 미국 2000(America 2000)에서 보는 것처럼[13], 최근 들어서는 법교육을 위한 국가적 차원의 직접적인 지원과 정책 수립이 나타나고 있다. 미국 변호사협회(ABA)도 청소년 시민교육 특별위원회를 만들어 법교육 관련 지원과 활동을 하고 있다(Feinstein and Wood, 1995: 28-36).

민주주의나 교육과정 차원이 아닌 우리 일상생활 속에 나타나는 문제를 보아도 법교육의 중요성과 필요성을 실감할 수 있다. 일상에서 부딪치는 수많은 범죄와 사회문제, 청소년비행 등이 모두 법과 관련되어 있는 것이다. 이런 문제들을 예방하고 치유하기 위해서도 법교육은 시민교육에서 중요하게 위치되어야 할 것으로 생각한다.

이러한 의의를 갖는 법교육이 교육적 효과성을 갖기 위해서는 교육여건, 교육과정, 교사 등 여러 가지 요소가 갖추어져야 된다. 이 중에서도 법교육 학습방법의 연구와 개선이 가장 중요한 요소라 할 수 있다. 법교육은 궁극적으로 청소년들에게 보다 나은 법적 시민성을 함양시키기 위한 것이고, 이는 법적 시민성을 청소년에게 전달하고 내면화시켜 줄 수 있는 학습방법이 없이는 불가능할 것이기 때문이다. 본 글에서는 이러한 문제의식에서 학교에서 청소년을 대상으로 하는 법교육의 학습방법을 검토하고, 새로운 학습방법으로서 참여학습방법을 제시하고자 한다.

---

13) 미국 2000에 나타난 국가 교육목적 6가지 중 2가지가 법교육에 관한 것이다. 즉 목적 1과 5는 청소년들이 헌법과 권리장전에 보장된 시민들의 구체적인 권리와 자유를 알도록 하는 것이다. 또한 사법체제와 운영방식, 법의 목적과 시민적 책임성 등의 이해를 요구하고 있다.

▼ II. 법교육 학습방법의 검토

1. 법교육의 의미

법교육의 의미는 법교육의 주체와 대상 등에 따라서 다양하게 정의
될 수 있으나, 본 글에서는 학교에서 청소년(초·중·고등학생)을 대
상으로 하는 법교육이라는 측면에서 '현대사회에서 법과 법적 쟁점에
대해서 효과적으로 대응하는 데 필요한 지식·기능·태도와 가치관
등을 개발함으로써 법적 사고력, 문제해결능력, 참여능력 등을 기르기
위하여 제공되는 학습경험'으로 규정한다. 결국 법교육은 법이 지배하
는 다원적인 민주사회에서 필요한 지식, 기능, 가치 등을 가르쳐 법
적인 측면에서 공동체에 긍정적으로 기여할 수 있는 적극적인 시민
들을 기르려는 교육적 노력으로 이해될 수 있다(Leming, 1995; 최인
화, 1992; 박성혁, 1998).

이러한 의미의 법교육은 청소년들에게 법적 관점에서 사회적 쟁점
을 탐구할 기회를 주기 때문에 사회과를 중심으로 하는 시민교육에서
중요한 교육적 의의를 가진다(Banks & Clegg, Jr., 1990: 228). 이를
좀 더 구체화하면 법교육은 초·중등 교육에서 다음과 같은 4가지
점에서 교육적 가치와 중요성을 가지는 것으로 볼 수 있다(Pereira,
1988, ED 296 948: 3-4, 최인화, 1992: 15-6에서 재인용).

첫째, 법교육은 시민자질 육성에 기여한다. 민주사회에서 시민 생
활에 필요한 권리와 의무를 인식시키며, 시민참여, 의사결정, 비판적
사고기능을 향상시킬 수 있다. 법교육의 이런 기능은 레밍(Leming,

1995: 4)에 의해서도 지적되고 있다. 그에 의하면 법교육은 법의 역할에 관한 정보획득기능, 법적 의견과 문서를 해석하고 분석하는 것을 포함하는 사고기능, 의사소통과 사회적 참여기능을 발전시킨다.

둘째, 법교육은 청소년 비행 예방에 기여한다. 청소년들로 하여금 사회적 책임의식과 법의 중요성을 인식하게 함으로써 법질서를 지키도록 한다.

셋째, 법교육은 사회과를 중심으로 하는 시민교육, 즉 시민성 함양에 대한 청소년들의 흥미를 높인다. 법은 현실생활과 밀접한 관련을 가지며 다양한 쟁점과 관련되므로 이런 문제들을 접촉함으로써 청소년들의 학습 흥미가 촉진되는 것이다.

넷째, 법교육은 학교 사회과 교육과정의 폭과 깊이를 더하는 데 기여한다. 법 개념 및 원리, 이론 등을 사회과 교육과정에 접목시킴으로써 사회과 교육과정을 보다 풍부하고 체계화할 수 있다.

2. 법교육의 목표

학교에서 행하여지는 법교육의 주된 목적은 '청소년들로 하여금 우리 사회와 그 기저에 있는 가치를 이해하며, 사회문제와 갈등을 좀 더 비판적이고 합리적으로 생각할 수 있도록 하며, 학생들이 우리 사회의 법과 법질서에 대해 가지고 있을 수 있는 잘못되거나 획일적인 사고를 극복하여 우리 사회와 법 제도 그리고 정부의 활동 등에 참여하려는 의욕 및 능력을 배양하려는 것'이라 할 수 있다(교육부, 2000: 213). 이를 통해서 보면, 학교에서 법교육의 기본 목적은 법률적 전문가를 기르는 데 있는 것이 아니라, 법적 교양과 시민성을 갖춘 시민을 기르는 데 있는 것이다.

이를 좀 더 구체화하여 법교육이 가지는 일반적 목표를 설정하면, 다음과 같다(교육부, 2000: 213).

첫째, 청소년들에게 우리 사회의 법질서가 어떻게 법 제도 내에서 운영되고 있는지를 보여줌으로써 그에 대한 이해력을 증진시킨다.

둘째, 청소년들의 법적 사고력과 문제해결능력을 향상시킨다.

셋째, 법과 법 제도에 대한 긍정적인 인식과 책임의식, 능동적 참여 태도를 함양시킨다.

3. 법교육의 학습방법

위에서 살펴본 법교육의 취지와 목표를 살리기 위해서는 이에 적절한 법교육 학습방법이 뒷받침되어야 한다. 지금까지 학자들과 교육자들의 연구와 실천에 의해서 다양한 법교육 학습방법이 제시되었다. 구체적으로 뱅크스와 클레그(Banks & Clegg, Jr., 1990)는 사례연구법과 탐구접근법, 맥비(McBee, 1994)는 사례(판례)연구법, 모의재판, 역할놀이, 모의학습법(simulation), 법 전문가 초빙수업, 지우기 게임 등을 들고 있다. 페인스타인과 우드(Feinstein & Wood, 1995)는 미국 법교육의 역사를 고찰하면서 법교육 방법이 교과서 중심의 강의법에서 사례(판례)연구법, 학문 접근법에서 모든 교과에서의 통합적 접근(infusion model)으로 변화해 왔다고 한다. 최인화(1991)는 개념학습, 탐구학습, 사례(판례)연구법, 역할놀이, 모의학습, 모의재판, 현장학습 등을, 서기태(1993)는 개념학습, 탐구학습, 사례(판례)연구법, 역할학습, 놀이학습, 모의재판, 현장학습 등을 들고 있다. 아래에서는 학교 법교육에서 자주 활용될 수 있는 개념학습, 탐구학습, 사례(판례)연구법, 모의재판, 현장학습에 대하여 살펴보도록 하겠다.

1) 개념학습

개념이란 수많은 현상과 사실 중 공통적인 속성을 범주화하여 추상적으로 표현한 언어이다. 법적인 개념으로 자유와 평등, 기본권, 적법절차, 공권과 사권 등을 예로 들 수 있다. 이러한 개념은 복잡한 현상을 단순화하여 체계적으로 분류하거나 인식하는 데 유용하며 또한 이러한 사고의 경제성을 바탕으로 인간의 사고력을 풍부하게 해줄 수 있는 기반이 되기도 한다.

개념학습에서는 개념의 속성, 사례, 사회적 상황이 중요한 요소이다. 이를 적절하게 관련시켜 활용할 때 개념학습의 효율성은 증진될 수 있다. 법교육에서의 개념학습은 법 생활에서 중요한 기본적 개념을 이해하도록 함으로써 이를 통해서 법적 문제해결과 의사결정, 참여의 기초를 이루도록 하는 것이다. 이때 개념이 단순하게 주입되어 암기되도록 해서는 안 된다. 개념은 머릿속의 죽어 있는 지식이 아니라 법 생활에서 문제를 인식하고 해결책을 모색하는 데 있어서 살아 있는 사고의 틀이 되어야 하기 때문이다. 이러한 개념학습이 되기 위해서는 '개념의 여러 속성 파악→ 여러 속성들 간의 연결 규칙 파악→개념에 적합한 사례와 부적합한 사례의 구분'이라는 개념화 과정을 통해서 개념이 학습되도록 하여야 한다(교육부, 1995). 법교육에서 개념을 통한 법 현상의 해석과 이해, 법 현상의 내재된 공통성과 특성의 파악을 통한 개념 도출의 연역적이고 귀납적인 접근법이 적절하게 연결되어 활용될 때 개념학습의 효과성은 높아질 수 있다(최인화, 1991).

2) 탐구학습

법교육에서 탐구학습은 브루너(Bruner, J)가 제시한 사회과학 탐구
법보다는 올리버(Oliver, D.)와 세이버(Shaver, J. P.)가 제시한 법리적
탐구법이 유용하다. 법리적 탐구법은 사회적 의견이 팽팽하게 나누어
져 있는 법적 쟁점 또는 공공정책을 주제로 학생들의 합리적 의사결정
을 돕기 위해서 고안된 것이다. 법리적 탐구과정에서 학생들은 법적
쟁점에 대하여 사실 문제와 가치문제를 구분하여 탐구한 후 시민으로
서 개인의 입장을 정리한 후 대안을 선택하는 의사결정을 하게 된다.

사회생활에서 부딪치는 법적 문제는 단순한 사실 관계로만 이루어
진 것이 아니고 복잡한 윤리적, 가치함축적 관계가 내재되어 있다. 따
라서 이러한 법적 문제는 법적 지식이나 개념 탐구와 동시에 합리적
인 가치판단의 과정이 동시에 수반되어야 해결될 수 있다. 법리적 탐
구학습은 사회적 쟁점 분석능력, 타인의 역할 이해능력, 사회적 대화
능력 등을 함양하는 데 직접적인 효과가 있으며, 유능한 재판관과 비
슷한 시민이 양성될 것으로 기대한다(최인화, 1991).

3) 사례(판례)연구법

사례(판례)연구법은 구체적인 법 문제가 함축되어 있는 사례(판례)
를 심층적으로 분석함으로써 법적인 사실과 쟁점을 명확하게 확인하
고 법적인 논리를 평가해 봄으로써 법적인 사고력과 추론능력을 향상
시키려는 것이다(박성혁, 1998). 판례를 학습의 제재로 한다는 점에서
법교육 독자적인 학습방법이라 할 수 있다.

판례를 이용한 이 학습방법이 효과를 가지려면 생생한 법적 사례

(판례), 능력 있는 교사, 사례(판례)연구 수업에 대한 청소년들의 적극적인 참여의 조건이 갖추어져야 한다(박성혁, 1998). 사례(판례)에는 고도의 법적인 지식과 논리, 쟁점이 함축되어 있어서 자칫 추상적이기 쉽다. 사례가 추상적이고 쟁점이나 법적 논리구조가 지나치게 복잡하면 법교육적 효과를 거두기 어렵다. 따라서 사례를 선택할 때는 청소년들의 능력 정도와 사회 · 문화적인 조건을 고려하여 일상생활에서 많이 접할 수 있는 친숙한 사안에 대한 것이어야 한다.

교사는 전통적인 강의식 수업에서와는 달리 학습의 안내자로서 역할을 한다. 안내자로서 역할을 성공적으로 수행하기 위해서는 사전에 사례에 필요한 법적 지식과 논리구조를 충분히 숙지하고 있어야 하며 청소년들의 학습상황을 예측하여 이에 대한 준비를 할 수 있어야 한다. 사례(판례)연구법의 가장 큰 특징 중의 하나는 청소년이 수업을 능동적으로 주도한다는 것이다. 이를 위해서 청소년들의 자발적인 참여가 이루어져야 한다.

4) 모의재판

모의재판은 재판의 형식을 수업에 도입하여 청소년들이 주어진 재판 절차에 따라서 재판관, 원고(검사), 피고(변호인), 배심원, 방청객 등의 역할을 수행해 봄으로써 법적인 지식과 기능, 문제해결능력 등을 기르고자 하는 학습방법이다. 실제 재판 상황을 교실에서 재연함으로써 법적 절차와 재판의 실제에 대하여 체험을 하도록 한다는 점이 특징이며 법교육 고유의 학습방법이라 할 수 있다.

구체적인 수업과정에서는 모의재판의 주제를 선정하고 이 주제에 대한 사실, 쟁점, 가능한 주장 등을 검토한 후 청소년들을 필요한 역할에 따라 몇 개의 소집단으로 나눈다. 역할을 배정할 때는 청소년들의 희망과 능력을 고려해야 하며, 가능한 한 모든 청소년들이 참여할 수 있도록 하여야 한다. 재판관, 원고(검사), 피고(변호인)의 역할을 맡지 않은 청소년들이 수업에서 소외되지 않도록 하기 위해서 이들에게는 배심원의 역할을 맡게 하여 최종적으로 원고와 피고의 법적 논리를 판단할 수 있게 할 필요가 있다. 역할을 맡은 청소년들은 각자의 역할에 입각하여 재판 주제를 심층적으로 분석하고 자신들의 시나리오를 만든다. 모의재판이 성과를 거두기 위해서는 청소년들이 재판 절차를 숙지하고 있어야 하며 관심을 가져야 한다.

5) 현장학습

현장학습은 법적 문제와 관련된 장소를 직접 방문하여 보고, 듣고, 느낌으로써 법에 관한 지식, 기능, 태도 등을 습득하도록 하는 학습방법이다. 흔히 현장견학이라고 불리기도 한다. 법교육에서 현장학습 장소에 포함될 수 있는 것으로는 헌법재판소, 법원, 검찰청, 변호사협회, 경찰서, 교도소 등을 들 수 있다. 재판에 대한 현장학습은 실제 법이 어떻게 적용되고 재판이 어떻게 진행되는지를 체험하게 함으로써 교실에서는 거둘 수 없는 교육효과를 달성할 수 있다.

단순한 방문만으로는 현장학습을 통해서 소기의 교육적 성과를 거두기 어렵다. 현장학습이 효과를 얻기 위해서는 사전에 어디를 가서 무엇을 보고 듣고 할지에 대한 준비를 하여야 하고 방문 대상에 대해서도 협조를 얻을 수 있도록 하여야 한다. 교실에서 배운 것을 확인하거나 활용할 수 있는 것이면 더욱 효과적이 될 수 있다. 방문 후에는 이를 교실에서 평가하여 서로의 경험을 나누어 가질 수 있도록 하여야 한다.

6) 논 의

이상에서 법교육 학습방법에 관해서 간략하게 살펴보았다. 학습방법은 교육목표를 달성하기 위한 수단적 성격을 가지는 것이기 때문에 학습방법을 선정하거나 조직할 때 가장 먼저 교육목표 달성에 적절한지를 고려하여야 한다. 허종렬(1992)이 여러 법교육자들의 논의를 종합하여 법교육 학습방법의 원리 중 하나로 '법교육 목적을 실현할 것'을 들고 있는 점에서도[14] 학습방법의 교육목표 부합성 여부의 중요성을 알 수 있다.

이런 관점에서 보았을 때, 위에서 논의한 학습방법은 법교육의 목표 실현에 부합될 필요가 있다. 위에서 본 것처럼 학교의 제7차 교육과정에서는 법교육의 목표로 법 현상에 대한 이해 증진, 법적 사고력과 문제해결력 함양, 책임의식 및 능동적 참여태도 함양을 들고 있는데, 과연 지금까지 논의된 법교육 학습방법이 이러한 법교육 목표 달성을 위해 적절한지를 평가해 볼 필요가 있다.

개념학습방법은 대표적인 인지적 학습방법으로서 법에 관련된 지식을 획득하는 데는 유용하다. 법에 관한 기본적인 개념을 파악함으로써 이런 개념적 틀을 바탕으로 법 현상에 대한 이해가 증진될 수는 있으나 자료 분석 및 추론, 쟁점 분석 및 가치 · 태도의 명료화 등의 법적 사고력과 문제해결력을 높이는 데는 한계가 있다 할 수 있다. 더 나아가 개념학습방법으로는 사회적 책임의식 및 능동적 참여능력을 배양하기는 어렵다고 판단된다.

탐구학습방법은 법적 쟁점을 수업에 끌어들여 이 쟁점에 관련된 사

---

14) 허종렬은 이 외에도 법교육 학습방법의 원리로 법교육 특성에 적합할 것, 다양성과 통합성을 가질 수 있을 것을 제시하고 있다.

실과 가치탐구를 함으로써 법 현상에 대한 이해 증진과 사회적 법 현상에 대한 관심을 제고하는 데 유용하다. 또한 법적 쟁점에 관련된 다양한 입장과 논리를 분석함으로써 법적 사고력이 함양될 수 있고 문제해결능력도 높아질 수 있을 것으로 판단된다. 그렇지만 이러한 법적 쟁점에 대한 사실과 가치탐구를 통해서는 사회적 책임의식과 능동적 참여능력이 함양되기에는 한계가 있을 것이다.

사례(판례)연구법은 사회 일상에서 제기되고 있는 법적 갈등에 대한 사례(판례)를 수업 제재로 활용함으로써 학생들이 법적 지식과 법적 문제의 관련성을 파악하는 데 유용하다. 사례(판례)에는 다양한 사실과 개념, 이론과 논리가 관련되어 있어서 이런 사례(판례)의 분석을 통해서 법 현상이 어떻게 일어나고 해결되는지에 대한 이해의 폭을 넓힐 수 있다. 아울러 사례(판례)에 관련된 자료 분석 및 추론을 통해서 법적 사고력이 증진되고 법 지식의 적용을 통한 문제해결능력도 제고될 수 있다. 그렇지만 여전히 교실 속에서 수업이 이루어짐으로써 사회적 책임의식 및 능동적 참여능력을 기르는 데는 한계가 있을 수 있다.

모의재판 학습방법은 재판의 절차와 양식을 수업화한다는 점에서 다른 어떤 학습방법보다 법교육목표 달성에 유용할 수 있다. 학생들은 모의재판의 과정을 통해서 법에 관한 지식을 내면화할 수 있는 기회를 가지게 된다. 또한 법 현상이 어떻게 재판화되며 재판과정에서 법 현상이 어떻게 해결되는지를 아는 데 유용하다. 직접적인 역할수행을 통해서 법 현상에 대한 이해, 법적 사고력, 문제해결능력 등이 증진될 수 있다. 특히 문제해결능력을 함양하는 데 유용할 수 있다. 다른 방법에 비해서 권리실현의식을 증진시킴으로써 능동적 참여 태도를 기르는 데도 유용할 수 있지만 교실 속 수업이라는 제약으로 인해서 여전히 책임의식 및 능동적 참여능력을 기르는 데는 한계가 있을 것으로 생각된다.

현장학습방법은 위의 학습방법들과는 달리 교실을 벗어나서 직접 법 관련 장소를 방문하여 법 현상을 체험한다는 점에서 다르다. 이런 점이 다른 학습방법의 한계로 남는 책임의식 및 능동적 참여능력을 기르는 데에 긍정적인 요소가 될 수 있다. 그렇지만 방문을 통한 현장학습은 청소년들의 참여에 대한 흥미와 관심을 제고할 수 있을지는 모르지만 지속적으로 능동적인 참여능력을 기르기에는 부족하다고 생각된다. 또한 현장의 방문과 견학으로 법적 사고력과 문제 해결력 등을 함양하는 데도 한계가 있을 수 있다. 현장의 방문에서는 자료 분석과 추론, 복잡한 쟁점의 규명 등의 작업이 수반되기 어렵기 때문이다.

이상의 논의를 통해서 볼 때, 교실 속에서 이루어지는 개념학습, 탐구학습, 사례(판례)연구, 모의재판 등은 청소년들의 법적인 책임의식 및 능동적 참여능력을 기르는 데 어려운 점이 있다고 할 수 있다. 교실 밖 상황에서 이루어지는 현장학습은 법적 사고력 및 문제해결능력을 함양하는 데 한계가 있다고 판단되며 여전히 법적인 책임의식 및 능동적 참여능력을 기르는 데도 부족한 점을 가진다 할 수 있다. 이는 다음에서 논의할 참여학습과는 달리 단순한 현장방문과 견학의 체험과정에서는 법적인 쟁점이 발견되고 분석되어 이의 해결책이 모색되고 실천되지 않기 때문이라 할 수 있다. 이러한 한계를 극복할 수 있는 하나의 학습방법으로 참여학습방법을 모색해 볼 필요가 있다. 아래에서는 참여학습방법에 대해서 논의하기로 하겠다.

Ⅲ. 법교육의 참여학습방법

1. 참여학습의 의미

참여학습의 의미를 규정하기 전에 참여의 의미를 명확하게 할 필요가 있다. 참여학습에서 핵심적인 것은 참여이기 때문이다. 참여는 좁게는 시민들이 자발적으로 국가의 정치과정에 관여하는 행위, 즉 정치참여를 의미하지만, 학교에서 참여를 논의할 때는 일반적으로 이보다 넓게 정의하여 사회체험 또는 봉사활동까지도 포괄하는 것으로 한다(Ferguson, 1992; Conrad, 1992). 미성년자인 청소년들의 참여를 정치참여로 국한하면 참여의 범위가 너무 좁게 되기 때문이다. 따라서 본 장에서는 참여를 넓게 규정하여 청소년들이 사회적 영역에서 정치과정 또는 시민사회, 공공단체 등의 의사결정 및 업무 등에 자발적으로 관여하고 체험하는 행위를 의미하는 것으로 하겠다.

참여학습이란 이러한 참여를 통해 시민성 형성에 필요한 인지적, 정의적, 행동적 차원의 능력을 획득해 가는 학습경험을 의미한다고 할 수 있다. 참여학습의 특징으로는 교실을 벗어나 사회를 학습의 장으로 삼는 것, 학습자의 능동성과 자발성을 전제로 하는 것, 실제적 행위와 경험을 중요시하는 것 등을 들 수 있다.

2. 참여학습의 필요성

법교육에서 왜 참여학습이 필요할까? 이에 대한 대답을 다음과 같이 정리해 볼 수 있다.

첫째, 교실 내에서 행하여지고 있는 기존 법교육 학습방법의 한계를 극복하여 법적 책임의식 및 능동적 참여능력을 배양하는 데 적합하다.

교실 속에서 주로 이루어지는 기존의 법교육을 통해서는 법교육 목표로 중요시되는 법적 책임의식 및 능동적 참여능력을 배양하는 데 어려움이 있을 수 있다. 이러한 시민성은 지식 위주의 수동적 학습을 통해서 길러지기에는 한계가 있기 때문이다.

참여학습은 기존의 교실수업과 비교해 볼 때 동기부여, 치유와 교정, 지식의 적용에 있어서도 유용하다. 동기적 측면에서, 교실학습은 주로 외적인 보상에 의해서 동기가 유발되는 면이 강하지만, 참여학습은 실제적 상황에 대한 반응으로부터 학습자의 내적 동기가 유발되는 면이 강하다. 참여학습이 내적 동기에 의존함으로써 참여학습과정에서의 지식과 기능, 가치 등이 학습자의 기존 인지구조에 보다 쉽게 통합되어 갈 수 있다. 학습 부진의 치유와 교정에 있어서도 교실수업보다 효과적이다. 실제 상황에서 문제해결과 동료 학습자들 간의 협력을 통해서 학습지체가 자연스럽게 극복되어 갈 수 있다. 더 나아가 참여학습은 교실수업의 가장 큰 약점 중 하나라 할 수 있는 지식, 기능, 가치 등의 적용 문제를 쉽게 해결할 수 있다. 참여학습을 통해서 경험적으로 학습한 것의 적용은 교실학습의 결과를 적용하는 것보다 덜 어렵다. 왜냐하면 학습결과의 적용이 참여학습에서는 이미 학습과정의 한 부분을 이루고 있기 때문이다. 학습의 결과 획득된 지식과 기능, 가치 등의 적용은 실제적 문제를 다루는 학습과정에 내재되어 있기 때문에 적용능력의 신장은 자연스럽게 이루어질 수 있다.

둘째, 법 현상과 문제는 교실 속보다는 사회의 실제 상황에서 효과적으로 탐구될 수 있다.

레밍(Leming, 1995)에 의하면 법교육은 실제 상황에서 실제 사람들에게 영향을 미치는 실제 이슈를 중심으로 하는 것이 효과적이라고 한다. 이런 것을 통해서 법이 어떻게 해서 사회생활의 중심이 되며 법이 어떻게 인간에 영향을 미치고 인간이 다시 법에 영향을 미치는가를 탐구하게 된다고 한다. 법은 그 특성상 매우 실용적이며 실천적인 성격을 지닌다. 이러한 법이 인간의 삶과 어떤 관련을 맺고 사회적 쟁점이나 문제를 어떻게 해결하는가를 파악하는 데는 교실 속의 상상력만으로는 한계가 있을 수 있다. 사회적 참여를 통해 살아 있는 지식과 기능을 획득할 수 있고 피부로 법적 문제를 접하고 해결하려고 함으로써 사회발전에 대한 책임의식과 참여의지를 기를 수 있다. 이런 측면에서 보아 사회의 실제 상황과 교실을 연계시키는 것이 법교육에서는 필요하다.

셋째, 참여가 가지는 교육적 기능을 활용할 수 있다.

참여는 참여민주주의자들에 의해서 시민교육기능을 가진다고 오랫동안 주장되어 왔다. 루소는 시민교육기능을 참여의 본질적 기능으로 보고 있으며 직접적인 참여를 통해서 책임감, 공익의식, 정치기능 등이 학습된다고 한다. 밀의 경우도 참여의 교육적 기능을 강조하면서 그 효과로 시민의식 함양, 고도의 지적 능력개발, 윤리성 발달 등을 들고 있다. 강한 민주주의론을 통해서 이러한 참여의 교육적 기능을 더욱 강조하는 바아버는 지식과 지식에 대한 욕구는 참여에 선행하는 것이 아니라 참여에 뒤따르는 것이라 한다(김영인, 1999).

참여민주주의자들의 공통적인 주장은 참여가 참여자에게 다양한 경험을 제공하여 '참여 → 자기 개발 → 존재 양식의 발전적 변화'라는 동태적 과정을 형성한다는 것이며(김대환, 1997), 개인들이 참여를 하면 할수록 더욱 잘 참여하게 된다는 것이다. 학교 교육과정의 핵심을 참여적 시민성으로 보고 있는 피터스(Peters, 1999)도 "시민성은 오직 개인적 헌신성과 이성적 사고, 행동을 필요로 하는 학교와 공동체 활동에 실질적으로 참여하는 것에 의해서 획득되고 연마될 수 있다"고 하여 참여의 교육적 중요성을 강조하고 있다.

이렇게 참여가 교육적 기능을 가지는 것은 참여에 수반되는 토론과 성찰과정 때문으로 여겨진다. 참여과정에서 참여자들은 다양한 활동과 상호 작용을 통해서 많은 사람들을 만나고 경험하게 되며 이것이 개인적·집단적 성찰과정으로 연계됨으로써 바람직한 시민성을 함양할 수 있게 된다. 참여학습에서는 이러한 참여의 교육적 기능이 발휘되게 됨으로써 법교육의 유용한 학습방법이 될 수 있다.

넷째, 참여학습은 학습자의 특성을 잘 살릴 수 있는 방법이다.

콘라드와 헤딘(Conrad & Hedin, 1977)에 의하면 청소년인 학생들은 단지 시민이 되기 위한 준비를 하는 것이 아니라 이미 사회적·법적인 권리가 인정되어 있는 시민이어서 당연히 참여가 시민교육의 중요한 요소가 되어야 한다고 한다. 특히 그들에 따르면, 청소년들의 심리적 요구와 발달론적 특성을 고려할 때도 참여는 중요한 교육적 의의를 갖는다. 청소년들은 무엇인가 보람 있는 일을 하고 싶고 자기가 살고 있는 사회에 기여하고 싶은 강한 심리적 요구를 갖는다. 청소년들의 건강하고 완전한 발달은 이런 심리적인 요구를 교육적으로 수렴하여 건설적인 일에 참여하고 긍정적인 기여를 함으로써 가능하다고 할 수 있기 때문에 시민적 참여의 기회는 특별한 일이 아닌 필수적인 일이 되어야 한다는 것이다. 발달론적인 관점에 따르더라도 인간의 발달과 성장은 환경과의 상호 작용의 질에 의해서 좌우된다. 상호 작용의 질을 높임으로써 청소년들에게 유의미한 학습이 이루어지게 하려면 사려 깊은 성찰과 의미 있는 경험의 두 가지 기본적인 활동 요소가 포함되어야 한다.

이러한 발달론적 관점이 법교육에 주는 실천적 의미는 단지 교실 속에서 시민성에 대한 강의, 독서, 훈계 등만으로는 청소년들이 많은 것을 학습할 수 없기 때문에 청소년들에게 사려 깊은 성찰과 관련된 새롭고 도전적인 경험과 의미 있는 사회적 역할을 수행할 수 있는 기회를 제공하라는 것이다. 이처럼 참여학습은 청소년인 학생들의 심리적·발달론적 특성에 부합되는 학습방법이라 할 수 있다.

다섯째, 참여학습을 통해서 풍부한 사회적 자원을 법교육에 활용할 수 있다.

학교 밖의 지역사회와 시민사회는 법교육 측면에서 보아 풍부한 교육적 자원을 가지고 있다. 수많은 법적인 쟁점과 현상, 법 전문가와 단체, 법 관련 공공 기관 등이 법교육에 활용될 수 있다. 일례로 미국의 경우 지역사회의 법률가 단체가 학교와의 유기적 관련을 맺고 법교육 프로그램을 공동으로 개발하여 실행하거나 학교 내 법 관련 수업에 대해 참관·조언을 주기도 한다. 기존의 학교 내 교실수업으로는 이러한 법 관련 사회적 자원을 모두 끌어들이는 것은 불가능하다. 보다 효율적인 방안은 '지역사회 학교운동'에서 보듯이 사회 자체를 교육의 장으로 활용하는 것이다. 참여학습을 통해서 사회적 자원을 살아 있는 법교육의 자원으로 활용할 수 있다.

3. 참여학습방법의 유형 및 절차

1) 유 형

참여학습방법의 유형으로 뱅크스와 클레그(1990)는 지역사회 봉사 활동, 행위적 요소를 포함하는 지역사회 연구, 지역사회 연구프로젝트,

예비실습과정, 지역이나 국가 수준에서 공공정책에 영향을 미치기 위한 시민행동 등을 들고, 콘라드와 헤딘(1977)은 사회정치적 행위, 지역사회프로젝트, 자원봉사활동, 지역사회연구, 인턴십 등을 들고 있다. 본 글에서는 김원태(2001)의 연구를 참고하여 다음처럼 유형화한다.

참여학습 주도자를 기준으로 학교형, 사회형, 혼합형으로 분류한다. 학교형은 학교가 주도하는 것으로 이는 다시 교과 관련 여부에 따라서 교과형과 비교과형으로 나누어질 수 있다. 사회형은 학교 밖의 시민단체, 법 전문가 단체나 기관, 지역사회 등이 주도하는 것이며, 혼합형은 학교와 사회의 협력에 의해서 운영되는 것을 의미한다. 학습자의 선택가능성을 기준으로 필수형과 임의형으로 나눌 수 있는데, 전자는 학교 교육과정과 연계되어 청소년들이 의무적으로 이수해야 하는 것이며 후자는 청소년들의 선택에 따르는 것이다. 이를 간략히 나타내면 다음 〈표 4-1〉과 같다.

〈표 4-1〉 참여학습방법의 유형

주 도 자		선택 가능성	특 징	사 례
학교형	교과형	필수적	· 학교교육과정 내에 포함 · 교과, 재량활동, 특별활동과 연계	· 교과 수행과제활동 · NGO반, 법 탐구반 운영
	비교과형			
사회형		임의적	· 시민단체, 전문가단체, 지역사회 등이 주도 · 방과 후 자유 선택	· NGO 회원으로 참여 · 봉사활동프로그램
혼합형		필수적 임의적	· 학교와 사회 공동 주도 · 교육과정요소와 사회 전문적 자원 동시 고려	· 지역변호사회와 연계한 법률교실 · 학교와 지역사회 공동 캠페인 활동

2) 절 차

참여학습방법은 다음과 같은 절차에 따라 진행될 수 있다. 학습 상황에 따라서 이러한 절차는 통합되거나 세분될 수 있다.

○ 1단계: 동기 부여 및 학습팀 구성

참여학습은 청소년들의 자발성과 능동성이 필수적인 요소이다. 자발성과 능동성은 외적 동기보다는 내적 동기에 의해서 잘 유발될 수 있으므로 참여에 대한 다양한 사례를 제시하고 이에 대하여 생각해 보도록 하여 청소년 스스로 참여의 필요성을 느끼고 참여학습에 대한 내적인 동기를 갖도록 한다.

참여학습은 개인보다는 집단적 협동학습이 더 효과적일 수 있다. 참여학습은 사회적 실천을 필수적으로 하는데 학생들 입장에서 보면 개인보다는 집단에 의할 때 이러한 실천이 용이하기 때문이다. 또한 학습집단 속에서 토론과 개인적 성찰이 동시에 이루어질 수 있어 학습효과가 증대될 수 있기 때문이다. 따라서 참여학습을 위하여 학습팀을 구성하는 것이 필요하며 그 구성인원은 3-5명 정도로 한다. 학습팀 편성 시 청소년들의 흥미와 능력, 관계를 고려하되 다양한 특성을 가진 청소년들이 한 팀이 되도록 한다. 학습팀이 구성되면 상호 친밀도를 높일 수 있는 시간을 갖도록 한 후 학습팀 이름 및 사회자와 기록자 등 각자의 역할을 정하도록 한다. 1단계에서는 교사가 어느 정도 주도적인 역할을 한다.

○ 2단계: 문제발견 및 계획

2단계부터는 청소년들이 주도적으로 활동을 하며 교사는 조언자 또는 안내자의 역할을 한다. 문제발견은 참여학습의 주제가 될 문제를 인식하고 공유하는 단계이다. 학습팀 내에서 브레인스토밍과 같은 자유토론을 통해서 청소년들의 경험을 바탕으로 생활주변에서 법적인 쟁점이 되고 있는 문제를 발표하도록 한다. 발표된 다양한 문제는 중요성, 해결가능성, 친근성 등을 기준으로 검토하여 학습팀의 참여학습 주제를 선정한다.

토론을 통하여 문제가 발견된 후 문제해결을 위한 참여학습계획을 세운다. 학습계획은 구체적이고 치밀하며 실천가능하게 수립되도록 한다. 학습계획에는 각자의 학습과제 수행 역할, 과제 해결의 구체적인 방안, 장소와 시간 등이 포함되도록 한다. 이러한 학습계획내용이 정해지면 계획서를 작성하여 학습진행의 점검표가 될 수 있도록 한다.

○ 3단계: 조사 및 분석

조사·분석의 단계는 구체적인 실천과정이다. 조사는 현장조사와 이론적 조사가 병행되도록 한다. 현장조사는 직접 문제가 일어나고 있는 현장을 방문하여 문제의 실태를 파악하는 단계이다. 교실 밖에서 이루어지는 조사작업이므로 세심한 준비와 주의가 필요하다. 이론적 조사는 문제에 관련된 지식과 이론을 탐구하는 것이다. 이를 위해서는 학교도서관, 사회공공 도서관 등을 방문하며 인터넷을 활용한다.

분석은 현장조사와 이론적 조사를 통하여 수집된 자료를 토대로 문제에 관련된 법적인 쟁점과 권리관계를 알아보는 것이다. 문제에 관련된 이해관계 당사자 및 사회 전체 입장에서 각각의 주장과 권리관계를 파악하도록 한다. 필요하다면 직접방문 또는 인터넷상에서 법 전문가에게 자문을 받는다.

○ 4단계: 법적인 해결책 모색과 실천

문제를 해결할 수 있는 여러 가지 법적인 대안을 모색한다. 대안은 개인적 차원과 제도적 차원으로 나누어 생각해 볼 수 있다. 대안 모색에 있어서는 공익성, 실현가능성 등이 우선적으로 고려되어야 하며 개인적인 이익과 권리도 가능한 한 보호되도록 해야 한다.

여러 가지 대안이 모색되면, 이 대안 중 청소년으로서 실현 가능한 것을 선택하여 직접 실천한다. 실천은 다양한 방식으로 이루어질 수 있다. 예컨대, 입법청원 서명, 홍보캠페인, 관공서 방문, 인터넷상의 관련기관 홈페이지 활용, 언론매체 투고 등을 생각해 볼 수 있다. 가능하면 실천활동을 기록으로 남겨 이후의 참여학습 자료로 활용한다. 법적인 쟁점은 다양한 이해관계가 얽혀 있는 문제이므로 실천과정에서 이해관계 당사자들과 갈등이나 충돌이 벌어지지 않도록 유의한다.

○ 5단계: 평가 및 발표

실천과정까지의 참여학습이 끝나면 다시 교실로 돌아와 일련의 과정을 팀별로 평가한다. 학습팀별로 각자 느낀 점, 잘된 점과 보완할 점을 자유롭게 이야기하도록 한다. 평가 과정이 의례적이 아닌 진지한 성찰의 과정이 되도록 함으로써 참여학습과정에서 얻은 각자의 경험의 교류·공유될 수 있도록 한다.

평가를 종합하여 보고서를 작성하고 발표를 한다. 발표는 보고서, 역할극, 비디오 등 다양한 형태로 할 수 있다. 보고서에는 참여학습주제, 참여학습과정, 결과와 보완점, 각 구성원의 느낀 점 등이 기록되도록 한다. 발표는 축제적 분위기에서 이루어지도록 하며 각 학습팀의 경험이 학급 전체에 공유되도록 한다.

3) 교사(청소년교육자)의 역할 및 유의점

교사 또는 청소년교육자는 강의식 수업에서와는 달리 학습의 안내자 역할을 한다. 안내자로서 교사(청소년교육자)는 학습목표의 달성을 위해 청소년들을 돕고 조언해야 하며 자유방임적이거나 지시적이어서는 안 된다. 안내자로서 역할을 제대로 하기 위해서 교사(청소년교육자)는 사전에 참여학습에 대한 충분한 준비를 하고 능력을 갖추어야 한다.

특히 교사(청소년교육자)는 참여학습방법을 법교육에 적용하는 데 있어서 다음과 같은 점에 유의해야 한다.

① 참여학습방법의 모든 절차 속에서 청소년들이 기계적이 되지 않고 항상 자기 성찰, 집단 성찰(토론)적이 되도록 개인의 반성적 사고와 토론을 장려한다. 참여학습의 교육적 효과는 단순한 참여에서가 아니라 참여과정에서의 성찰과 유의미한 경험에서 나오는 것이기 때문이다.

② 청소년들의 가치나 신념에 위배되는 주제에 대한 참여가 강요되어서는 안 되며, 지나치게 대립되어 있는 쟁점이나 당파적인 문제는 피하도록 한다.

③ 참여학습이 학교와 사회에서 지원을 받을 수 있도록 사전에 학교 행정가, 교사(청소년교육자), 지역사회 등에 알리고 협조를 구한다.

④ 문제의 해결책은 법과 사회적 기본가치를 해치지 않는 범위 내에서 모색되도록 각별히 유의한다.

⑤ 실제 참여학습과정에서 발생되는 어려운 점에 대하여 면담, 인터넷, 휴대폰 등을 활용하여 즉시적인 지도가 이루어지도록 한다.

▼ Ⅳ. 맺음말

법치주의를 바탕으로 하는 민주사회에서 법교육은 모든 사회구성원들에게 행하여져야 하지만 특히 청소년들에게 있어서는 더욱 그러하다. 학교의 사회과를 중심으로 법교육이 다양한 학습방법을 통해서 행하여지고 있지만 법교육 목표 중 하나인 법적 책임의식 및 능동적 참여능력을 함양하는 데는 한계가 있는 것으로 보인다. 이에 대한 하나의 대안으로 사회적 실제 공간을 학습의 장으로 하는 참여학습방법을 법교육에서 도입할 필요성이 있다고 생각한다.

아직은 법교육 방법으로서 참여학습방법의 이론이나 절차, 프로그램 등에 있어서 미흡한 점이 많이 있을 것으로 여겨진다. 앞으로 이에 대한 이론적, 경험적 연구가 필요할 것이다. 특히 학교 현장에서 실천을 통해서 참여학습방법의 이론과 절차를 정교화하는 것이 요망된다. 또한 기존의 법교육 학습방법과 참여학습방법이 교육효과 면에서 어떤 점이 다른지에 대한 경험적 연구도 활발하게 이루어질 필요가 있다.

제5장

차이의 인정과 청소년참여 인권교육

I. 문제 제기

　민주주의의 핵심은 인권보장이다(Ogundare, 1993). 다른 어떤 정치이념이나 체제보다 민주주의를 우월하게 생각하는 것도 민주주의가 인권보장을 가장 중요한 가치로 여기기 때문이다. 민주주의 발전에 따라 오늘날 인권보장이 보편화되었음에도 불구하고 한편에서는 인권유린과 차별의 문제가 끊임없이 제기되고 있다. 민주주의가 가장 먼저 등장하여 발달한 서구 여러 나라에서의 소수 민족과 인종, 여성, 동성애자 등의 차별 문제가 그 예이다. 극단적으로는 보스니아－크로아티아 전쟁에서 보는 것처럼 사회적 약자인 여성, 아동, 소수 민족 등의 학살로 나타나기도 한다.

　우리의 경우도 예외는 아니다. 서구에 비해서 민주주의 발전의 역사는 짧지만 헌법과 법률에 의한 인권보장의 제도를 갖추고 있으며 인간의 존엄성에 기반을 둔 개인의 자유와 평등, 생존권 등의 보장을 위해서 노력하여 왔다. 그렇지만 여성, 장애인, 외국인 노동자, 동성애자와 트랜스 젠더, 아동 등 사회적 약자의 인권 차별 문제가 끊임없이 사회적 이슈로 제기되고 있다(한국인권재단 엮음, 2000; 김엘림, 오정진, 2002).

　인권이 보편화된 시대에 사회적 약자인 소수자집단을 차별하고 있다는 점도 문제이지만, 더욱 심각한 문제는 소수자집단의 인권을 차별·유린하는 자가 인권을 차별·유린하고 있다는 의식을 가지고 있지 않으며 사회 구성원 대다수가 아무런 저항감 없이 이러한 인권 차별과 유린을 받아들이고 있다는 사실이다. 전쟁에서는 소수자집단에 대한 인권유린이 극단적인 모습으로 나타나 합리화되고, 일상생활에서는 삶의 관행으로 나타나 자연스럽게 여겨진다. 우리 사회를 보더라도 여성, 동성애자, 장애인, 외국인 노동자 등에 대한 차별은 일상생활에서 대부분의 사람들에게 자연스럽게 받아들여진다. 오히려 차이를 내세워 자신들에게 적합한 인권을 요구하는 여성, 동성애자, 외국인 노동자 등의 활동을 비정상적인 것으로 취급하기까지 하며 경멸한다. 사회에서 주류를 벗어난 다양한 집단들의 차이를 인정하지 않고 주류의 입장과 척도로만 판단하기 때문에 일어나는 현상이다(한상진 편, 2001).

이러한 현상은 기성세대들에게 국한되지 않고 청소년들에게도 일반적으로 나타난다. 청소년들도 기성세대처럼 여성, 동성애자나 외국인 노동자, 장애인 등 사회적 약자에 대한 편견과 차별적 시각을 드러낸다. 청소년들의 사회적 약자에 대한 편견과 차별의 예로 왕따 현상을 들 수 있다. 청소년 집단의 주류와는 다르다는 이유로 집단적으로 차별하고 따돌림하는 왕따 현상은 나 또는 내가 속한 집단과는 다른 타자의 인권을 인정하지 않기 때문에 나타나는 것이다. 나와 타자의 다름, 즉 차이를 인정하고 각각에 적합한 인권을 누릴 권리를 인정하지 않는 데서 왕따 현상과 같은 사회적 약자에 대한 차별이 발생하고 합리화되는 것이다.

청소년의 왕따 현상 중 심각한 점은 "딸이 몇몇 아이들과 함께 한 아이를 집중적으로 괴롭혔다. ……그러나 정작 아이들은 문제의 심각성을 모르는 듯, 히죽히죽 웃는 아이까지 있었다(조선일보, 2004. 3. 2)",라는 기사에 나타나는 것처럼 청소년들의 사회적 약자의 인권에 대한 태도이다. 사회적 약자에 대해 인권을 유린하면서도 전혀 이를 의식하지 못하고 있는 것이다. 이러한 문제의 심각성은 "아이들은 왜 왕따에 참여할까?"라는 한국교육개발원의 설문조사(중복응답)의 결과

왕따시키는 가장 큰 이유가 '장난삼아서(46.2%)'와 '재미있어서(41.4%)'
라는 결과에서도 나타나고 있다(세계일보, 2002. 11. 25). 이러한 청소
년들의 인권의식이 지속된다면 한계 영역에 있는 사회적 약자의 인권
보장은 앞으로도 크게 개선되지 않을 수도 있다. 인권보장은 사회제도
이전의 사람들의 의식의 변화에서 비롯되는 것이며 청소년은 미래사
회의 주역이기 때문이다.

어떻게 미래 민주사회의 주역인 청소년들의 사회적 약자에 대한 인
권의식을 함양할 수 있을까? 이를 위해서 모든 인간의 존엄성과 보편
적인 개인의 인권을 바탕으로 하는 기존의 인권교육에서 한걸음 더
나아가 남성과 여성, 장애인과 비장애인, 이성애자와 동성애자 등의
각 정체성의 차이를 인정하고 이 차이에 적합한 인권의 필요성을 인
식시키는 인권교육을 할 필요가 있다. 오늘날 고도의 다원사회에서 다
양한 정체성을 가진 집단과 개인에 적합한 인권을 보편적인 인권이라
는 단일 범주로 포괄해내기에는 미흡하다. 이러한 추상적이고 보편적
인 단일 범주로 인권을 생각하고 교육하게 되면 자칫 사회 주류 또는
나(내가 속한 집단)의 인권을 전 사회 구성원에게 강요하게 되어 결
국에는 사회적 약자의 인권을 배제하기 쉽다. 사회적 약자에 대한 인
권차별을 극복하고 청소년의 인권의식 함양을 위해서는 다양한 차이
를 인정하는 차이민주주의에 입각한 인권교육이 하나의 방안이 될 수
있다.

Ⅱ. 차이민주주의와 인권 개념

1. 차이민주주의

차이민주주의에서 '차이'는 사회 주류에서 벗어나 주변화되어 정치의 주체로 서지 못하고 배제되어 온 여성, 동성애자, 소수 인종, 장애인, 외국인 노동자 등과 같은 사회적 약자인 소수자 집단을 의미한다. 차이민주주의는 차이를 정치의 주체로 인정하고 차이집단들이 정치과정에 사회 주류집단과 동등한 지위를 가지고 참여하도록 하는 정치이념이자 정치체제라고 할 수 있다. 차이민주주의는 지금까지 소외되어 온 사회적 약자의 인권을 강조하고 각각에 적합한 인권을 중요시한다.

차이민주주의는 자유주의를 바탕으로 하는 대의민주주의의 한계를 극복하고자 나타난 것이다. 차이민주주의 출현의 계기가 된 오늘날 대의민주주의의 한계를 살펴보면 다음과 같다.

첫째, 대의민주주의는 다수결원리에 의해서 운영됨으로써 소수를 배제하게 될 위험성을 안고 있다. 다수결원리는 자유 토론의 보장, 다수의 소수 이익 존중, 다수와 소수의 상호 역전 가능성 등을 전제로 한다(이남석, 2001). 그러나 이러한 전제가 지켜지지 않는 경우가 현실의 모습이며 사회적 다수는 항상 다수결에 의해서 자신들의 집권을 정당화하며 소수자의 다수자에 대한 순응을 강제한다(임혁백, 2000). 이렇게 되면 여성, 소수 인종과 민족, 동성애자, 소수 종파 종교 집단 등과 같은 사회적 약자로서 차이집단은 정치과정에서 배제되게 되어 민주주의 절차하에 차이집단의 인권이 실질적으로 침해되게 된다.

둘째, 대의민주주의는 1인 1표의 보통·평등선거에 의해서 형식적 평등성을 확보하고 있긴 하지만 실질적 평등성을 달성하고 있지 못하다(이남석, 2001). 1인 1표의 대의민주주의 선거제도하에서 사회적 소수자는 자신의 의사와 이익을 대변할 대표자를 확보하기 어렵다. 실제로 의회의 구성을 보면 여성, 노동자, 장애인, 동성애자, 소수 민족, 소수 종파 종교집단 등의 대표를 찾아보기 어렵다. 결국 차이집단의 구성원들은 1인 1표라는 형식적 평등성을 누리고 있긴 하지만 실질적인 면에서는 자신들의 대표성을 인정받지 못하게 됨으로써 실질적 평등성을 누리지 못함으로써 정치적으로 소외될 가능성이 높아지게 된다.

셋째, 대의민주주의는 선호집합적 정치과정을 채택함으로써 사회의 소수파까지도 아우르는 공동선을 창출하기 어렵다(임혁백, 2000). 대의민주주의하의 투표는 사적인 선호(이익)를 공적인 선호로 전환하는 장치이지만 이 과정은 선호의 단순한 양적인 합산과정에 불과하여 공동선으로의 질적인 전환이 이루어지지 않는다. 결국 다수자의 선호가 공적인 선호로 전환되며 소수자의 선호는 반영되기 어렵게 된다. 승-패의 구조에 의해서 승자가 독식하게 됨으로써 다수자의 이익이 공적으로 지배하며 소수자의 이익은 배제되게 된다.

넷째, 대의민주주의는 동일성의 정치를 바탕으로 하기 때문에 국민 개개인이 지닌 다양한 가치와 차이가 은폐되기 쉽다(이남석, 2001). 동일성의 정치는 국민을 하나의 묶음으로 보아 동질적인 것으로 취급한다. 정치과정에서 다양한 개인과 집단의 의사는 국민의 의사로 전환되어 버린다. 실제의 사회는 이질적이며 다양한 가치와 정체성을 지닌 개인과 집단으로 구성되어 있는데 이러한 실제의 모습이 단일한 국민의 의사 속에서 드러나기 어렵게 된다. 국민의 의사는 구성원 전체의 의사를 집약한 것으로 간주되어 보편성이 부여되지만 실제에 있어서는 다수자의 의견이 국민의 의사를 형성하게 되며 다양한 차이집단의 가치와 의사는 여기에 반영되지 못한다. 다수자의 의사는 국민의 의사라는 보편성의 척도에 의해 정당화되며 다양한 사회적 소수자들에게 강요된다.

근대 시민혁명 이후 채택된 대의민주주의는 자유주의를 바탕으로 개인의 평등과 보편적인 인권을 주장해 왔다. 그러나 형식상으로는 모든 사람이 정치과정에 평등하게 참여하고 각 개인의 권리를 보장해 주는 것을 원칙으로 하지만 실제에 있어서는 위에서 살펴본 것처럼 다양성을 억압하고 소수자를 배제하는 한계가 내재해 있다. 이러한 한계를 극복하기 위한 차이민주주의는 사회적 약자인 여성, 소수 인종, 동성애자, 장애인 등과 같은 차이집단의 가치와 의사를 정치과정에 반영하고자 한다. 이를 위해서 대의민주주의가 바탕하고 있는 추상적 개인주의를 부인하며 차이집단을 정치의 주체로 내세운다(이남석, 2001). 대의민주주의에서 개인은 모두 천부인권을 갖는 동일한 존재로 간주된다. 동일한 존재가 됨으로써 개인은 그가 기반을 둔 구체적 맥락과 단절되어 추상화된다. 추상화된 개인은 그가 속한 성(性), 인종, 종교, 성적 지향성(동성애, 이성애 여부) 등과는 무관하게 된다. 결국 추상적 개인주의는 인간의 요구와 관심에 대한 하나의 단일한 개념만을 제시하게 된다. 이 단일한 개념의 규정은 사회 다수자에 의해서 이루어지게 됨으로써 지배적인 규범과는 다른 차이집단들을 주변화시키게 된다(Phillips, 1993).

이에 반해서 차이민주주의는 개인을 그가 속한 집단의 특이성과 정체성을 바탕으로 구체적인 맥락 속에서 이해한다. 집단의 특이성을 매개로 하여 이에 적합한 구체적인 권리가 개인에게 인정된다. 또한 차이집단을 민주주의 정치과정의 주체로 내세워 차이집단에 속한 개인의 인권 확보를 실질적으로 가능하게 한다. 일례로 캐나다의 경우 아메리카 인디언들의 자치권리를 인정하고 퀘벡주에 사는 프랑스인들의 교육, 언어, 문화 등에 관한 독특한 권리를 인정한다. 이 외에 여성의 의석 할당제, 소수집단으로만 구성되는 의회를 만들어 이 집단에 관련되는 사항에 대해서는 거부권을 인정할 수 있는 특수지위를 인정하는 것도 차이민주주의에서 집단을 정치과정의 주체로 하는 예라 할 수 있다.

이러한 차이민주주의는 오늘날 대의민주주의 또는 자유민주주의 사회에서 사회적 약자인 여성, 소수 인종, 소수 종파의 종교인, 장애인, 동성애자, 외국인 노동자 등의 인권이 배제되고 억압되고 있음을 드러냄으로써 발전된 민주주의를 위해서는 이 차이집단에 속한 개인들의 인권이 신장되어야 함을 주장한다. 개인의 인권이 실질적으로 보장되기 위해서는 그가 속한 집단의 특이성과 정체성을 매개로 해서 그에 적합한 권리가 부여되어야 함을 강조한다. 이러한 차이민주주의는 사회적 약자에 대한 인권의식을 함양하려는 청소년 인권교육에 시사하는 바가 크다. 인권 차원에서 민주주의가 발전되기 위해서는 가장 취약하고 뒤쳐져 있는 한계 영역의 사회적 소수자 인권이 개선되어야 하는데 차이민주주의는 이에 대한 이론적 근거를 제시하고 기존의 대의민주주의 또는 자유민주주의를 보완하는 것이라 할 수 있다.

2. 인권 개념의 재해석

1) 인권 개념의 등장과 발전

인권 개념은 17, 8세기 자연법을 주장한 계몽주의 철학자들로부터 비롯되어 발전되었다(홍성방, 1998). 자연법에 바탕을 둔 천부인권설은 절대주의 국가의 폭압과 봉건적 신분질서에 대항하는 근대 부르주아들의 사상적 무기였다. 근대 부르주아들은 보편적인 인권을 무기로 절대주의와 봉건적 신분질서를 타파하고 새로운 자유민주정치질서를 형성하였다. 자유민주주의 정치질서는 자유주의와 민주주의의 이념이 결합된 것으로서 개인을 중심으로 하는 신체의 자유, 재산권, 종교 및 언론의 자유를 인권의 핵심 내용으로 하였다. 이 당시의 대표적인 인권 관련 선언문으로 볼 수 있는 미국의 '독립선언문'이나 프랑스의 '인간 및 시민의 권리 선언'에는 모든 인간의 자유와 평등한 권리를 천명하고 있다.[15]

그렇지만 이러한 자유와 권리를 모든 인간이 평등하게 보장받고 누릴 수 있는 것은 아니었다. 자유주의를 바탕으로 하는 근대의 인권에서는 개인의 재산권과 경제활동의 자유가 절대시되었기 때문에 경제적 부를 바탕으로 하는 불평등과 차별이 용인되어 자칫 인권이 형식화될 여지를 남겨 두었다. 또한 모든 사람들이 정치적 권리를 누릴 수 있는 것도 아니어서 여성과 납세를 할 수 없는 다수의 사람들이 배제되었다.

개인의 재산권을 중심으로 한 17, 8세기 인권의 범주에 19세기에 들어 개인의 정치적 권리가 포함되어 사회적으로 중요하게 되었다. 이는 여성 참정권 운동, 차티스트 운동 등에서 보는 것처럼 그동안 배제되었던 여성과 노동자 등의 정치적 권리 확보를 위한 노력의 결과라고 할 수 있다. 20세기 들어서는 자본주의 발전에 따른 사회적 갈등과

---

15) 미국의 독립선언문에는 "우리는 자명의 진리로서 모든 인간은 평등하게 창조되고 조물주에 의하여 일정한 양도될 수 없는 권리를 부여받고 있으며 그 가운데 생명·자유와 행복 추구가 포함되어 있는 것을 믿는다."는 내용이 있으며, 프랑스의 인간 및 시민에 관한 권리 선언 제1조는 "인간은 자유이고 평등한 존재로서 출생하고 존재한다"고 되어 있다.

격차를 완화하고 인간의 최소한의 생존을 사회적 차원에서 보장하기 위한 사회권이 새로운 인권의 영역으로 등장하였다.

제2차 세계대전의 과정에서 참혹한 인권유린을 경험한 세계는 인권의 국제화, 인권을 위한 주권의 제약 등을 새로운 인권 관련 문제로 제기하며 세계인권선언을 공표하여 인권의 보편성과 중요성을 다시 확인하였다. 인권의 보편성과 중요성을 지속적으로 확인하고 이를 보장하기 위한 사회제도와 국제기구를 만들었음에도 불구하고 오늘날 인권 침해와 유린은 사라지지 않고 있다. 특히 다원화된 오늘날 사회에서 여성, 동성애자, 소수 민족, 장애인 등 다양한 집단들의 인권 차별에 대한 항의는 끊이지 않고 있다.

근대 민주주의의 등장과 궤를 같이하는 보편적 인권 개념은 인간의 존엄성을 훼손하는 특권과 전체주의에 맞서 싸우는 데 있어서 이념적 무기가 되어 민주주의 발전에 기여하였다. 또한 특권층만이 누릴 수 있었던 권리를 많은 사람들에게 확산하는 데 기여하였다. 그렇지만 역사적으로 볼 때 인간의 존엄성, 모든 개인의 자유와 평등이라는 인권의 보편성이 형식화되고 추상화되면서 항상 사회적 소수자들을 실질적인 인권 보장의 범주에서 배제하게 되는 모습을 보이기도 하였다. 근대의 여성과 납세를 할 수 없었던 기층 민중, 현대의 소수 인종과 민족·동성애자·장애인 등이 그들이다. 이는 인권의식의 발달에 따라서 인권의 내용과 범주가 달라지기 때문에 나타나는 현상이기도 하지만 더 본질적으로는 기존의 인권이 터한 보편주의, 개인주의, 형식주의에 기인하는 것이라 할 수 있다.

하나의 보편적인 기준에 터한 인권은 이 기준을 충족시키지 못한 집단이나 개인을 자연스럽게 배제하게 된다. 맥키넌(MacKinnon)이 말한 것처럼 자유주의적 인권의 규범체계는 형식적 평등 관념에 입각하고 있는 것이기 때문에 여성을 비롯한 사회의 소수 집단을 배제시키게 된다는 것이다(Lukes, Rawls and MacKinnon, et al., 1993). 인권 개념의 역사적 전개과정을 볼 때 하나의 보편적인 기준, 형식적인 평등 관념에 기반을 둔 인권 개념은 오늘날 고도의 다원사회에 적합성이 떨어져 다양한 집단과 개인들의 구체적 맥락에 적합한 새로운 인권 개념으로 보완될 필요성이 있다.

2) 인권의 의미와 재해석

인권은 단지 그(또는 그녀)가 인간이기 때문에 가지는 권리이다. 인권은 모든 사람들에게 평등하게 보편적으로 영원히 주어진다. 이러한 인권은 양도할 수도 없고 나눌 수도 없는 것이다(http://www.hrusa.org/hrh-and-n., 1999). Flowers(2000)에 따르면 인권은 평등성, 보편성, 양도불가성, 불가분성, 상호 의존성을 지닌다. 이 중 특히 평등성은 세계인권선언 제1조의 "모든 인간은 존엄성과 권리에서 자유롭고 평등하다"는 데에서 나타나듯이 인권을 누리는 데 있어서 차별이 있어서는 안 된다는 것이다. 또한 보편성은 모든 인간은 천부적인 권리로서 인권을 가진다는 것을 의미한다.

위에서 진술된 것처럼 인권이 인간이기 때문에 당연히 가지는 권리이고 그것이 평등하고 보편적이라는 주장에도 불구하고 오늘날 여성, 소수 민족과 인종, 동성애자, 장애인 등 사회의 소수집단은 왜 기존의 보편적인 인권 개념에 이의를 제기하는 것일까? 보편적 인권 개념은 인권 사상의 일반화에 기여하였지만 사회가 다양한 집단으로 분절되어 있고 각 집단의 정체성이 달라 그에 적합한 인권이 각각 다른 오늘날에는 추상적인 구호로서는 의미를 가질지 모르지만 구체적인 실천적 함의를 가지기 어렵기 때문이다. 보편성은 인간에게 본질적인 동질성이 있다는 생각이며 이 동질적인 인간성이 우리 모두를 같게 만든다는 믿음이다. 보편성에 입각한 인권 보장은 평등주의를 지향하며 단일한 '우리'라는 언명방식을 사회적으로 수용하게 한다. 보편적인 인권의 입법을 통해서 구체적인 개인을 특정함이 없이 모든 개인에게 보편적인 권리를 보장한다고 한다(Bloom, 1998).

그렇지만 보편성에 입각한 인권 개념에 의해서는 성, 인종, 경제적 지위 등에 의해서 다원화되고 주변화된 개인이나 집단들을 포괄하기 어렵다. 다양한 차이를 바탕으로 하는 사회에서 보편성을 강조하는 것은 결국 현상 유지에 기여하며 다양한 사회 소수집단을 배제하는 결과를 초래한다. Eisenstein의 "미국에서 보편적 권리는 실제에 있어서는 항상 백인 남성의 특권을 정당화하고 은폐하는 역할을 하였으며, 모든 개인의 권리 보장은 결국 백인 남성의 권리를 보호하는 것이었다(Bloom, 1998, 재인용)."는 말에서도 보편적 인권 개념에 의한 배제는 잘 드러난다.

구체적인 사회적 맥락과 그 맥락 속에 놓여 있는 각 집단들의 차이를 소홀히 하는 보편적인 거대 인권 담론은 사회적 약자들의 인권을 방기하기 쉽다. 사회는 고도로 다원화되어 있어 동질적이지 않고 각각의 개인들도 그가 처한 사회적 맥락에 따라서 다른 정체성을 지닌 오늘날 사회에서 모든 개인에게 보편적인 권리를 부여하는 것이 실제적인 차별을 초래하는 것이다. 보편적이고 평등한 인권 구호 속에 자신들에 적합한 인권을 보장받지 못하고 있는 소수 집단들이 이에 대한 이의를 제기하게 된다. 따라서 보편적이고 평등한 인권이라는 말은 보완돼서 다르게 해석될 필요가 있다. 모든 인간은 인간이기 때문에 인권을 당연히 누리지만 그 내용은 각 집단이 지니는 특수한 맥락과 차이를 고려해야 한다. 각 집단이나 개인의 정체성을 바탕으로 하는 차이를 고려한 인권 개념이 되어야 한다. Cornell의 주장처럼 보편적 권리(universal rights)를 각 집단의 특수성과 차이에 적합성을 가지는 대응적 권리(equivalent rights)로서 인권 개념으로 전환할 필요가 있다(Bloom, 1998, 재인용).

또한 한계 인권의 개념을 도입하여 인권 의미의 해석과 인권보장을 논의할 필요가 있다. 한계 인권은 소외되고 주변화되어서 인권의 사각지대에 놓여 있는 집단 또는 개인의 인권을 의미한다. Foucault가 '인권을 피억압자의 권리'라고 규정한 것(Lukes, Rawls and MacKinnon, et al., 1993)도 인권의 의미를 해석하고 인권보장을 실현하는 데 있어서 한계 인권의 중요성을 나타내는 것이라 할 수 있다. 한계 인권을 중심으로 인권의 의미를 해석하게 되면 인권에서 가장 소외된 집단이나 개인의 인권이 중심에 놓임으로써 사회 전체적인 인권보장이 실질적으로 향상되게 되어 민주주의 발전에 기여하게 된다. 또한 사회 주변부 집단이나 개인의 인권을 신장함으로써 사회 구심력과 통합력을 높일 수 있다.

요약하면 인권 개념을 해석하는 데 있어서 보편성 중심의 균등한 권리에서 특수성을 고려하는 대응적 권리로, 사회 주류의 인권에서 사회 주변부의 한계 인권으로, 사회의 동질성을 전제로 한 것에서 사회의 이질성과 차이를 전제로 하는 것으로 전환 내지 보완될 필요가 있다.

▼ Ⅲ. 청소년 인권교육의 실제

1. 청소년 인권교육의 중요성

인권에 대한 태도와 자세는 청소년이 갖추어야 할 시민성의 중요한 요소이다. 민주주의가 추구하는 핵심적인 가치가 인권 보장이기 때문이다. 인권에 대한 시민성을 함양하기 위한 체계적인 계획과 절차가 인권교육이다. 인권교육을 통해서 청소년은 인권에 대한 지식과 정보, 자신의 인권을 실현하는 방법, 타인의 인권에 대한 존중, 인권을 위한 연대와 행동 등을 학습한다. 이러한 청소년 인권교육은 다음과 같은 중요성을 갖는다.

첫째, 청소년기의 인권교육은 다른 어느 시기의 인권교육보다 효과성이 높다. 청소년기는 교육 감수성이 높기 때문이다. 청소년기는 발달 특성상 인생의 어떤 시기보다 자신과 사회에 대한 관심과 탐구심이 높다. 학습을 통한 흡인력이 높고 이것이 가치관이나 태도 형성에 큰 영향을 준다. 이러한 특성상 청소년기의 인권교육은 다른 어떤 시기에서의 인권교육보다 올바른 인권관과 태도 형성에 효과적이다.

둘째, 청소년기의 인권교육은 민주주의 실현에 기여한다. 청소년은 가정, 학교, 사회집단 등의 구성원으로서 활동을 하고 있다. 인권교육을 통해서 인권의식을 내면화하고 생활화함으로써 자신이 몸담고 있는 장에서 민주주의의 핵심 가치인 인권 실현에 기여하게 된다. 또한 인권교육을 통해서 인권을 억압하는 정당하지 못한 권력행사에 대한 견제와 저항의 시민의식을 기름으로써 권력의 남용과 횡포를 방지하는 데 일조한다.

셋째, 청소년기의 인권교육은 청소년문제를 예방하는 데 기여한다. 청소년문제의 상당부분은 자기 스스로를 존엄하게 생각하지 않거나 상대방의 인권을 인정하지 않고 무시하기 때문에 발생한다. 인권교육은 자신의 존엄성과 인권뿐만 아니라 타인의 존엄성과 인권을 존중할 것을 내용으로 한다. 이러한 인권교육을 통해서 청소년들 사이에서 나타나는 왕따, 폭력 등과 같은 청소년문제를 예방하거나 감소시킬 수 있다.

넷째, 청소년기의 인권교육은 성인기의 인권 감수성을 제고한다. 청소년기에 형성된 시민성은 성인기의 시민성에 중요한 영향을 준다(Dawson, et al., 1977; Conover and Searing, 1994). 따라서 청소년 인권교육을 통해서 인권에 대한 바른 시민성을 함양하게 되면 성인기에도 민주적인 인권의식과 태도를 가질 수 있다.

2. 청소년 인권교육의 특징

청소년 인권교육은 대부분 학교교육을 통해서 이루어진다. 학교 외의 사회교육기관, NGO, 대중매체 등을 통해서 부분적으로 이루어지기도 하지만 대부분의 청소년들이 학생이고 일상을 학교 교육과정을 소화하는 데 시간을 보내고 있다는 점에서 학교를 통한 청소년 인권교육이 가장 중요하다고 할 수 있다. 학교의 청소년 인권교육은 입시교육에 지배되어 있으며 주로 사회과를 통해서 이루어진다. 그 특징으로 보편주의 인권교육, 다수자중심 인권교육, 지식중심 인권교육 등을 들 수 있다.

1) 보편주의 인권교육

보편주의는 개인이나 집단의 특수성을 고려하지 않고 사회구성원을 동질적인 것으로 보아 하나의 범주로 다루는 것을 말한다. 학교에서 청소년 인권교육을 주로 담당하는 사회과 교육과정이나 교과서를 보면 '국민의 권리', '국민의 기본권', '국민의 인권', '시민의 권리'라는 용어를 인권과 관련하여 가장 많이 사용하고 있다(교육부, 2000; 교육인적자원부, 2003; 이진석 외, 2002; 김왕근 외, 2002; 김범주 외, 2002). 사회의 다양하고 이질적인 구성원들을 '국민' 또는 '시민'이라는 범주로 동질화시킴으로써 모든 구성원들은 동일한 보편적인 권리를 누리는 것으로 간주된다. 대부분의 고등학교 사회 또는 정치 교과서에 프랑스 인권선언 "제1조 모든 인간은 자유롭고 평등할 권리를 가지고 태어났다.", 천부인권설 "모든 인간은 태어날 때부터 불가침, 불가양의 천부 인권을 지닌다.", 헌법 제10조 "모든 국민은 인간으로서 존엄과 가치를 가지며, 행복을 추구할·권리를 가진다."라는 내용이 소개됨으로써 사회 구성원들이 단일 범주로 통일되어 있고, 이에 따른 보편적 인권 부여가 강조되고 있다.

결국 이러한 청소년 인권교육에서는 사회 구성원들은 국민 또는 시민으로 동질화되어 이들이 누릴 인권은 동일하고 보편적이 되어서 집단적 차이를 바탕으로 각 차이에 적합한 인권 개념이나 보장은 어렵게 된다. 예를 들면 장애인의 인권은 장애인 집단의 정체성을 바탕으로 이에 적합한 인권 내용을 모색하고 보장하여야 함에도 불구하고 장애인을 국민 범주로 보편화하여 일반인과 같은 인권 내용을 누려야 하는 것으로 취급된다. 이렇게 될 때 장애인 인권은 일반인의 관점에서 형해화될 가능성이 커지게 된다. 실제로 사회과 교육과정이나 교과서에 장애인의 차이를 바탕으로 하는 인권교육내용[16]을 거의 찾아볼

---

16) 제7차 초등 사회과 6학년 교육과정에 "장애인의 생활과 그들의 어려움을 알아보고 함께 어울려 생활할 수 있는 방안을 토의한다"라고 되어 있다. 이를 바탕으로 한 교과서에는 장애인들이 생활하는 데 불편한 점

수 없는 것도 보편주의 인권관의 발로일 수 있다.

보편주의 인권교육은 성, 인종, 경제적 지위 등에 의해서 우리 사회에서 주변화된 개인이나 집단들을 포괄하지 못한다. 이 때문에 우리 사회에서 국민의 인권이 보장되어 있다고 함에도 불구하고 여성들은 정치권이나 가족권 등에 있어서 차별을 주장하고 개선을 위한 투쟁 또는 사회운동을 하고 있으며, 장애인들은 자신들의 인권은 국가나 사회에 의해서 전혀 보장받지 못하고 있다고 주장하면서 서로를 쇠사슬로 묶어 도로를 집단적으로 점거하는 집단행동을 하며, 동성애자들은 사랑하고 가정을 꾸릴 기본적인 권리조차 누리지 못하고 있다고 절규하는 모습들을 흔하게 볼 수 있다. 보편성에 기반할 때 이러한 인권 사각지대는 무시되기 쉬우며 인권에 대한 형식적 평등에 의해서 실질적인 평등성이 저해될 위험성이 커진다. 다양한 차이를 바탕으로 하는 사회에서 보편성을 강조하는 것은 결국은 현상 유지에 기여하게 된다(Bloom, 1998).

보편주의는 인권을 형식화하는 측면이 있다. "모든 개인에게 인권은 보장된다." 또는 '국민의 인권'이라는 말 속의 '모든 개인', '국민'은 각 개인이 처한 구체적 맥락을 고려하지 않고 있다. 결과적으로 인권을 추상화하고 획일적으로 표준화함으로써 인권이 사회적 약자인 소수자에게는 공허한 구호에 불과하게 된다. 루케스(Lukes, Rawls and MacKinnon, et al., 1993)가 "자유민주국에서 인권이 충분히 진지하게 고려되고 있는가?"라는 물음에 대한 답에서 기본적인 시민권, 보통선거, 법의 지배, 기회의 평등 등이 보장되지만 이러한 권리의 소유자가 평등하게 존중되지 않는다는 점에서 '아니다'라고 한 점도 보편주의

으로 보행 불편을 들고 이를 극복하여 장애인들이 자유롭게 다닐 수 있는 권리를 누리도록 하기 위해서 국가가 계속하여 노력하고 있다는 내용 정도가 기술되어 있다.

인권 또는 인권교육의 문제점을 나타내는 것이라고 할 수 있다. 개인의 인권은 자신이 어떤 집단에 속해 있다는 것, 즉 여성, 동성애 집단, 외국인 노동자 집단 등에 속해 있다는 것에 의해서 영향을 받는다. 개인은 원자적인 존재로서가 아니라 자신이 속한 사회적 범주에 의해서 정체성이 부여되고 식별되어 인권적 차원에서도 규정되기 때문이다. 보편주의 인권교육은 이러한 측면을 포섭해내기 어렵다. 코넬(Cornell)이 "차별은 보편적이지 않은 개인에게 보편성을 부여하는 것"이라고 말한 것처럼(Bloom, 1998, 재인용) 보편주의 인권교육은 사회적 약자의 인권을 실제에서는 차별하게 되는 결과를 가져오게 된다.

2) 다수자중심의 인권교육

보편주의 인권 교육에서 전제하는 '모든 인간의 자유롭고 평등할 권리', '모든 국민의 인간으로서 존엄과 가치'에서 인간의 권리와 국민의 가치를 누가 규정하는가를 생각해 볼 필요가 있다. 인간의 권리와 국민의 가치에 담겨질 내용이 무엇인가는 결국 사회의 주도권을 잡고 있는 다수자에 의해서 결정된다. 학교의 청소년 인권교육에서 여성, 장애인, 동성애자, 외국인 노동자, 아동 등의 우리 사회에서 소외받고 있는 사회적 약자의 인권이 중요하게 다루어지지 않는 것도 남성, 비장애인, 이성애자, 자국민, 기성세대 등의 관점에서 인권교육의 내용이 결정되고 인권의 의미가 규정되기 때문이라고 할 수 있다.

설령 청소년 인권교육에서 사회적 약자의 인권이 다루어지고 있다 하더라도 인권의 주체로서 묘사되기보다는 사회 주류에 의해서 인권이 보장되어야 하는 대상으로서 묘사된다. 예를 들어 초등학교 6-2 사회교과서에 노숙자들의 인권을 다루는 곳에 "……노숙자들의 쉼터를 운영하고 있는 단체가 많았다. 이러한 단체들은 행복을 추구할 권리를 누리지 못한 채 거리에서 살아가는 노숙자들의 인권을 보호하기 위해 많은 노력을 하고 있었다."라고 기술되어 있다(교육인적자원부, 2003). 노숙자들 인권의 구체적인 내용이 정상적인 생활을 하고 있는 사람들의 것과 구별되지 않고 추상적인 행복을 추구할 권리라는 보편적이고 포괄적인 범주에서 다루어지고 있으며 시민단체들의 노력에 의해서 주어지는 것으로 기술되어 있다. 노숙자들은 자신들의 인권을 지키는 주체가 아니고 사회의 주류에 의해서 인권이 주어지고 보장되는 대상으로 오해하기 쉽게 되어 있다.

다수자중심의 청소년 인권교육이 진행되면 사회 주류집단에 속해 있는 청소년들은 사회적 약자의 인권에 무감각하게 되거나 자신들의 입장에서 사회적 약자의 인권을 재단하여 편견을 가지게 된다. 이렇게 되면 Rorty가 지적한 것처럼 사회적 약자에 대한 대부분의 인권침해자는 자신들의 인권 침해행위를 당연한 것으로 여기고 인권을 침해하고 있다는 생각조차 안 가지게 된다(Lukes, Rawls and MacKinnon, et al., 1993, 재인용). 청소년들 사이에서 나타나는 왕따 현상도 다수자중심의 인권교육에서 나타나는 부작용이라고 할 수 있으며 더 나아가 여성 차별, 부모에 의한 아동 학대, 장애인과 외국인 노동자에 대한 차별과 멸시 등도 인권교육의 차원에서 보면 다수자중심 인권교육의 부작용이라 할 수 있다. 다수자중심의 인권교육에 의해서 사회적 약자들은 자신들의 차이에 적합한 인권내용을 인식하지 못하게 되며 사회 주류의 시혜에 의존하게 된다.

3) 지식중심의 인권교육

인권교육은 인권에 대한 지식, 기능, 가치를 발달시키는 모든 학습이다. 청소년에 대한 인권교육은 청소년들이 인권에 대해 종합적인 인식·행위능력을 갖도록 지식, 기능, 가치 전반에 걸쳐서 골고루 이루어질 필요가 있다. 그렇지만 학교의 청소년 인권교육은 대부분 인권에 대한 지식 위주로 이루어지고 있다. 플라워스(Flowers, 2000)에 따르면, 미국의 경우 1950-60년대 학교의 공식적인 교육과정을 통한 인권교육은 청소년들의 인지적 학습을 강조하였으며 1970년대에 들어 이를 탈피하고자 인권침해를 당한 사람들에 대한 관심과 감정이입 등을 인권교육에 포함시켰으나 실효성을 거두지 못했다고 한다.

미국의 교육상황과 비교할 때 우리의 경우는 더욱 열악하다고 할 수 있다. 구체적으로 보면 제7차 교육과정에서 지식의 내용을 줄이고 학습자의 활동을 통한 자기주도적 학습을 강조하고 있으나 여전히 전반적인 학교교육은 지식중심을 크게 벗어나 있지 못하다. 이는 주지적인 대학 입시교육에 의해서 학교교육이 지배받기 때문이다. 이러한 상황에서 이루어지는 학교의 청소년 인권교육은 대부분 교과서·교실중심의 지식교육이라고 할 수 있다.

Ⅳ. 차이민주주의와 청소년 인권교육

1. 청소년 인권교육에서 차이민주주의 유용성

청소년 인권교육에서 차이민주주의는 기존의 대의민주주의를 중심으로 한 보편주의 인권교육, 다수자중심의 인권교육, 추상적 개인주의

인권교육, 지식중심 인권교육 등에 반성의 계기를 제공한다. 개인의
인권 또는 국민의 인권이라는 추상적이고 보편적인 개념은 절대주의
체제의 소수 신분의 특권으로부터 다수 시민의 권리로 인식과 정치
지형을 변화시키는 데 기여하였다. 오늘날에도 권위주의 체제나 권력
으로부터 인간의 존엄성을 보호하는 효과적인 도구가 되고 있기도 하
다. 그렇지만 위에서 살펴본 것처럼 자유주의에 바탕을 둔 대의민주주
의적 보편적 인권개념에 의해 다양한 집단의 차이가 무시되고 사회적
약자의 인권이 배제되기 쉬운 상황이 나타나고 있다. 또한 오늘날 다
양한 차이집단들의 인권요구를 설명하기 어렵다. 이런 점에 대해 새로
운 인식의 계기를 제공하는 차이민주주의는 청소년 인권교육에서 다
음과 같은 유용성을 가진다고 할 수 있다.

첫째, 사회적 약자인 차이집단 인권의 중요성을 인식한다. 차이집단
에 속하는 청소년에게는 자신의 인권 주체성을 자각하는 계기가 되며,
차이집단에 속하지 않은 청소년에게는 차이집단의 인권이 민주주의와
사회발전에 있어서 중요함을 인식할 수 있는 계기가 된다.

둘째, 보편주의적 시각에서 진행되어 온 인권교육을 보완한다. 지금
까지 청소년 인권교육은 보편주의적 시각에서 진행되어 옴으로써 사
회적 약자인 차이집단의 인권을 경시하거나 배제하는 경향이 있었다.
이들 사회적 약자인 차이집단에 필요한 인권은 사회 다수자의 관점에
서 규정된 균등한 인권(equal rights)이 아니라 차이에 적합한 대응적
인권(equivalent rights)임을 알 수 있다.

셋째, 사회 전체적인 인권상황을 개선하는 효과를 가진다. 차이집단
은 인권 차원에서 볼 때 사회의 한계인권 영역에 위치해 있다. 사회 전
체적인 인권상황을 개선하기 위해서는 한계인권 영역에 위치해 있는
집단의 인권이 개선될 필요가 있다. 차이민주주의에 바탕을 둔 인권교

육을 통해서 청소년들은 한계인권 영역에 있는 차이집단에 대한 인권의식을 가지게 됨으로써 사회 전체적인 인권을 발전시킬 수 있게 된다.

넷째, 다원적 가치에 대한 이해를 통해서 공동체의식을 증진시킨다. 오늘날 사회는 동질적이라기보다는 이질적이며 다양한 가치와 이해관계를 지닌 집단으로 구성되어 있다. 차이민주주의를 바탕으로 한 인권교육을 통해서 차이에 대한 이해를 증진시킴으로써 다원사회의 실체를 바르게 인식할 수 있다. 이를 통해서 다양한 차이와 가치를 이해할 수 있으며 함께 살기 위해서는 이러한 차이를 존중해야 함을 터득한다. 차이에 대한 존중은 공동체의식을 증진시키고 사회통합에 기여한다.

다섯째, 연대와 참여활동을 증진시킨다. 인권 개선을 위한 차이집단 간, 차이집단과 시민단체 간, 차이집단과 일반시민 간의 사회적 연대활동의 증가도 기대된다. 청소년들은 차이집단의 인권상황을 탐구하는 과정에서 사회적 약자에 대한 연대의식이 형성된다. 또한 다양한 차이집단의 인권상황을 체험하고 개선책을 찾는 과정에서 사회참여활동이 활발해질 수 있다.

2. 차이민주주의에 입각한 청소년 인권교육

1) 인권교육의 방향성

차이민주주의는 자유주의를 바탕으로 한 대의민주주의를 보완한다. 인권교육에 있어서도 자유주의를 바탕으로 한 대의민주주의 인권교육의 보편주의와 형식적 개인주의, 다수자중심주의 등을 보완함으로써 다원사회의 다양한 차이와 가치를 반영할 수 있다. 따라서 앞으로 청소년 인권교육은 차이민주주의에 입각하여 우리 사회의 다양한 차이집단 인권의 중요성을 강조할 필요가 있다. 이를 위해서 청소년 인권교육은 다음과 같은 방향성을 가질 필요가 있다.

첫째, 사회는 다양한 가치와 정체성을 지닌 집단으로 구성되어 있다는 이질성을 전제로 한다. 오늘날 사회는 고도의 다원성을 특징으로 하기 때문에 시민성은 이 다원성을 바탕으로 형성되어야 한다(Parker, 1997). 인권교육에서도 사회의 이러한 특징이 반영될 필요가 있다.

둘째, 인간의 존엄성을 위한 인권 실현에 있어서 모든 개인에게 같은 인권이라는 접근방식보다는 각 개인이 처한 구체적 맥락과 차이를 고려하여 이에 적합한 대응적 인권을 보장한다는 접근방식을 취한다. 개인에게 필요한 인권의 내용은 동일한 것이 아니라 개인이 처한 맥락에 따라 다를 수 있다. 여성과 남성, 장애인과 비장애인, 동성애자와 이성애자 각각에 필요한 인권의 구체적인 내용은 다르다. 이를 고려하여 인권교육의 구체성과 실효성을 높여야 한다.

셋째, 상호 차이를 인정하고 존중하는 인권의식을 가지도록 한다. 민주주의 사회는 개방사회이고 각각의 차이가 받아들여져야 함께 공존할 수 있다(Wade and Saxe, 1996). 인권은 사회구성원 모두의 인간 존엄성과 인간다운 삶을 실현하기 위한 것이기 때문에 상대방의 인권을 존중하는 것은 필수적이다. 상대방의 인권을 존중함이 없이 나의 인권이 존중될 수 없기 때문이다.

넷째, 교과서·교실 중심의 인권교육보다는 체험·참여중심의 인권교육을 지향한다. 인권교육은 인권에 대한 지식, 기능, 가치·태도 등을 함양하는 것을 목표로 하지만 이 중 핵심은 가치·태도의 함양이라 할 수 있다. 인권교육은 단순한 인권에 대한 학습에 머무는 것이 아니라 인권을 위한 교육이 되어야 하기 때문이다(Flowers, 2000). 인권교육에 있어서는 지식보다는 인간의 존엄성원리를 내면화하여 모든 사람의 인권을 존중하고 사회적 약자의 인권상황을 개선시키려는 태도, 자세, 의지 등이 중요하다. 정서적·가치적 요소의 교육에 있어서는 교과서와 교실보다는 체험과 참여를 통하는 것이 더 효과적이다 (Dewey, 1916; 김영인, 2003). 행함으로써 더 많은 것을 배울 수 있기 때문이다.

2) 인권교육의 내용

차이민주주의에 입각한 청소년 인권교육은 차이집단의 인권상황과 문제를 중심내용으로 한다. 오늘날 우리 사회에서 차이집단으로 거론되고 있는 것은 여성, 장애인, 동성애자, 트랜스 젠더, 외국인 노동자, 아동 등이라고 할 수 있다. 이들 각각에 대한 인권실태, 쟁점, 원인과 해결방안 등이 인권교육 내용으로 다루어짐으로써 인권교육의 현장성과 실효성을 높일 수 있다. 예를 들어, 여성의 경우 가족제도에서의 차별문제로서 호주권, 정치참여에서의 차별문제로서 여성 공직자(국회의원, 고위공무원 등)수 비율과 할당제, 사회활동에서의 차별문제로서 취업권과 보육문제 등을 소재로 하여 여성인권의 배경, 쟁점, 원인과 해결방안 등을 다룰 수 있다. 이렇게 함으로써 여성의 구체적인 인권내용이 남성의 인권내용과 어떻게 다른지를 이해할 수 있다. 더 나아가 시민혁명에 의해서 근대민주주의가 수립된 이후에 여성의 인권이 차별되고 배제되어 온 역사를 다룸으로써 사회적 약자에 대한 인권보장의 필요성을 논의할 수 있다.

지금까지 국민의 인권, 시민의 인권, 인간의 인권 등으로 범주화되어 보편적으로만 다루어져 왔던 인권을 다원사회의 다양한 차이에 적합하게 구체적으로 다룰 필요가 있다. 인권의 일반론적인 내용에 덧붙여 개인의 인권을 그 개인이 속한 맥락과 집단과 관련하여 구체적으로 다룸으로써 기존의 인권교육에서 나타나는 인권의 보편성 또는 추상성으로의 환원을 방지할 수 있다. 청소년 인권교육에서 차이민주주의를 바탕으로 사회적 약자인 차이집단의 인권을 비중 있게 다루어야 한다.

3) 인권교육의 방안

차이민주주의를 바탕으로 한 청소년 인권교육의 방안 중 하나로 연대적 참여 인권교육방안을 생각해 볼 수 있다. 연대적 참여 인권교육방안은 차이집단의 인권에 대한 연대의식을 가지고 직접적인 참여활동을 통해서 인권의식을 기르고 사회적 약자의 인권신장을 위한 가치태도와 행동능력을 함양하는 것이다. 연대적 참여 인권교육방안은 반성적 연대전략, 감정이입전략, 참여활동전략을 중심으로 한다.

반성적 연대전략은 개인과 집단의 차이와 존엄성, 민주주의 사회에서 각 개인 또는 집단들 간의 상호 연관성에 대한 성찰을 토대로 상호적인 기대와 타인에 대한 책임감을 가지게 함으로써 차이집단의 인권문제 개선을 위해서 함께하도록 하는 것이다(Bloom, 1998). 반성적 연대를 통해서 나와 차이집단은 그 거리가 없어지고 '우리'라는 범주로 묶이게 된다. 이때 '우리'는 아무런 차이가 없는 추상적인 개인들의 집합인 보편적인 '우리'가 아니고 각각의 맥락 속에서 구체성과 특수성을 가진 개인들의 연합체로서 '우리'이다. 이는 반성적 과정을 통해서 나 또는 내가 속한 집단의 권리만을 생각하는 편협한 이기성을 넘어섬으로써 이루어진다. 나와 타인은 밀접하게 연관되어 있으며 나의 인권과 존엄성 실현을 위해서도 타인 특히 차이집단의 인권과 존엄성의 실현이 필요하다는 자각에서 반성적 연대는 비롯된다. 반성은 이성적 작용이지만 이것만으로 차이집단의 인권을 나의 문제화하기에는 한계가 있어 감정이입전략이 필요하게 된다.

감정이입전략은 타인의 문제를 나의 문제로 느끼도록 하는 것이다. 이는 이성보다는 감성을 토대로 한다. 우리가 일상에서 고아와 과부를 보고서 연민의 정을 느껴 눈물을 흘리는 것은 고아와 과부의 상황을 자신의 것으로 즉자적으로 느끼기 때문이다. 인권차별에 의한 차이집단의 고통을 나의 문제로 느끼도록 하는 것, 나와 차이집단이 하나의 감정적 코드로 연결되는 것에 의해서 강한 일체감을 형성하고 차이집단 인권에 대한 관심과 개선의지를 가질 수 있다. 감정이입은 상상적으로 나를 고통받는 집단의 구성원의 위치로 전환시켜 그들의 고통과 처지를 느끼도록 한다.

참여활동전략은 차이집단의 인권을 위해서 구체적이고 실천적인 참여활동을 함으로써 체험을 통해서 인권의식을 증진시키려는 것이다. 참여과정을 통해서 참여자는 다양한 지적 자극을 받고 민주주의 실현에 필요한 시민성을 함양하게 된다(Barber, 1984; 김영인, 2002). 차이집단으로서 인권문제를 고민하는 여성 집단, 외국인 노동자 집단, 장애인 집단 등에 직접 참여하여 그들의 인권상황을 생생하게 체험함으로써 인권에 대한 다양한 지식, 기능, 가치와 태도를 형성할 수 있다. 단순한 체험에 머무는 것이 아니라 이들의 인권상황을 개선하기 위한 온-오프라인상의 참여활동을 함으로써 시민으로서 행동능력과 참여능력을 기른다. 참여활동전략은 기존의 인권에 대한 교육, 인권을 위한 교육을 넘어서는 인권을 통한 교육방안이라고 할 수 있다. 차이집단의 인권상황을 직접 체험하고 그 인권을 신장하기 위해서 활동하는 것이기 때문이다.

연대적 참여 인권교육방안은 이러한 전략에 토대를 두고 다음과 같은 절차에 따라 진행될 수 있다.

제1단계 동기유발: 인권에 대한 무관심, 구경꾼에서 벗어나 적극적인 참여자가 될 수 있도록 흥미를 유발한다. 청소년들의 일상에서 볼 수 있는 사회적 약자의 인권상황을 시청각 매체, 화보 등으로 제시하고 자신의 경험을 자유롭게 이야기하도록 한다.

제2단계 소모임구성: 연대적 참여 인권교육방안은 개인보다는 집단적 협동학습을 통해 이루어지는 것이 더 효과적이다. 연대적 참여 인권교육방안을 토대로 한 인권교육은 단순히 책이나 교실에서 끝나는 것이 아니고 사회적 참여와 실천을 필수적으로 하는데 청소년들 입장에서 보면 개인보다는 집단에 의할 때 이러한 참여와 실천이 용이하고 효과적이기 때문이다. 그 구성인원은 3-5명 정도로 하며 청소년들의 흥미와 능력, 관계를 고려하되 다양한 특성을 가진 청소년들이 한 팀이 되도록 한다.

제3단계 문제선정과 계획: 청소년들이 경험하고 탐구하여야 할 차이집단과 그 인권상황을 선정한다. 청소년들은 자신들과 정서적으로 연관되어 있는 인권문제에 쉽게 접근하고 집중하기 때문에 청소년의 경험, 생활 맥락 등을 고려할 필요가 있다. 문제가 선정되면 그 차이집단의 인권상황이 발생하게 된 배경, 쟁점 등에 대한 탐구와 참여활동 계획을 세운다.

제4단계 탐구활동: 차이집단의 의미, 인권상황, 쟁점 등에 관하여 자료를 조사하고 탐구한다. 탐구과정이 토론과 성찰과 연결되도록 하며 상상력과 감정이입을 통하여 차이집단의 인권상황에 대해서 느끼도록 한다. 왜 차이집단의 인권이 중요하고 청소년 또는 사회구성원들이 관심과 연대의식을 가져야 되는지를 탐구과정에서 이해하도록 한다. 차이집단의 인권개선을 위한 해결책을 모색한다.

제5단계 참여활동: 차이집단의 인권상황을 생생하게 느끼기 위해서 체험활동을 하거나 인권상황을 개선하기 위한 자원봉사활동이나 서명운동, 온라인 활동, 가두 캠페인 등에 참여한다. 참여활동 과정을 기록하거나 녹화하여 다른 청소년들과의 경험을 공유할 자료를 확보한다.

제6단계 발표와 평가활동: 일련의 연대적 참여 인권교육이 끝나면 소모임별로 활동을 평가하는 과정을 통하여 성찰의 단계를 갖는다. 각 소모임별로 내부적인 평가가 마무리되면 그동안의 활동을 발표하도록 하여 전체가 공유한다. 발표는 격려와 축제의 분위기 속에서 이루어지도록 하여 상호 힘을 얻도록 한다.

▼ V. 맺음말

그동안 민주주의의 발달에 의하여 인권의식이 증진되고 인권상황이 개선되었음에도 불구하고 한편에선 사회적 약자인 차이집단의 인권문제가 사회적 쟁점으로 제기되어 왔다. 여성들이 호주권 폐지와 실질적으로 평등한 참정권을 요구하는 것, 동성애자들이 당당하게 커밍아웃하면서 자신들의 권리를 요구하는 것, 외국인 노동자들이 단식 농성을 하면서 취업권과 거주의 자유를 요구하는 것, 장애인들이 쇠사슬로 서로를 묶고 보행권과 생활권을 요구하는 것 등을 우리 사회에서 어렵지 않게 볼 수 있다. 기존의 보편주의적인 시각에서 진행되어 온 인권교육에서는 이러한 차이집단의 인권상황과 그들의 인권 주체성, 그들의 정체성에 적합한 인권내용 등이 가볍게 취급되거나 배제되어 왔다.

이제는 이러한 차이집단의 인권문제를 경시하거나 배제하고서는 사회통합이나 민주주의 발전을 기약하기 어렵다. 고도로 다원화된 현대사회에서 독자적인 정체성을 바탕으로 하는 집단들을 배제하고는 사회가 구심력을 가질 수 없기 때문이다. 또한 가장 한계적인 상황에 있는 이들의 인권을 개선하지 않고서는 사회의 실질적인 인권 개선을 이루기 어렵기 때문이다. 이러한 사회적 약자들의 인권문제와 차이를 드러내고 해결책을 모색하기에는 기존의 대의민주주의나 자유민주주의 틀보다는 차이민주주의의 틀이 유용하다. 차이민주주의는 민주주의 사회에서 차이집단의 중요성과 그들의 인권보장의 필요성을 가장 잘 설명하기 때문이다.

따라서 기존의 인권교육을 보완하여 차이민주주의에 입각한 인권교육이 필요하다. 특히 청소년 인권교육에서 그러하다. 청소년은 미래 사회의 주역이고 교육적 감수성이 높기 때문에 그렇기도 하지만 청소년 세계에서도 사회적 약자에 대한 폭력과 왕따 현상 등이 일반화되어 있기 때문이다. 차이에 대한 이해를 통해서 타자의 인권을 존중하고 배려하는 인권의식의 함양을 통해서 청소년들은 민주시민으로 성장할 수 있다. 앞으로 청소년 인권교육에서 사회적 소수자, 즉 차이집단의 인권에 대한 비중이 높아질 필요가 있다.

제6장

다원사회의 정체성과 청소년 시민교육

I. 문제 제기

오늘날 사회의 변화경향을 나타내는 용어로 정보화, 세계화 못지않게 다원화라는 말을 많이 사용하고 있다. 다원화는 정치, 경제, 문화 등의 생활영역에서의 중심과 주체, 내용이 분화되고 원심화되어 가고 있음을 나타낸다. 정치영역에서의 지방자치·생활정치·다양한 NGO 활동, 경제영역에서 포디즘체제의 포스트포디즘체제로의 전환, 문화영역에서의 다양한 문화 주체와 하위문화의 등장, 교육영역에서의 학습자의 선택권보장·교과서 검인정제 확대 등은 모두 다원화를 나타내는 각 사회영역의 현상이라고 할 수 있다.

이러한 다원화를 바탕으로 하는 다원사회의 가장 큰 특징은 정체성의 분화와 정체성에 대한 인식의 증대라고 할 수 있다. 다원사회 이전에는 각 개인은 국민, 민족과 같은 모호한 추상적 이미지를 바탕으로 자신의 정체성을 파악하고 형성했을 뿐 이에 대한 의문을 심각하게 제기하지 않았거나 할 수 없었다. 탈맥락적인 하나의 추상적인 기준을 통해서 정체성이 규정되었기 때문에 정체성에 대한 허위의식을 가지거나 각 개인 또는 집단의 진정성(authenticity)에 바탕을 둔 다양성의 정체성 형성은 억눌렸다. 보편주의에 입각하여 하나의 동질적인 정체성만이 형성될 수 있었다. 반면 다원화는 다양한 기준과 주체의 등장과 함께 맥락적이고 구체적인 정체성을 당연시한다. 이러한 다양한 기준과 주체의 등장은 정체성의 분화 및 인식과 필연적으로 궤를 같이한다. 정체성의 분화와 인식 없이 다양한 주체가 등장하기 어렵기 때문이다. 다원화는 정체성의 분화와 인식을 촉진하고 정체성의 분화와 인식은 다원화를 가속화한다.

따라서 다원화시대는 정체성 인식의 시대이며 정체성에 토대를 둔 다양한 주체의 시대라고 할 수 있다. 다원화사회 이전에는 보기 어려웠던 동성애자 집단, 트랜스 젠더, 장애인 집단, 여성 등이 사회의 전면에 당당하게 등장하여 자신들의 정체성을 이야기하는 모습은 이의 실례라고 할 수 있다. 이들은 자신의 진정성에 바탕을 둔 정체성을 내세우면서 각 사회 분야에 개입하기 시작하였다. 교육에서도 자신들의 정체성이 반영되기를 요구한다. 교육과정 및 교과서에서, 또는 수업에서 타인의 기준에 의해서 자신들의 정체성을 왜곡하거나 폄하하는 것을 용납하지 않으며 자신들의 정체성을 드러내기를 원한다.

오늘날 같은 다원사회에서 정체성의 문제는 민주주의와 시민성, 시민교육에서 피할 수 없는 이슈가 되고 있다. 정체성의 정치, 정체성을 바탕으로 한 다양한 주체의 등장이 일상화되고 있으며 사회갈등과 동시에 사회발전의 요소가 되고 있다. 또한 정체성의 인식은 시민성 형성과 한 인간의 발전에도 큰 영향을 미치고 있다. 바람직한 시민성 형성과 시민 양성, 민주주의 발전을 위한 규범적인 교육활동인 시민교육에 있어서도 정체성은 중요한 주제가 된다. 이런 문제의식에 입각하여 본 연구에서는 정체성은 어떻게 형성되는가, 정체성의 유형으로서 동일성의 정체성과 다양성의 정체성은 무엇이며 어떤 특성을 가지는가, 청소년 시민교육은 왜 다양성의 정체성에 입각해야 하며, 다양성의 정체성에 입각할 때의 청소년 시민교육의 목표와 방법은 어떠해야 하는가 등을 살펴보고자 한다.

▼ Ⅱ. 정체성의 형성

1. 정체성이란?

정체성이란 사전적으로 보면 본래의 참모습을 의미한다. 즉 정체성은 "나는 누구인가? 나를 인간으로, 사회적 존재로 규정하는 근본적인 특징은 무엇인가?"에 대한 이해와 관련된다(Taylor, 1998). 정체성은 근대의 개인주의가 출현한 이후부터 사회적 문제로 부각되기 시작하였다. 중세의 단일한 방식과 준거틀을 토대로 한 억압적 사회구조 속에서는 나는 누구인가 하는 질문을 던질 여지가 없었다. 억압적 구조가 해체되면서 당연시되었던 자신의 모습에 대한 의문이 생기기 시작하였으며 이것이 정체성 등장의 계기라고 할 수 있다(고동현, 1999).

정체성은 어떻게 형성되는 것일까? 즉 사람들은 자신의 모습을 어떻게 형성하는 것일까? 정체성의 형성은 인식론의 문제와 관련된다. 자신의 모습을 형성한다는 것은 나는 누구라고 인식하는 문제이기 때문이다. 이 점과 관련하여 본질주의 인식론과 반본질주의 인식론의 검토가 필요하다.

본질주의 인식론은 어떤 개인이나 집단의 의미는 실재 세계에 토대를 두고 있으며 이를 단순하게 반영하는 것에 불과하다고 한다. 인간의 인식은 객관적인 토대에 근거하며 인식은 이것의 단순한 재현에 불과한 것이 된다. 본질주의 인식론에 따르면 정체성은 자기 충족적이고 고유의 불변적인 속성을 가지며 특정한 생물학적 속성이나 심리적 실체로 정의된다(고동현, 1999). 테일러(Taylor, 1998)의 말을 빌리자면 이런 정체성은 객관적 토대에 입각하여 독백적 구조 속에서 사회적 관계와 단절된 채 내면적으로 형성된다.

이에 반해 반본질주의 인식론은 사회적 실재의 객관적이고 불변적인 본질이 존재하지 않으며 객관적인 본질을 반영하는 일대일의 투명하고 단선적인 재현은 있을 수 없다고 본다. 인간의 인식과 의미작용은 사회적으로 구성되는 것에 불과하며, 이러한 구성작용에는 사회의 권력관계와 투쟁이 개입하게 된다는 것이다. 따라서 반본질주의 인식론에 따르면 정체성의 객관적이고 불변적인 정의는 불가능하며 정체성은 타자와의 사회관계 속에서 상호 주관적으로 구성된다.

이 점은 '정체성은 집단의 고정적인 속성에 의해 기속된 선험적인 실체가 아니라 다양한 과정 속에서 형성되는 것'이라는 던(Dunn, 1978)의 말에 의해서도 뒷받침된다. 이때의 과정은 사회관계적인 것으로서 던(Dunn)은 어떤 정체성은 다른 실체와의 관계 속에서 자리매김되고 조건 지워진다고 한다. 이러한 정체성은 테일러(Taylor, 1998)가 말하는 대화적 관계 속에서 형성되는 것이라고 할 수 있다. 테일러는 인간 삶의 결정적인 특징을 대화적 성격으로 보고 있으며 타자들이 우리에게 기대하고 있는 것들과의 대화와 교류를 통해서, 때로는 타자들의 기대에 저항하면서 정체성을 확립한다고 한다.

그렇다면 본질주의 인식론자의 견해처럼 모든 사회적 관계와 단절된 독백적 구조 속에서 객관적인 본질을 단순하게 재현하는 불변적인 속성을 가지는 정체성 형성은 가능할까? 예를 들어 남성으로서의 정체성인 남성다움―근육질, 씩씩함, 강건함, 힘 등―은 객관적인 생물학적인 남성성을 반영하여 형성되는 것이라고 할 수 있을까?

문화인류학자들의 연구를 보면 남성으로서 정체성은 문화의 차이에 의해서 다르게 나타난다. 어떤 문화권에서는 남성다움이 강건함으로 나타나지만 어떤 문화권에서는 부드러움으로 나타난다. 이런 점은 객관적인 본질의 존재에 회의가 들게 한다. 설령 정체성 형성의 토대로서 객관적인 본질이 존재한다고 하더라도 이를 정체성으로 재현하는 것은 인간의 해석과 의미파악에 의존한다. 결국 본질을 재현한다는 것도 인간의 인식에 의해 본질을 사회적으로 재구성하는 작업과 다르지 않게 된다. 본질의 객관적 존재 여부를 불문하고 이의 해석과 파악은 사회적 작업이고 산물이다.

설령 인간이 어느 정도 성장한 이후에 모든 사회적 관계와 단절된 속에서 정체성을 추구한다고 하더라도 그는 이미 사회관계와 문화 속에 던져져서 그것에 의해서 세례받았기 때문에 사회관계와 문화에 의해서 규정된 의미의 연계망을 완전히 벗어날 수 없다. 산속 깊은 곳에서 명상을 하여 자신의 정체성을 형성한다고 하더라도 그가 사유의 매개로 삼는 언어는 사회관계와 문화의 산물이다. 만약 정글 속의 늑대인간처럼 처음부터 이러한 사회관계와 문화 속에서 내던져짐이 없이 혼자 살고 있다면 정체성을 논하는 것은 아무런 의의가 없게 된다.

이런 점을 보면 상징적 상호 작용론이나 거울자아론을 거론하지 않더라도 정체성은 사회적 관계의 산물이며 이 속에서 형성되는 구성적 개념이라고 할 수 있다. 정체성은 문화, 집단, 생물학적 요소들의 상호 침투를 통해서 사회적 관계의 장에서 복합적으로 형성되기 때문이다 (Dunn, 1998, 36). 정체성 형성의 이런 특성은 복잡한 정체성의 정치를 낳게 하며 정체성 형성에 있어서 교육이 개입할 여지가 생기게 한다. 이처럼 정체성 개념은 관계성, 구성성, 인식성을 특징으로 한다.

이 외에도 정체성은 독특성, 집단성, 다중성, 수용성 등을 특징으로 한다. 정체성은 개인이나 집단이 다른 개인이나 집단과 구별되는 독자적인 특성인 독특성을 나타낸다. 이에 의해 다양한 개인과 집단의 경계가 형성된다. 정체성은 일반적으로 집단을 바탕으로 형성된다. 한 개인의 정체성도 집단의 구성원으로서의 공통적인 특성을 토대로 사회적 관계 속에서 형성된다. 오늘날 개인의 정체성은 하나가 아니고 여러 가지로 다중성을 지닌다. 이는 개인이 하나의 집단, 하나의 사회적 관계에만 속하는 것이 아니라 동시적으로 다양한 집단과 사회적 관계에 중첩적으로 속해 있기 때문에 나타나는 현상이다. 마지막으로 정체성은 정체성의 주체가 그 정체성을 수용함으로써 나타나게 된다. 여러 가지 정체성을 동시에 가지더라도 개인에게 수용되지 않으면 그 정체성은 발현되지 않고 잠재적으로만 남아 있을 뿐이다. 개인이 어떤 정체성에 주체화되는 것은 그것을 인식하여 수용하기 때문이다.

2. 정체성 논의의 등장배경

정체성의 문제는 근대 민주주의 등장과 더불어 나타난 것이지만 정체성에 관한 논의가 이론적, 정치적 영역에서 주목을 받게 된 것은 최근의 일이다. 이러한 최근의 정체성 논의는 계급정치(class politics)의 종식, 소비주의문화의 확산, 사회구성주의의 등장, 시민사회의 발달 등을 배경으로 한다.

계급정치는 근대 자본주의에 의해서 형성된 자본가계급과 노동자계급의 계급관계를 기본축으로 권력과 정치현상이 주도되는 것을 의미한다. 계급정치에서는 사회적 다양성은 생산관계를 준거로 하는 계급개념으로 환원되어 다양한 집단적 차이는 은폐되어 버린다. 즉 계급개념으로 환원될 수 없는 남성과 여성, 정상인과 장애인, 이성애자와 동성애자, 다양한 인종·민족·종교·문화 등의 문제가 왜곡되거나 드러나지 않게 된다. 계급정치에서는 계급적 착취, 계급권력, 노동운동 등이 중요한 이슈가 된다. 20세기 중반 들어서 이러한 계급정치가 다양한 사회쟁점과 문제를 포괄할 수 없게 되자 정치의 주도권을 상실하게 되었다. 사회주의권의 와해와 이념대립의 종식은 계급정치의 몰락을 더욱 촉진하였다. 계급정치로는 다원사회의 다양한 정치적 요구와 이해관계를 수렴해내기 어렵게 된 것이다.

이제는 계급정치 대신에 정체성의 정치(identity politics)가 자리를 대신하게 되었고 다양한 집단적 정체성을 바탕으로 하는 집단이 계급을 대신하여 권력과 정치현안을 다투게 되었다(Dunn, 1998, 21-22). 계급개념을 바탕으로 하는 단일한 노동운동 대신 여성운동, 장애인운동, 동성애자운동, 다양한 문화적·민족적 차이를 바탕으로 하는 문화·민족운동 등이 부각되었다. 계급적 착취 대신에 포함과 배제의 문제가 중요한 정치적 이슈가 되었으며 계급권력은 다양한 형태의 집단적 권력의 문제로 분화되었다.

소비주의문화는 상품사회에서 나타나는 소비중심의 생활현상을 의미한다. 20세기 중반 이후 소비주의문화의 확산은 새롭고 다양한 정체성을 드러내는 데 기여하였다(Dunn, 1998, 21-22). 예를 들자면 여성이나 청소년은 새로운 소비시장을 창출하려는 상품자본의 소비자 이미지 형성에 의해 유도되어 이제까지는 사회적으로 드러나지 않았던 그들 자신의 특수한 욕구와 열망을 바탕으로 하는 독자적인 정체성을 드러내게 되었다. 소비주의문화는 지금까지 자신의 사회적 존재와 욕구를 인식하지 못했던 집단들의 자기 인식을 자극하였고 집단적 분화를 촉진하였다.

상품자본의 이윤추구를 위한 경쟁격화는 미디어와 광고를 통해 새로운 수요와 시장을 창출하는 동인이 되었으며 잠재적인 욕구를 현재화시켰다. 새로운 수요와 시장의 창출을 위해서는 기존의 동질적인 욕구에 기반을 둔 대규모 단일 시장을 분절화시키는 것이 필연적이었고 이러한 과정에서 다양한 새로운 집단적 정체성이 형성되었다. 특히 소비주의문화는 기존의 질서 속에서는 독자적인 요구와 열망을 표출하기 어려웠던 소외집단들의 기대를 상승시켰으며 사회 주류로부터 성, 인종, 문화 등의 이유로 주변화되어 왔던 소수자집단들의 기존 사회시스템에 대한 분노와 이탈을 가속화시켜 각 집단의 정체성 형성을 촉진하였다.

사회구성주의는 보편주의에 근거한 객관주의적 인식론을 거부하고 각 주체의 맥락에 터한 주관주의적인 인식 형성의 타당성을 강조한다. 객관주의 인식론의 핵심은 인식 주체(나)와 독립되어 있는 객관적인 실제가 있어 이것이 진리, 참의 준거가 되고 지식이나 언어는 이것을 반영하는 것이라는 점이다. 결국 지식이나 언어의 타당성은 대응성 여부에 의해 판단된다. 이렇게 객관주의적 지식이 존재한다면 이는 사회 전체에 전일적으로 적용되게 되고 사회 각 주체는 그 개별적 차이에 관계없이 이를 받아들여 준거로 삼게 된다. 결국은 객관주의적 인식론은 사회의 다양성과 그 차이를 인정하지 않고 은폐하는 데 기여한다. 하나의 보편적인 진리가 준거가 된다고 함은 사회가 하나의 동질성에 기반하고 있다는 것과 크게 다르지 않게 되어 다양한 차이와 정체성이 인정될 여지는 거의 없게 된다.

이에 반해서 사회구성주의는 객관적 실제는 존재하지 않거나 존재하더라도 인간은 이를 알아낼 수 없다는 것이다. 인간이 할 수 있는 일은 인식 주체의 주관에 의해서 단지 실제에 대해서 해석할 수 있을 뿐이라는 것이다. 인식 주체가 처한 맥락에 따라서 이러한 해석은 달라질 수 있고 달라지는 것이 다양하기 때문에 구성주의 인식론은 지식의 상대성을 전제한다. 사회는 다양한 맥락에 처한 다양한 주체로

구성되어 있어서 지식의 절대성은 의미가 없고 지식은 인식 주체가
스스로의 맥락에 맞게 구성하는 것이며 이것만이 살아 있는 지식이
된다는 것이다. 이러한 사회구성주의의 등장은 동질성의 이데올로기
(ideology of sameness)에 물들어 있던 사회 주체들의 특수성, 차이성,
독자성 등을 자각시키는 계기가 되었다.

시민사회의 발달은 국가와 시장영역 외의 자율성, 연대성, 공익성,
자원성 등을 특징으로 하는 제3의 영역 확대를 의미한다. 시민사회의
발달은 20세기 중반 이후의 가장 큰 사회변화 특징 중 하나로서 다양
한 NGO의 등장으로 대변된다. 권력을 바탕으로 하는 국가와 자본을
바탕으로 하는 시장에 의해서 양분되어 왔던 사회구조에서 시민사회
의 발달은 사회의 다양성과 이완을 촉진하였다. 시민사회의 발달은 그
동안 주변화되고 억압되어 왔던 소수자집단의 정치의식을 각성시켜
정치 주체화하는 데 일조하였다. 소수자집단은 정치의식의 각성을 통
해서 자신들의 정치적 욕구와 요구가 다른 집단과 다름을 인식하였으
며 이러한 인식은 각 집단의 독자적인 정체성의 자각을 촉진하였다.

3. 민주주의 · 시민성과 정체성의 관련

정체성은 민주주의와 밀접한 관련을 갖는다. 정체성은 자신의 내면
적인 요구, 경험, 맥락 등을 자신의 관점과 언어로 생각하고 말할 수
있어야 형성 가능하다. 정체성은 다른 사람의 요구, 경험, 맥락이 아닌
자신의 진정성(authenticity)에 토대를 둔 것이기 때문이다. 이러한 정
체성의 형성 과정은 자유와 평등을 필요로 한다. 하나의 기준과 사고
만이 강요되는 사회에서는 정체성의 문제가 등장할 여지가 없게 된다.
자신 또는 자신이 속한 집단이 누구인가 하는 생각 자체가 제기되지

않기 때문이다. 이는 정체성이 자유와 평등의 가치가 확산된 근대 민주주의 등장의 산물이고 정체성의 논의가 참여민주주의가 확산된 20세기 중반 이후 매우 활발해진 것에서도 잘 나타난다.

정체성은 사회·정치의식의 토대가 되며 사회·정치행위 및 실천과 관련된다. 따라서 정체성 형성은 사회·정치행위의 주체를 형성하는 것으로 나아가게 된다. 역사적으로 보면 근대 부르주아 정체성 형성이 근대 시민혁명의 계기가 되었으며 근대 부르주아 민주주의하에서 소외되었던 노동자, 여성 등의 정체성 각성이 선거권 확대운동의 계기가 되어 민주주의 발전의 새로운 주체와 동력이 되었다. 정체성 형성과정은 권력관계와 불가분의 관계가 있기 때문에 그 자체가 정치과정이라고 할 수 있다. 정체성의 분화는 정치과정의 다양화와 활성화를 필연적으로 가져오게 된다. 정체성의 분화는 정치과정에서 소외되었던 집단을 새로운 정치 주체로 등장시키며 그만큼 민주주의 발전에 기여하는 것이라고 할 수 있다.

다수자중심의 동일성의 정체성에 바탕을 두었던 대의민주주의에 대항하여 참여민주주의, 다원민주주의가 오늘날 등장한 것도 그동안 동일성의 정체성에 갇혀 지냈던 여성, 소수 민족, 동성애자, 장애인 등 사회적 약자집단의 정체성 자각에 기인한 것이라고 할 수 있다. 결국 정체성 형성과정은 각 개인을 자기 삶과 정치의 주체로 등장시키는 과정이며 권리의식을 자각시키고 진정한 자유와 평등을 실현시키는 과정이라고 할 수 있기 때문에 민주주의와 밀접한 관련을 갖는다고 할 수 있다.

시민성도 정체성과 불가분의 관련성을 갖는다. 시민성의 의미는 일반적으로 시민이 갖추어야 할 자질, 시민의 권리, 공동체 구성원의 자격 등으로 이해된다. 시민성이 어떻게 이해되든지 간에 정체성과 관련된다. 정체성에 부합되는 시민 자질과 시민의 권리를 갖추어야 실효성을 가질 수 있기 때문이다. 또한 어떤 집단이나 공동체의 자격성을 가지는 것도 정체성과 분리될 수 없는 문제이기 때문이다. 자신의 정체성을 어떻게 규정하는가에 따라서 이에 따른 시민의 자질, 권리, 자격의 내용성이 달라진다. 예를 들어 여성에게 필요한 시민 자질, 시민 권리, 자격성은 남성의 것과 다르다.

정체성은 민주주의·시민성의 발전과 관련하여 크게 2가지로 분류될 수 있다. 대의민주주의하에서 보편주의에 입각하여 사회 전체를 동질적인 것으로 보는 동일성의 정체성과 참여민주주의와 다원민주주의하에서 특수주의에 입각하여 사회 각 집단의 고유한 차별성을 인정하는 다양성의 정체성이다.

Ⅲ. 정체성의 유형

1. 동일성의 정체성

1) 의 미

동일성의 정체성의 관점에서 볼 때 사회는 이를 구성하는 개인 또는 집단의 다양한 차이에도 불구하고 이 차이를 포괄하고 무화(無化)하는 공통되고 동일한 속성을 가진다는 전제 위에 성립한다. 공통되고 동일한 속성은 인간의 보편적인 이성일 수도 있고 공동선일 수도 있다. 각 개인이나 집단의 고유성보다는 사회 전체의 통합을 위해서 보편적 이성 또는 공동선이 강조되며 이를 바탕으로 모든 인간은 최소한 형식적인 측면에서는 동등하고 동질적으로 취급된다(고동현, 199).

동일성의 정체성은 사회의 모든 정체성을 통합시키고 포괄하는 하나의 중심적인 정체성인 것이다. 동일성의 정체성에 입각하면 각 개인이나 집단의 진정성에 근거한 각각의 정체성이 인정될 여지가 없게 된다. 하나의 국민, 민족, 시민의 범주를 설정하여 모든 개인과 집단은 이 범주의 동일한 정체성을 가지는 것으로 간주되기 때문이다. 이러한 동일성의 정체성은 보편주의, 추상적 개인주의, 다수자중심의 권력관계, 포함과 배제의 전략을 특성으로 한다.

2) 특 성

(1) 보편주의

보편주의는 인간에게 본질적인 동질성이 있다는 생각이며 이런 공통적인 인간성이 인간 모두를 같게 만든다는 믿음이다(Bloom, 1998). 인간의 본질적인 동질성은 인간에 의해서 창출되거나 구성되는 것이라기보다는 주어지는 것이다. 흔히 보편주의에 입각한 인간의 본질적 동질성으로 이성이 예시된다. 보편적 이성에 의해서 인간은 단일한 범주로 묶여질 수 있으며 단일한 '우리'가 될 수 있다. 보편적 이성에 입각한 동일성의 정체성에 의해서 모든 인간들, 즉 개인들은 동일하게 되며 다양한 차이들은 궁극적으로 소멸되어야 할 비정상적인 것이 된다. 외형적으로 보아 다양한 개인이나 집단이 동일한 정체성을 가질 수 있는 것은 이러한 보편적인 이성을 공유하기 때문으로 본다.

(2) 추상적 개인주의

　동일성의 정체성 관점에서 개인은 구체적인 맥락과 분리되어 추상화된다. 개인을 각자의 삶의 욕구와 경험을 바탕으로 하는 구체적인 인간으로 바라보는 것이 아니라 보편적 이성의 틀로 규정하여 구체적인 삶의 장으로부터 분리하여 형식화시킨다. 구체적인 맥락과 분리된 개인은 모두 같게 되며 동질적이게 된다. 개인으로부터 구체적인 내용이 제거되어 버리면 개개인의 차이는 드러나지 않게 되며 정체성에 있어서도 본질적인 차이가 없게 된다.

(3) 다수자중심의 권력관계

　동일성의 정체성은 다수자중심의 권력관계를 바탕으로 한다. 보편주의는 모두를 동일한 것으로 상정하지만 이는 구체적인 권력관계와 권력의 차이를 은폐하는 것에 불과하다. 누가 보편적 이성을 정의하고 동일한 정체성의 내용을 규정하는가? 결국 사회적 권력관계에서 주도권을 쥐고 있는 다수자 집단에 의해서 정의되고 규정된다. 미국에서 보편성 또는 보편적 권리는 성·인종적 중립성을 가지는 것처럼 보이지만 결국은 항상 미국사회의 주도권을 가지고 있는 백인 남성의 특권을 은폐하고 정당화하는 역할을 하였다는 아이젠스타인(Eisenstein)의 말에서도 이는 확인된다. 보편주의, 동일성의 정체성에 입각한 모든 개인의 권리 보장은 결국 백인 남성의 권리를 보호하는 것에 불과하다는 점이다(Bloom, 1998, 재인용). 다수자중심의 권력관계는 대의민주주의의 다수결원리에 의해서 더욱 정당화된다.

(4) 포함과 배제의 전략

동일성의 정체성은 포함과 배제의 전략을 구사한다. 보편적 이성에 토대를 둔 하나의 정체성만이 정상적인 것으로 규정되며 나머지 것들은 비정상적인 것으로 여겨진다. 정상적인 것으로 규정된 하나의 범주에 동화되지 못하는 개인이나 집단은 주변화되고 배제되게 된다. 정체성을 규정할 수 있는 권력을 가지지 못한 개인이나 집단은 사회의 정상적인 구성원이 되기 위해서, 가치 없는 존재가 되지 않기 위해서 동일성의 정체성에 포함되려고 노력한다.

3) 평 가

보편주의를 바탕으로 한 동일성의 정체성은 형식적 차원이긴 하지만 평등의 이념을 확산시킴으로써 근대 민주주의 태동에 기여하였다. 모든 개인이 동일한 정체성을 가졌다 함은 신분과 특권을 더 인정하지 않는다는 것을 의미하는 것이다. 또한 절차적인 민주주의 확립에도 기여하였다. 그렇지만 다수자중심의 권력관계에 기반을 두어 동일성의 정체성이 규정됨으로써 사회적 약자인 여성, 소수 민족과 인종, 장애인 등과 같은 소수자집단을 주변화시키고 배제시키는 문제점을 낳게 되었다. 각자의 진정성에 바탕을 둔 다양한 차이와 이에 근거한 정체성 형성을 가로막게 되었으며 보편성이라는 명분하에 다수자중심의 권력관계를 은폐하였다. 자신의 진정성에 바탕을 두지 않은 허위적 정체의식을 가지게 함과 동시에 다수자중심의 질서에 순응하는 시민성 함양을 정당화함으로써 소수자집단의 삶을 소외시키게 되었다. 동일성의 정체성은 사회를 구성하는 다양한 집단의 정치 주체화를 가로막는 장애물이 되기도 하였다. 이러한 동일성의 정체성은 다원민주주의, 참여민주주의라는 새로운 민주주의 흐름에 맞지 않으며, 각자의 진정성에 기반을 둔 능동적 시민성 형성에도 걸림돌이 된다.

2. 다양성의 정체성

1) 의 미

다양성의 정체성의 관점에서 볼 때 사회는 다양한 집단들의 특수성들로 구성되며 이러한 특수성들은 하나의 보편성으로 환원될 수 없다고 본다. 다양성은 차이를 나타낸다. 정체성과 차이는 상호 배제적이거나 대립적인 것으로서 파악될 수 없고 동시적이며 관계적인 것으로 파악된다. 차이를 생각하지 않고서는 정체성을 생각할 수 없기 때문이다(Dunn, 1998). 차이는 사회 주류에서 벗어나 주변화되어 정치의 주체로 서지 못하고 배제되어 온 여성, 동성애자, 소수 인종, 장애인, 외국인 노동자 등과 같은 사회적 약자인 다양한 소수자집단을 의미하기도 한다(이남석, 2001).

결국 정체성과 차이를 연결 짓게 되면 다양성의 정체성은 다양한 소수자집단의 정체성을 의미하게 된다. 각 개인이나 집단은 서로 구별되고 다양한 욕구, 문화, 경험, 인식구조 등을 가지고 있으며 이를 토대로 사회를 해석하고 정치적 의미를 추론한다(Young, 1989, 391). 또한 각 개인이나 집단은 자신의 진정성에 토대를 두고 자신의 방식대로 생활하고자 하며 타자의 관점이나 방식에 의해서 자신의 생활이 재단되기를 원하지 않는다. 이런 점에서 다양성의 정체성은 각자의 진정성에 바탕을 둔 삶을 영위할 수 있는 토대이며 각자를 주체화시키는 계기가 된다. 이러한 다양성의 정체성은 특수주의, 구체적 맥락주의, 소수자중심의 권력관계, 드러냄과 상호 인정의 전략 등을 특성으로 한다.

2) 특 성

(1) 특수주의

특수주의는 다양한 기준과 존재의 가치를 인정한다. 다양성의 정체성은 다양한 소수자집단의 주체성과 고유성을 인정하는 것이기 때문에 특수주의를 바탕으로 하는 것이라고 할 수 있다. 하나의 기준과 존재만을 인정하는 보편주의에서는 다양성의 정체성이 용납되거나 형성될 수 없다.

(2) 구체적 맥락주의

다양성의 정체성은 각 개인이나 집단이 처한 구체적 맥락을 중요시한다. 다양성의 정체성은 구체적 맥락 속에서 다르게 나타날 수밖에 없는 요구, 경험, 문화의 다양성을 중심으로 형성된다. 차이가 드러나기 위해서는 각 개인이나 집단이 처한 구체적 맥락 속에서의 다양한 내용성이 담보되어야 하기 때문이다. 각 개인 또는 집단이 가지는 요구, 경험, 문화의 구체적 내용성이 생략된 채 형식만 남게 되면 차이는 없어지게 되고 형식적 동일성만 남게 된다.

(3) 소수자중심의 권력관계

다양성의 정체성은 기존의 다수자중심의 권력관계에 균열을 가져와 소수자를 권력의 주체로 등장시킨다. 남성중심의 권력관계에 여성이, 이성애자 중심의 권력관계에 동성애자가, 비장애인중심의 권력관계에 장애인이 이의를 제기하며 새로운 권력관계를 형성하게 된다. 다양성의 정체성은 불편부당한 것처럼 보이는 기존의 권력관계가 실상은 다수자중심의 권력관계를 은폐한 것이라는 점을 폭로한다.

(4) 드러냄과 상호 인정의 전략

다양성의 정체성은 지금까지 잠재되어 있던 각각의 정체성을 드러내고 이를 사회적으로 인정받으려는 전략을 취한다. 여성성의 공공연한 주장, 동성애자의 커밍아웃 등이 드러냄의 대표적인 모습이다. 드러냄은 드러내는 자체로 끝나는 것이 아니라 사회적인 인정을 추구한다. 정체성은 드러내는 것 자체로 성립되는 것이 아니라 타자들에 의해서 인정받아야 성립된다. 내가 누구이며 누구일 수 있는지에 내용을 부여하는 것은 타자와 맺는 상호 주관적인 관계에 의존하기 때문이다(Honneth, 1996). 따라서 다양성의 정체성이 사회적으로 성립되기 위해서는 필연적으로 상호 인정을 필요로 하게 된다. 정체성은 대화적 구조 속에서 형성되는 것이라는 Taylor의 견해도 사회인정의 전략이 필요함을 뒷받침한다.

3) 평 가

  다양성의 정체성은 우리 사회가 동질성이 아닌 다양성을 바탕으로
함을 드러내는 점, 보편성의 논리가 결국은 다수자중심의 권력관계를
은폐하고 있음을 폭로하는 점, 지금까지 소외되어 왔던 소수자 집단을
주체로 등장시킨다는 점에서 긍정적이다. 오늘날 참여민주주의, 다원
민주주의라는 시대정신의 흐름과도 부합된다. 다양성의 정체성은 동일
성의 정체성하에서 자신들의 진정성이 억압되고 타자에 의해 규정된
정체성을 받아들임으로써 수동화되었던 시민성을 능동적 시민성으로
전환시킨다.

  그렇지만 다양성의 정체성하에서 차이가 지나치게 강조되면 사회통
합이 저해되고 파편화 현상이 나타날 수 있는 문제점도 있다. 다양성
의 정체성에는 다른 정체성과 자신의 정체성을 구분 짓는 과정에서
나타나는 분리주의적 경향이 내포되어 있기 때문이다(고동현, 1999).
그러나 다양성의 정체성에는 차이의 드러냄만 있는 것이 아니라 차이
의 상호 인정도 내포되어 있어 사회통합이 필연적으로 저해될 것이라
고 볼 수는 없다. 다양성의 정체성이 분리주의적 경향으로 흐르지 않
도록 시민교육이 개입할 필요성이 있다. 시민교육을 통해서 다양성의
정체성에 한 부분요소로 내포되어 있는 상호 인정과 연대의식을 드러
내고 확대시킬 필요가 있다.

▼ Ⅳ. 다양성의 정체성을 바탕으로 한 청소년 시민교육

1. 청소년 시민교육에 대한 반성

지금까지 시민교육은 동일성의 정체성에 바탕을 두고 있었다고 해
도 과언이 아니다. 시민교육은 보편주의, 추상적 개인주의, 다수자중
심, 포함과 배제 등을 기반으로 하였다고 할 수 있으며 이는 획일적인
교육내용, 중앙집권적 교육관리, 주입적 교육방법 등으로 구체화되었
다. 다양성의 정체성에 입각한 각각의 다양한 요구가 시민교육에 반영
될 수 없었다. 제7차 교육과정에 들어서 사회 다원화 현상이 교육과정
과 교육내용에 반영되는 모습을 보이기도 하지만 여전히 동일성의 정
체성 논리에 토대를 두고 있어서 다수자중심의 가치와 문화를 훼손하
지 않는 범위 내에서만 인정될 뿐이다.

구체적으로 인권의 측면에서 청소년 시민교육을 살펴보면 '국민의
권리', '국민의 기본권', '국민의 인권', '시민의 권리'라는 용어를 인권
과 관련하여 가장 많이 사용하고 있다. 이는 동일성의 정체성에 입각
하여 개인이나 집단의 특수성과 다양성을 고려하지 않고 사회구성원
을 동질적인 것으로 보아 하나의 범주로 다루는 것이다. 이런 관점은
얼핏 보아 모두에게 같은 권리를 부여하여 평등성을 보장하는 것처럼
보이지만 실질적으로는 다양한 차이를 무시하여 사회의 주류를 형성
하고 있는 집단의 권리와 입장을 강요하는 꼴이 된다. 예를 들면 장애
인의 인권은 장애인 집단의 정체성을 바탕으로 이에 적합한 인권 내
용을 모색하고 보장하여야 함에도 불구하고 장애인을 국민 범주로만

보편화하여 일반인과 같은 인권 내용을 누려야 하는 것으로 취급한다. 이렇게 될 때 장애인 인권은 일반인의 관점에서 형해(形骸)화될 가능성이 커지게 된다.

개인의 인권은 자신이 어떤 집단에 속해 있다는 것, 즉 여성, 동성애 집단, 외국인 노동자 집단 등에 속해 있다는 것에 의해서 영향을 받는다. 개인은 원자적인 존재로서가 아니라 자신이 속한 사회적 범주에 의해서 정체성이 부여되고 식별되어 인권적 차원에서도 규정되기 때문이다. 동일성의 정체성에 입각한 보편주의 시민교육은 이러한 측면을 포섭해내기 어렵다. 코넬(Cornell)이 "차별은 보편적이지 않은 개인에게 보편성을 부여하는 것"이라고 말한 것처럼(Bloom, 1998, 재인용) 보편주의 시민교육은 사회적 약자의 인권을 실제에서는 차별하게 되는 결과를 가져오게 된다. 영(Young, 1989)이 말한 것처럼 인간의 존엄성, 자유와 평등은 누구든지 누려야 하는 권리이지만 이를 보편주의에 입각하여 강조하다 보면 다양한 차이가 억압되고 결국은 다수자중심의 권력관계를 옹호하여 소수자들의 권리가 실질적으로는 침해되게 되는 민주주의 딜레마 현상이 나타나는 것이다. 이를 극복하여 실질적인 인권과 시민권이 보장되게 하기 위해서라도 다양성의 정체성이 인정되어야 하고 이에 입각하여 시민교육이 행해질 필요가 있다.

2. 다양성의 정체성의 시민교육적 의의

시민교육은 민주주의 발전에 적합한 시민성을 함양한 시민을 기르는 교육활동이다. 오늘날 민주주의에서 시민은 자신의 삶을 주체적으로 영위할 뿐 아니라 사회 공공영역에 능동적으로 참여하는 사람이다. 이러한 시민을 기르는 시민교육의 바탕으로 다양성의 정체성이 동일성의 정체성보다 더 적합하다. 위에서 살펴본 것처럼 동일성의 정체성에 기반을 두고 시민교육을 하게 되면 결국은 다수자중심이 되어 버려 실질적인 평등성이 저해되고 소수자집단이 소외되게 되기 때문이다. 동일성의 정체성에 바탕을 둔 시민교육이 보편적인 시민성을 함양시킴으로써 신분과 특권에 바탕을 둔 불평등구조에 대항하여 형식적인 평등과 절차적인 민주주의 수립에 기여한 점은 분명하지만 이제는 이에서 더 나아갈 필요가 있다.

구체적으로, 다양성의 정체성은 다음과 같은 시민교육적 의의를 가진다.

첫째, 각 개인과 집단이 처한 맥락을 고려하여 그에 가장 적합한 시민성을 함양시킬 수 있다. 사회 다수자 또는 타자에 의해서 규정된 시민성을 일방적으로 전달받음으로써 자신의 삶의 맥락과 유리된 시민성을 함양하거나 허위적인 시민의식을 가지는 것이 방지됨으로써 자신의 진정성에 바탕을 둔 주체적인 삶이 가능해진다.

둘째, 사회적 약자인 소수자집단이 사회·정치의 주체로 등장하는 데 기여한다. 사회 주류를 형성하고 있는 다수자집단에 의해서 억눌려지고 소외되어 왔던 사회적 약자의 정치의식을 각성시키고 자신의 정체성에 입각한 사회·정치활동을 가능하게 함으로써 소수자집단의 인권을 신장시키는 데 기여한다.

셋째, 다원민주주의, 참여민주주의 발달에 기여한다. 다원민주주의와 참여민주주의의 등장은 시대정신의 반영이라고 할 수 있다. 다양성의 정체성에 기반을 둔 시민교육은 다양한 차이의 인정과 이들을 주체화하려는 교육활동으로서 다원민주주의와 참여민주주의 발전을 위해서는 필수적인 전제라고 할 수 있다.

다양성의 정체성은 이러한 시민교육적 의의를 가짐에도 불구하고 자칫 지나치게 되면 사회통합을 저해하게 된다. 각각이 자신의 정체성에만 충실하게 될 때 상대의 정체성이나 우리 사회가 가지는 다양한 정체성을 무시하기 쉽다. 이렇게 되면 자신의 집단적 정체성의 동질성만을 우선시하게 됨으로써 이전에 비해서 그 범주만 좁아졌을 뿐 또 다른 동일성의 정체성으로 환원된 모습밖에 되지 않는다. 다양성의 정체성이 지니는 시민교육적 의의를 충분히 살리기 위해서는 이런 점을 경계해야 하며 자신의 정체성 못지않게 우리 사회에 존재하는 다양한 정체성에 대한 이해를 증진시켜야 한다. 다양성의 정체성의 한 구성부분으로 위치하는 자신의 정체성을 인정받기 위해서는 다른 사람의 정체성을 인정해야 하는 상호 인정과 연대의 모습을 시민교육을 통해서 이해시켜야 한다.

3. 시민교육의 주체

그동안 시민교육에 관한 정책, 교육과정 등에 관한 결정권은 사회 주류 집단에 의해 장악되어 있었다고 해도 과언이 아니다. 다양한 소수자집단의 참여는 여론 조사, 공청회 등을 통해서 부분적으로 이루어졌을 뿐이며 이것도 소수자집단의 주체성이나 대표성을 인정한 차원에서 행해진 것이라기보다는 구색을 맞추기 위해서 베풀어진 것이라고 할 수 있다. 다양성의 정체성에 기반을 둔 시민교육이 이루어지려면 다양한 정체성을 지닌 사회집단 특히 소수자집단이 시민교육의 주체로 참여할 수 있어야 한다. 시민교육의 주체로 참여한다는 의미는 시민교육에 관한 정책, 교육과정 결정과 운영 등에 있어서 일정 권한을 가지는 것을 말한다. 제도적으로 참여가 보장되어야 하고 다양한 집단의 정체성을 토대로 하는 내용의 반영이 의무화됨과 동시에 자신

과 관련된 적절하지 않은 내용에 대해서는 소수자집단에게 재의요구
권이나 거부권을 주는 방안도 고려해 볼 필요가 있다. 이러한 권한이
부여될 때 다양한 소수자집단이 시민교육의 주체로 참여하는 것이 실
질화될 수 있다.

4. 시민교육의 목표

다양성의 정체성에 기반을 둔 시민교육은 다음과 같은 목표를 추구
한다.

첫째, 각 개인의 진정성에 입각한 정체성의 자각과 이를 바탕으로
하는 사회·정치적 주체 의식을 형성한다. 각자가 지닌 고유한 문화·
가치·요구를 토대로 자신의 정체성을 파악하도록 하며 이 정체성에
입각하여 주체적으로 정치·사회활동을 할 수 있는 능력을 함양한다.
시민으로서 각자의 삶이 소외되지 않도록 주체화한다.

둘째, 사회의 다원적 가치와 정체성을 인정함과 동시에 사회통합의
식을 형성한다. 사회의 다원적 가치와 정체성은 사회 속에서 인정될
수 있다는 전제 속에서 상호 인정과 연대의식을 가지도록 한다. 진정
한 사회통합은 억압이나 획일성에 의해 가능한 것이 아니라 각 개인
과 집단이 사회에 대한 자발적인 충성심과 타자에 대한 상호 존중과
이해에 의해 가능하다. 사회에 대한 자발적인 충성심과 타자에 대한
상호 존중은 각각의 정체성이 인정되고 존중될 때 가능하다. 공공영역
은 동질적인 공공성(homogeneous public)이 아니라 이질적인 공공성
(heterogeneous public)으로 구성되어 있으며 공익도 이질적인 이익들
의 합이라는 점을 인식시키며 이를 통해서 Young(1989)이 말한 각각
의 고유한 정체성이 인정되면서도 상호 연대하는 무지개연합(rainbow

coalition)이 형성될 수 있도록 한다.

셋째, 의사소통능력, 상호 이해능력을 함양한다. 다양성의 정체성은 상호 인정과 소통을 전제로 한다. 나의 정체성이 인정받기 위해서는 먼저 상대방의 정체성을 인정하는 것이 필요하다. 다양성의 정체성은 Taylor가 말한 대화적 구조와 성찰적 상호 인정 속에서 가능하기 때문에 시민교육에서 의사소통능력과 상호 이해능력, 성찰적 능력을 함양하는 것은 중요하다. 특히 다양성의 정체성이 집단적 폐쇄성과 이기성으로 굴절되지 않도록 하기 위해서도 시민교육을 통한 의사소통능력, 상호 이해능력, 성찰능력의 함양은 필요하다.

넷째, 사회적 약자인 소수자집단의 가치와 문화의 중요성에 대한 인식과 연대의식을 함양한다. 소수자집단의 가치와 문화는 관용과 배려 차원에서가 아니라 사회정의의 차원에서 정당화되어야 한다. 관용과 배려는 절제하거나 베풀 수 있는 힘을 전제로 하기 때문에 소수자집단의 가치와 문화를 그 자체로 정당한 것으로 하기 위해서는 사회정의의 차원이 더 적합하다. 사회정의는 개인의 권리와 집단들 간의 다양한 차이를 존중하고 이 존중의 방식을 제도화함으로써 차이를 재생산하는 것이기 때문이다(Young, 1989). 사회적 약자인 소수자집단의 가치와 문화의 중요성을 강조해야 하는 이유 중 하나는 이들이 우리 사회의 한계집단이기 때문이다. 한계집단의 가치와 문화의 중요성이 시민교육에서 존중되면 다른 가치나 문화는 당연히 존중될 것이다. 소수자집단의 문화와 가치를 존중하면서 사회의 다양한 정체성 간에 연대의식을 형성한다.

5. 시민교육의 내용과 방법

다양성의 정체성에 기반을 둔 시민교육의 내용은 다양한 소수자집단의 경험과 요구에 입각하여 구성되어야 한다. 여성, 장애인, 외국인 노동자, 양심적 병역거부자 등 우리 사회의 소수자집단의 경험과 요구를 상당 부분 시민교육의 내용에 반영하여야 한다.

다양성의 정체성에 토대한 시민교육에서 목표로 하는 정체성의 자각과 주체 의식의 형성, 다원적 가치와 문화의 이해, 상대방의 정체성 인정과 상호 이해능력 증진, 사회통합의식 형성, 의사소통능력 제고 등을 어떻게 달성할 수 있을까? 이를 위해서 다양성의 정체성을 이해하고 연대하는 시민교육을 해야 한다. 이러한 다양성의 정체성을 바탕으로 하는 시민교육은 정체성 자각하기, 정체성 이해하기, 정체성 연대하기의 단계를 거쳐 이루어진다. 각 단계를 구체적으로 살펴보면 다음과 같다.

정체성 자각하기는 각 개인이 속한 집단적 정체성을 인식하여 그 정체성에 주체화하는 것이다. 정체성 자각하기를 위해서는 비교하기전략과 주체화전략이 사용될 수 있다. 비교하기전략은 자신이 속한 집단의 특성을 반대되는 집단의 특성과 대비시키는 방법이다. 이것은 어떤 집단의 특성을 분명하게 드러내는 데 유용한 방법이다. 한 집단의 특성은 이와 대비되는 다른 집단과의 비교를 통해서 명확해질 수 있기 때문이다. 예를 들어 장애인 집단의 특성을 분명하게 드러내기 위하여 비장애인 집단과 비교하여 그 특성을 열거하게 한다. 집단의 특성이 분명하게 드러나면 그 특성을 바탕으로 하는 정체성을 내면화시킨다. 이를 위해서는 주체화전략이 유용하다. 주체화전략은 비교하기전략을 통해서 드러난 정체성과 자신을 일치시키는 방법이다.

정체성 이해하기는 나 아닌 다른 사람의 정체성을 이해하는 것이다. 다른 사람의 정체성을 이해하기 위해서는 감정이입전략과 역지사지(易地思之)전략이 유용하다. 감정이입전략은 상상력과 감성을 토대로 하여 타인의 특성과 입장을 느끼도록 하는 것이다. 역지사지전략은 이성적 추론을 통하여 내가 아닌 다른 사람이 된 것으로 가정하여 그 사람이 처한 맥락과 입장에 서 보도록 하는 것이다. 감정이입과 이성적 추론을 통하여 나 아닌 다른 사람이 되어 보도록 함으로써 사회의 다양한 정체성을 이해하도록 하는 것이다.

정체성 연대하기는 나와 타인의 정체성은 상호 의존되어 있고 상호 인정을 통해서 발현될 수 있음을 알도록 하는 것이다. 이를 위해서 사회참여전략과 성찰하기전략을 활용할 수 있다. 사회참여전략은 직접적으로 사회실제에 참여를 통해서 자신의 정체성에 기반을 두어 활동하도록 하고 또 다른 사람의 정체성에 기반을 두어 활동하도록 함으로써 자신의 정체성을 실현하기 위해서도 타인의 정체성을 인정하고 함께 공존하는 것이 중요함을 체득하도록 하는 방법이다.

직접적인 사회참여활동은 자신의 존재를 자각시켜 정체성 형성에 도움이 될 뿐 아니라 사회·정치적 주체로서 경험을 쌓게 한다. 또한 사회참여전략은 참여의 학습효과를 통해서 다양한 의사소통기능을 습득하게 되고 소수자집단의 처지를 직접 경험함으로써 자신의 정체성이 무엇인지를 분명하게 함과 동시에 자신 아닌 다른 정체성에 대한 이해의 폭을 넓힐 수 있게 한다. 이 외에도 사회적 관계에서 하나의 정체성이 인정받으려면 그에 대응하는 또는 관련된 다른 정체성을 인정해야 한다는 상호 연대와 이해의 필요성을 깨달을 수 있게 한다. 참여과정은 사회 구성에서의 차이와 다양성의 정체성의 필연성과 그 가치의 인정, 민주주의 사회에서 다양한 정체성의 상호 연관성에 대한 성찰, 이를 토대로 상호적인 연대와 타인에 대한 책임감을 가지게 하기 때문이다(Bloom, 1998; Barber, 1984; 김영인, 2002).

사회참여전략이 정체성 연대하기에 효과적이려면 성찰하기전략이 수반되어야 한다. 성찰은 끊임없는 반성과 숙고를 통해서 자신과 타인의 관계를 점검하고 그 바람직한 의미를 설정해 가는 과정이기 때문이다. 성찰하기를 통해서 사회의 다양한 정체성은 상호 인정과 연대를 통해서만 구현될 수 있음을 깨달을 수 있다. 성찰하기전략을 통해서 다양성의 정체성에 기반을 둔 시민교육은 사회통합에 기여할 수 있다.

▼ V. 맺음말

정체성은 오늘날 사회의 공적인 생활에서 중요한 의미를 가진다. 정체성은 사회관계에서 형성되고 이를 바탕으로 각 개인은 사회·정치 생활영역에서 주체화되기 때문이다. 지금까지 살펴본 것처럼 오늘날 다원민주주의, 참여민주주의 시대에 알맞은 정체성은 동일성의 정체성이라기보다는 다양성의 정체성이라고 할 수 있다. 보편주의에 입각한 동일성의 정체성이 형식적 평등과 민주주의를 성립시킨 데 기여했으나 실질적 평등과 민주주의를 성숙시키는 데에는 걸림돌이 된다.

다원민주주의, 참여민주주의 시대를 살아가야 하는 시민을 양성해야 하는 시민교육도 동일성의 정체성보다는 다양성의 정체성에 입각할 필요가 있다. 다양한 차이를 시민교육에 반영하여 각각의 정체성에 적합한 시민성을 함양시킬 필요가 있다. 다양성의 정체성에 기반을 두고 시민교육을 할 때 무엇보다도 유의할 점은 각각의 정체성에만 매몰되어 정체성 교육이 사회통합을 해치지 않도록 하는 것이다. 이를 위해서는 다양성의 정체성에 기반을 둔 시민교육에서 정체성 자각보다 정체성 이해와 연대하기를 더욱 강조할 필요가 있다.

지금까지 우리의 시민교육과 시민성 논의에서 정체성에 대한 담론은 별로 많이 형성되어 오지 않았다. 아마도 동일성의 정체성을 당연시해 온 사회적, 학문적 풍토가 지배해 왔기 때문으로 여겨진다. 이제는 다원화사회에서 분출되어 나오는 다양성의 정체성을 바탕으로 하는 시민교육에 관한 담론이 활발하게 이루어질 필요가 있으며 이에 대한 이론적, 경험적인 후속연구와 교육활동이 지속적으로 이루어질 필요가 있겠다.

제7장

청소년의 대통령선거 참여경험과
정치의식 형성

Ⅰ. 문제 제기

민주주의 발전과 정치의식은 밀접한 관련을 갖는다. 사회구성원들의 민주적인 정치의식 없이 민주적인 정치참여를 기대할 수 없으며, 이러한 정치참여 없이 민주주의 발전을 이루기 어렵기 때문이다. 특히 민주주의 발전에 있어서 청소년의 정치의식은 중요하다. 이러한 중요성을 다음과 같은 두 가지 점에서 생각해 볼 수 있다.

첫째, 청소년은 가정, 학교, 교회, 각종 사회집단 등의 주체이기 때문에 이들이 어떤 정치의식을 가지는가에 따라서 이 집단과 이 집단을 토대로 하는 전체 사회의 민주주의 발전은 영향을 받는다. 대부분의 청소년은 주권자로서의 권리를 행사하여 국가 의사결정에 참여하지는 못하지만 가정, 학교, 인터넷상의 모임 등과 같은 자신의 생활의 장에서는 의사결정의 주체로서 권리를 행사한다. 청소년이 어떤 정치의식을 가지고 있는가에 따라서 소속집단의 민주주의가 좌우된다고 할 수 있다. 더욱이 오늘날은 참여민주주의와 전자민주주의의 발달에 따라 청소년들에게도 다양한 정치참여의 기회가 주어지기 때문에 청소년의 정치의식은 한층 더 중요성을 가진다.

둘째, 청소년은 장차 성인 시민이 되어서 주권을 행사할 것이기 때문에 이들이 어떤 정치의식을 가지는가에 따라서 전체 사회의 민주주의 발전은 잠재적으로 영향을 받는다. 청소년기에 형성된 정치의식이 어느 정도까지 성인기의 정치의식으로 이어지는가에 대해서는 논란이 있지만[17], 일반적으로 상당 부분 지속성을 가진다고 할 수 있다(Sears,

---

17) 콘오버와 시링(Conover & Searing, 1994)은 지속모형(endurance model)

1990; 이순형, 1994). 특히 지속모형(endurance model)(Conover & Searing, 1994)과 중간모형(intermediate model)(Dawson, Prewitt and Dawson, 1977)에 입각하면 청소년의 정치의식은 장래의 민주주의 발전에 중요한 잠재적 원동력이라 할 수 있다.

이처럼 중요한 청소년의 정치의식은 가정, 학교, 동료, 대중매체 등의 다양한 매개체에 의해서 형성된다. 또한 청소년기는 정치사회화에 있어서 민감기로서(이순형, 1994), 당시의 정치문화에 의해서 큰 영향을 받는다. 정치문화는 정치공동체 구성원들의 정치생활양식의 총체로서 오늘날 대의민주주의 체제하에서는 선거문화가 큰 비중을 차지한다. 선거문화 중 우리의 경우는 대통령선거문화가 가장 중요하다고 할 수 있다. 다른 어떤 선거보다 대통령선거(이하 '대선')는 정당의 후보자 선출과정에서부터 최종 당선자결정까지 전 국민의 관심을 받으며 국민의 정치의식과 행동에 영향을 미치면서 정치문화 변화를 주도하기 때문이다. 특히 제16대 대선은 국민참여 경선제[18] 도입, 국민여론조사에 의한 후보 단일화 협상과 성공, 여중생사망 및 촛불시위, 세대 간 갈등 표출, 인터넷상의 후보자 지지모임결성과 활동 등의 다양한

과 발달모형(developmental model)에 의해서 설명하고 있다. 전자는 아동기와 청소년기의 정치의식과 신념은 대부분 변하지 않고 성인기로 이어진다는 것이고, 후자는 아동기와 청소년기의 정치의식과 신념은 변화되어 거의 성인기로 이어지지 않는다는 것이다. 한편 도슨 등(Dawson, Prewitt and Dawson, 1977)은 초기모형(primacy model), 중간모형(intermediate model), 근접모형(recency model)에 의해서 성인기의 정치의식을 설명하고 있다. 초기모형은 아동 초기의 정치의식형성, 중간모형은 아동 후기와 청소년기의 정치의식형성, 근접모형은 성인기의 정치의식형성이 성인기에 가장 중요하다고 한다.

18) 미국의 예비선거와 당내 상향식 공천의 혼합형태로 당원, 대의원, 일반 국민(공모 당원)이 각 정당의 대통령후보 선출에 참여하는 방식이다(김영태, 2003).

요인을 통해 새로운 선거문화를 창출하면서 전 국민들의 관심과 토론, 참여를 활성화시키는 계기가 되었다.

이러한 제16대 대선은 선거문화를 바꾼 중요한 정치적 사건으로서 청소년의 정치의식형성에도 큰 영향을 주었을 것으로 판단된다. 총체적인 것으로서 정치문화뿐 아니라 특정 정치적 사건이나 사회분위기도 일반적으로 젊은 세대의 정치의식 형성에 큰 영향을 미치는 것으로 나타나기 때문이다. 이러한 점은 미국의 베트남 전쟁과 인종갈등이 청소년의 정당 일체감에 미치는 영향에 관한 마르쿠스(Markus, 1979, Sears, 1990에서 재인용)의 연구에서도 잘 나타나고 있다.

그런데 후술하는 Ⅱ장의 선행연구를 보면 대선 더 나아가 선거가 청소년 또는 국민의 정치의식 형성에 미친 영향에 관한 연구는 없다. 대의민주주의 체제에서 각종 선거 특히 대선은 청소년의 정치사회화에 있어서 중요한 기제임에도 불구하고 그동안 간과되어 왔다는 점에서 제16대 대선이 청소년의 정치의식 형성에 미친 영향을 분석하려는 본 연구는 의의를 갖는다고 할 수 있다. 구체적으로 본 장에서는 제16대 대선에 관한 청소년의 경험에 대한 실태를 파악하고 이러한 경험이 정치적 신뢰, 정치적 관심, 정치참여의식에 어떠한 영향을 주었는지를 분석하려고 한다. 이러한 연구는 대선과 관련하여 청소년의 정치교육에 대한 방향과 방안에 대해서도 의미 있는 시사점을 줄 수 있을 것이다.

■ II. 청소년 정치의식 형성에 관한 이론

1. 정치의식에 관한 선행연구 고찰

정치의식에 관한 연구는 접근방법에 따라서 두 가지로 나눌 수 있다. 하나는 정치의식의 내용이 무엇이냐에 관한 것이고, 다른 하나는 정치의식이 어떻게 형성되어 발달되는가에 관한 것이다(최지영, 1994). 전자가 정태적이고 전통적인 접근이라면, 후자는 동태적이고 발달심리학적인 접근이라 할 수 있다.

대부분의 기존 선행연구는 정치의식의 내용에 관한 것이다. 이를 구체적으로 보면 다음과 같다.

안병민(1979)은 제10대 국회의원선거를 통해서 처음으로 선거참여를 한 부산지역 대학생 1,000명을 대상으로 선거참여도, 선거관심도, 국회와 정당신뢰도 등을 조사하였다. 선거참여도와 관심도는 높은 편이었지만 국회와 정당신뢰도는 낮은 편이었다.

박동서·김광웅(1987)은 일반대중과 엘리트집단을 포괄하는 국민을 대상(일반대중 952명, 엘리트 1,470명)으로 민주정치의식에 관한 두 집단의 실태와 인식 및 그 차이를 연구하였다. 민주정치의식은 인지, 감정과 인상, 신념, 평가로 구성되는 의식 차원과 민주주의의 기본적 측면, 제도적 측면, 실천적 측면, 생활태도, 실현에 대한 전망으로 구성되는 대상 차원으로 구분되었다.

박종남(1997)은 신도시와 인근농촌의 초중고 학생 735명을 대상으로 한 청소년의 정치의식에 관해 연구하였다. 이에 따르면 정치적 활동이나 사회운동에의 참여의지는 높게 나타나고 있으며 특히 선거를 통한 참여의지가 높게 나타났다. 정부에서 하는 일과 관료들에 대한 신뢰도는 비교적 낮게 나타났으며 정치인에 대한 관용의식은 보통 수준이었다.

이종렬(1997)은 1994년(중·고생 1,440명)과 1995년(2,880명) 두 번에 걸친 설문지 조사를 통하여 관용성, 묵종성, 민주절차원리에 대한 태도, 정치신뢰감, 정치효능감 등 청소년의 정치의식에 대한 종단연구를 하였다. 그 결과 전체적으로 관용적이고 비묵종적이며 민주절차원리에 대해서 개방적인 태도를 보였으나, 정치신뢰감은 낮았으며 정치효능감은 중간 이상이었다.

박창규·김영하(1999)는 대구·경북지역 대학생(1997년 792명, 1998년 688명)을 대상으로 정치에 대한 일반적인 인식, 정당에 대한 인식, 선거에 대한 인식, 권력구조와 정치적 책임에 대한 인식 연구를 하였다. 이 연구결과로서 정치에 대한 관심도, 주인의식, 정치인 인지도, 정치참여 의사 등이 낮아지고 있고 기존 정치제도에 대해 부정적으로 평가하고 있는 것을 발견하였다.

오치선(1999)은 서울과 인근 신도시 고등학생 491명을 대상으로 국가의식, 시민생활과 준법의식, 정치적 신뢰와 관용의식, 국제관계와 통일의식에 관한 연구를 하였다. 국가의식, 정치참여의식, 시민생활과 준법의식, 국제관계와 통일의식에 있어서는 긍정적이었으나 정치적 신뢰와 관용의식에 있어서는 부정적이었다.

김광웅·방은령(2001)은 전국 청소년을 대상으로 1차 1,230명, 2차 6,000명에 설문조사를 하고 3차로 100명에게 면접을 하여 청소년의 정치의식과 그 형성요인을 연구하였다. 청소년들은 정치에 대해 부정적으로 인식하고 있었으며 정치의식 형성에 영향을 미친 주 매개체는 텔레비전, 부모, 학교, 교사, 친구 순서로 나타났다.

이은진(2002)은 청소년인 중·고·대학생 387명의 민주주의의 기본 내용인 국회, 정부, 선거, 다수결의 원칙, 자유에 대한 정치의식을 의미변별척도를 활용하여 조사하였다. 국회, 정부, 선거에 대해서는 부정적인 인식, 다수결의 원칙에 대해서는 중립적인 인식, 자유에 대해서는 약한 긍정적인 인식을 하고 있는 것으로 나타났다.

정치의식의 내용에 관한 이상의 연구에서 정치의식의 내용으로 정치적 신뢰, 정치적 관심, 정치참여의식, 정치적 관용, 정치효능감, 정치현상에 대한 인식 등을 도출할 수 있다.

정치의식에 대한 동태적이고 발달심리학적인 접근법을 통해서 그 형성과정을 연구한 것은 최지영의 연구(1994)이다. 최지영은 6세에서 17세까지의 아동과 청소년 111명을 대상으로 정치의식의 발달과정에 대한 연구를 하였다. 이 연구는 정치의식의 내용을 중심으로 한 다른 연구와는 달리 발달심리학적인 관점에서 정치의식의 형성과 발달과정을 연구했다는 점이 특징이다. 이 연구결과 정치의식의 발달경향은 연령에 따라서 다르게 나타났으나 성별에 따라서는 다르게 나타나지 않았다.

이상의 선행연구를 보면, 선거에 대한 인식·참여도·관심도에 대한 연구는 있어도 선거 특히 대선의 영향을 받아 어떤 정치의식이 형성되고 변화되었는지에 대한 연구는 없다. 이러한 점에서 본 연구는 새로운 연구로서 가치를 지닌다 할 수 있다.

2. 청소년의 정치사회화와 정치의식 형성

1) 청소년의 정치사회화

정치사회화에 대한 기존의 다양한 정의는 두 가지 관점으로 나누어 볼 수 있다. 하나는 체계 수준에서 정치문화의 전수를 정치사회화로 보는 관점이고, 다른 하나는 개인 수준에서 개인의 정치적 잠재력을 계발하여 정치 자아와 의식을 형성하는 것을 정치사회화로 보는 관점이다 (Dawson, Prewitt and Dawson, 1977; 김광웅·방은령, 2001). 그러나 이 두 가지는 전혀 별개의 차원이라기보다는 같은 것을 다른 관점에서 본 것에 불과하며, 체제와 개인, 정치문화와 정치 자아는 불가분의 관련성을 가지는 것이므로 양자를 종합하여 정치사회화를 파악할 필요가 있다. 이러한 점에서 "정치사회화는 한 사회의 정치양식과 가치, 즉 정치문화를 사회구성원인 개인이 배워 내면화하는 과정일 뿐 아니라 개인이 정치 주체로서 정치정향을 함양해 가는 과정을 의미한다"고 할 수 있다.

청소년기의 정치사회화는 매우 중요하다. 청소년기는 성인 시민이 되어서 맞이할 여러 인생 단계들의 정치생활에 결정적인 영향을 주는 중간단계이며(한국청소년개발원, 2002), 교육적 감수성이 예민하고 높은 가소성을 가지기 때문이다. 이러한 청소년기의 정치사회화는 정신역동이론, 사회학습이론, 인지발달이론 등에 의해 설명될 수 있다(김광웅·방은령, 2001). 이를 살펴보면 다음과 같다.

정신역동이론은 프로이드(Freud)의 이론을 통해서 정치사회화를 설명한다. 프로이드는 유아기와 아동기에 가족 특히 부모와의 관계 경험이 개인의 성격과 자아형성에 결정적인 영향을 미치며 이러한 영향은 매우 강력하고 지속적이라고 보았다. 프로이드의 관점을 청소년기의 정치사회화에 적용하면 청소년은 가족(또는 부모)과의 관계에서 영향을 받아서 정치의식과 자아를 형성한다고 할 수 있다. 실제 그린스타인(Greenstein), 이스턴(Easton), 헤스(Hess) 등에 의하면 부모와의 직접적이고 개인적인 관계에 의해서 아동이 정치 권위에 대해서 긍정적 또는 부정적인 감정이나 의식을 형성한다고 한다(김광웅·방은령, 2001, 재인용). 이 이론은 정치사회화에 있어서 가족의 역할을 잘 설명하지만 다른 사회화 매개체의 영향을 소홀히 한다는 문제점이 있다. 또한 유아기나 아동기의 경험을 결정적으로 지나치게 강조한다는 문제점이 있다.

사회학습이론은 행동주의자의 강화이론과 반두라(Bandura)의 모방학습이론을 통해서 정치사회화를 설명한다. 강화이론에 의하면 환경으로부터 주어지는 자극에 대한 개인의 바람직한 반응에 강화(보상)를 줌으로써 개인은 그 반응을 내면화한다. 이 이론에 의하면 청소년은 정치사회화에 있어 바람직한 정치의식과 행동적 반응을 보일 때마다 강화를 받음으로써 이 정치의식을 내면화하고 정치행동을 반복하게 된다. 반두라의 모방학습이론에 의하면 개인은 모델의 관찰과 모방을 통해 모델과 동일시함으로써 태도와 행동을 학습한다. 모델에는 살아 있는 인간, 텔레비전과 같은 대중매체 등이 있다(변영계, 2000). 이 이론에 의하면 청소년은 정치인, 대중매체가 전달하는 정치적 역할이나 내용 등의 모방을 통해서 정치의식과 행동을 학습한다. 사회학습이론은 정치사회화에 있어 보상이나 대중매체의 역할을 잘 설명하지만 정치사회화를 단순한 자극-반응의 관계로 봄으로써 정치학습자의 능동성을 무시한다는 문제점이 있다.

인지발달이론은 피아제(Piaget)의 동화, 조절, 평형화이론을 통해서 정치사회화를 설명한다. 피아제에 의하면 인지구조를 바탕으로 인간은 환경과의 상호 작용을 통해서 지적 능력을 발달시킨다. 구체적으로 환경으로부터의 정보를 기존의 인지구조에 따라 처리하는 동화와 환경으로부터의 정보를 기존의 인지구조에 따라 처리할 수 없을 경우 인지구조를 수정하는 조절의 과정을 반복함으로써 지적 능력은 발달해 간다. 피아제의 인지구조 발달에 있어서는 이러한 상호 작용 외에 성숙이 중요한 역할을 한다. 이 이론에 의하면 청소년은 정치환경 또는 문화와의 상호 작용 속에서 때로는 정치문화에 동화해 가고 때로는 자신의 인지구조를 조절해 가면서 정치의식이나 행동을 형성·발전시키게 된다. 이 이론은 정치사회화에 있어서 개인과 환경과의 상호 작용을 통한 인지구조의 발달을 잘 설명하지만, 감정의 발달을 소홀히 취급한다는 문제점이 있다(이동신, 1986).

위와 같은 이론에 의해서 설명되는 청소년의 정치사회화는 가족, 학교, 동료집단, 대중매체 등의 매개체를 통해서 이루어진다(Bar-Tal & Saxe, 1990; Sears, 1990). 가족은 청소년에게 가장 쉽게 접근할 수 있고 강력한 정서적 유대관계를 갖고 있기 때문에 영향력이 크다. 학교는 공식적 교육과정과 수업, 학생자치활동을 통해서 청소년들의 정치의식 형성에 영향을 미친다. 동료집단은 우정을 토대로 맺어진 관계이기 때문에 서로의 정치의식이나 행동에 영향을 미친다. 박종남(1997)에 따르면 청소년의 정치의식 형성에 있어서 동료와의 관계가 중요한 변수로 나타나고 있다. 대중매체는 청소년의 정치사회화에 큰 영향을 미치며 이 중에서도 신문과 텔레비전의 영향력이 크다(이동신, 1986). 오늘날 정보통신기술의 발달에 따라 보편화된 인터넷이 청소년의 정치사회화에 미치는 영향력이 클 것으로 기대된다.

2) 정치사회화 결과로서 정치의식 형성

정치의식은 정치현상에 대한 인식·평가·태도를 총칭한다. 이러한 정치의식은 정치문화에 대한 수용과 반응의 과정, 즉 정치사회화 과정에 의해서 형성되어 나타나는 산출물이다. 따라서 정치의식은 정치문화와 밀접한 관련을 가지며 상호 변증법적인 교호작용을 통해서 영향을 주고받는다. 한 개인의 독특한 정치의식과 행동은 외부적이고 맥락적인 실재에 의해서 조건 지워지나 이 실재를 그 개인이 어떻게 해석하고 구성하는가에 개인의 정치의식과 행동의 독특성이 결정된다. 결국 정치사회화는 개인의 발달과 사회환경요소에 영향받는 정치학습과정이다. 따라서 개인의 정치사회적 정체성은 개인의 인지적·정의적 구조뿐 아니라 그가 속한 사회의 정체성에 의존한다(Sigel, 1989).

정치의식은 공동체에 관한 일을 이성적으로 질서 지우려고 하는 요구에 대한 일반적인 자각과 관련된다. 이성적인 질서 지우기는 단순한 질서일 뿐 아니라 윤리적 질서, 정의에 대한 관심과 관련된다. 이러한 의식을 형성하기 위해서는 자신의 자아뿐 아니라 타인의 자아에 대한 자각이 필요하다. 의식의 이러한 두 가지 형태, 즉 개인의 주관적인 인성과 국가 또는 공동체에 의한 집단자아에 대한 자각이 정치의식의 뿌리이다(Lea, 1982). 이러한 정치의식은 시민의 역할수행에 관계되기 때문에 시민성의 중심요소가 된다.

민주주의 발전은 의회제도나 선거제도 등의 여러 가지 정치제도와 절차의 정착, 이러한 제도와 절차가 원활하게 기능할 수 있는 기반으로서 사회·경제발전, 정치공동체 구성원의 정치의식 성숙 등을 통해서 가늠해 볼 수 있다. 제도와 절차, 사회와 경제발전은 인간에 의해서 이루어진다는 점에서 정치의식이 가장 중요한 요소라 할 수 있다

(박동서 · 김광웅, 1987).

이러한 정치의식은 다양한 하위요소로 구성되지만 이 중 정치적 신뢰, 정치적 관심도, 정치적 관용, 정치참여의식 등이 중요하다고 할 수 있다. 오늘날 정치와 민주주의 발전에 있어 시민들의 불신, 무관심, 비관용, 낮은 정치참여가 걸림돌이 되고 있기 때문이다.

3) 제16대 대선의 특징과 정치의식 형성

중대선거(critical election)라고 불리는(강원택, 2003) 제16대 대선에 의해서 우리의 정치문화는 새로운 모습을 띠게 되었다고 할 수 있다. 제16대 대선의 정치문화적 특징을 정리하면 다음과 같다.

첫째, 자발적인 정치참여문화가 형성되었다[19](김영태, 2003; 김영인, 2003).

새롭게 도입된 국민참여 경선제는 기존의 하향식 후보결정방식을 상향식으로 바꿈으로써 선거에 대한 국민들의 관심과 참여를 높이는 계기가 되었다. 이와 더불어 국민 여론조사에 의한 후보단일화 성공은 정치신념이나 이념을 불문하고 승리를 최고 목표로 하였다는 점에서 부정적이긴 하지만(김영태, 2003), 어느 정도 정치인들에 대한 신뢰를

---

19) 대한민국 수립 이후 지금까지 16번의 대통령선거 중 시민들의 직접 투표를 통하여 대통령을 선출한 것은 10번(제2대, 제3대, 제4대, 제5대, 제6대, 제7대, 제13대, 제14대, 제15대, 제16대)이었으며, 이 10번 중 이번 제16대 대통령선거 투표율이 70.8%로 가장 낮았다는 점에서 자발적인 정치참여문화를 형성하였다는 것에 이의를 제기할 수도 있다. 그렇지만 역대 대선의 정치문화가 수동적, 타율적, 침묵적이었음에 비해 이번 대선은 능동적, 자율적, 토론적이었다는 점에서 질적인 차이가 있다. 이러한 질적인 차이에 입각하여 제16대 대선을 계기로 자발적인 정치참여문화가 형성되었다고 하는 것이 논리적으로 큰 비약은 아닐 듯하다.

회복하고 정치과정에 참여의 길을 넓히는 계기가 되었다.

둘째, 미디어 정치문화가 형성되었다.

제15대 대선에서 텔레비전 토론회가 도입되어 토론 결과가 당락에 영향을 상당 부분 미쳤지만 수십만을 동원하는 대규모 군중집회는 강력한 선거운동방법으로 자리잡고 있었다. 제16대 대선에서는 이러한 대규모 군중집회가 모두 사라졌고 TV를 통한 토론회와 홍보가 가장 중요한 선거운동방법으로 자리잡았다. 이러한 미디어 정치문화의 형성은 대중동원에서 나타나는 금권 선거문화를 사라지게 하였으며 유권자의 정치참여와 정보획득 비용을 절감시켰다.

셋째, 새로운 민주주의로서 전자민주주의 문화가 형성되었다.

인터넷, 휴대폰 등을 통한 쌍방향 선거운동이 후보의 당락을 결정짓는 데 중요한 역할을 하여 아날로그 정치문화를 디지털 정치문화로 전환하였다(김형준, 2003). 인터넷을 통한 다양한 후보 지지모임이 결성되어 정치토론을 활성화하였으며 밑으로부터 위로의 상향적인 정치 의사결정이 이루어지는 계기를 형성하였다. 전자민주주의 활성화는 유권자의 참여비용과 정보획득 비용을 대폭 절감시키는 계기가 되었다.

넷째, 탈냉전적인 정치문화가 형성되었다.

분단구조라는 특수성에 기인한 이념문제가 이번 제16대 대선에서는 큰 영향력을 발휘하지 못하였다. 촛불시위를 통한 대미관계의 자주성 주장, 북핵문제나 노무현 후보 장인전력의 파급효과 미약, 진보정당으로서 민주노동당과 사회당 후보의 등장 등은 이번 대선에서 기존의 냉전적 정치문화가 사라지고 있음을 잘 나타낸다.

정치적 사건은 일반적으로 나이든 세대보다는 젊은 세대의 정치의식 형성에 큰 영향을 미친다는 마르쿠스(Markus)의 연구(1979: Sears, 1990: 88에서 재인용)나 사회의 분위기는 개인의 정치사회화에 작용하여 정치지식과 의식을 형성한다는 이순형의 연구(1994)를 들지 않더라도 이러한 제16대 대선의 정치문화가 청소년들의 정치의식 형성에 영향을 미쳤을 것임을 짐작하는 것은 어렵지 않다. 바탈(Bar-Tal)과 삭스(Saxe)(1990)에 의하면 정치사회화는 정치지식의 입수가능성(availability)과 현저성(salience)에 의존한다고 한다. 이러한 견해에 입각하더라도 손쉽게 정치에 관한 지식과 정보를 얻을 수 있는 대선은 청소년의 정치지식과 의식 형성에 큰 영향을 미쳤다고 할 수 있다.

▼ Ⅲ. 연구설계

1. 연구문제

본 연구문제는 다음과 같다.

첫째, 제16대 대선에 대한 청소년의 경험 실태는 어떠한가? 이러한 경험 실태는 청소년의 인구사회적 배경변인에 따라 차이가 있는가?

둘째, 제16대 대선을 경험하면서 청소년의 정치의식은 어느 정도 변화되었는가? 이러한 변화는 청소년의 인구사회적 배경변인에 따라 차이가 있는가?

셋째, 제16대 대선에 대한 청소년의 경험이 청소년의 정치의식 형성에 어느 정도 영향을 미쳤는가?

넷째, 이러한 실증적 분석결과가 청소년의 정치교육에 어떠한 함의를 가지고 있는가?

2. 연구변인

본 연구의 독립변인은 제16대 대선 경험이고 종속변인은 청소년의 정치의식이다.

독립변인은 대선에 대한 정보·지식의 획득 정도와 출처(질문 1-1·2), 대선연설 청취 정도와 출처(질문 2-1·2), 대선에 대한 대화·토론 정도와 상대(질문 3-1·2), 대선에 대한 생각 정도(질문 4-1), 대선관련 참여활동의 정도와 종류(질문 5-1·2)의 하위변인으로 나누어져 측정되었다. 정도에 관한 것은 5단계(없음, 아주 조금, 조금, 많이, 아주 많이) 서열척도로, 출처·상대·활동에 관한 것은 명목척도로 구성되었다.

종속변인은 정치적 신뢰, 정치적 관심, 정치적 관용, 정치참여의식의 하위변인으로 나누어진다. 각 하위변인은 선거기간 동안 자신의 정치의식이 선거 이전에 비해서 어느 정도 변화되었는지를 5단계(매우 감소, 감소, 그저 그럼, 증가, 매우 증가) 서열척도 측정되었다. 구체적으로 정치적 신뢰는 정치인(대통령, 국회의원, 정당인)에 대한 믿음의 변화 정도(질문 6), 정치기구(국회, 정당)에 대한 믿음의 변화 정도(질문 7)를 합한 복합지표로, 정치적 관심도는 정치에 대한 관심도의 변화 정도(질문 8), 정치관련 정보를 찾아보는 횟수의 변화 정도(질문 9)를 합한 복합지표로, 정치적 관용은 내가 싫어하거나 반대하는 자의 의견발표 허용에 대한 생각의 변화 정도(질문 10), 내가 싫어하는 사람이 정치지도자가 되는 것의 허용에 대한 생각의 변화 정도(질문 11)를 합한 복합지표로, 정치참여의식은 성인이 되었을 때의 투표참여에 대한 생각의 변화 정도(질문 14), 사회문제해결을 위한 비투표참여에 대한 생각의 변화 정도(질문 15)를 합한 복합지표로 측정되었다.

3. 연구방법

본 연구는 설문지를 통한 조사연구방법을 채택하였다. 이 조사연구는 풍부하고 상세하며 체계적인 자료를 수집할 수 있는 방법이지만 일회적 시점에 국한하여 조사한다는 한계를 가진다(Verba and Nie, 1972: 16). 이러한 일회적 시점의 한계를 극복하기 위하여 본 연구에서는 응답자로 하여금 시간을 고려하여 자신의 관점에서 자기평가를 하도록 하는 유사종단적 조사연구방법으로서 회고적 자기평가방법을 채택하였다. 이러한 회고적 자기평가방법은 패리 등(Parry, Moyser and Day)이 영국에서 정치참여의 교육효과를 측정하기 위해서 사용하기도 하였으며(Parry, Moyser and Day, 1992), 또한 인지학습이론가들에 의해서 학습에 의한 인지구조의 변화를 추론하기 위하여 사용되기도 한다. 그렇지만 유사종단적 조사연구방법은 종단적 조사연구방법에 비하여 조사대상의 기억에 의존한다는 한계를 가지기 때문에 측정결과의 오차변량이 확대될 우려가 있다.

4. 조사도구

본 연구에 필요한 자료를 수집하기 위해서 설문지를 조사도구로 사용하였다. 이 설문지는 패리 외(Parry et al., 1992), 설리반 외(Sullivan et al., 1979, 1981), 핀켈(Finkel, 1985, 1987) 등의 설문을 참고하여 구안하였다. 조사도구의 신뢰도를 판단하기 위하여 SPSS Win. 10.0을 사용하여 Alpha 계수를 산출하였다. Alpha 계수는 .8537이다. Alpha 계수가 .50 이상일 때 사회과학에서는 일반적으로 척도의 신뢰성이 있다고 인정되므로, 본 조사도구는 신뢰성이 있다고 할 수 있다.

5. 조사대상

조사대상자는 서울시내 고등학교를 지역, 남·여 공학 유무에 따라 비비례 층화표집하여 6개 학교(강남 3, 강북 3)를 표집한 후, 학교 내에서 임의표집 되었다. 조사는 제16대 대선이 끝난 직후인 2002년 12월 26-28일에 걸쳐 담임 또는 교과담당 교사에 의해서 이루어졌다. 조사 직전 연구자가 학교를 방문하여 조사를 직접 담당할 담임 또는 교과담당 교사에게 조사절차와 유의점을 설명하였다. 설문지는 각 학교당 130부씩 총 780부가 배부되었으며, 이 중 728부가 회수되었다.

조사대상자의 인구사회적 배경변인에 관한 기술통계치는 〈표 7-1〉과 같다.

〈표 7-1〉 조사대상자의 인구사회적 배경변인

단위: 명

성 별		나 이		사회과 성적		가족 월소득	
여	381 (52.3%)	15세	36 (4.9%)	못함	152 (20.9%)	150만 원 미만	93 (12.8%)
		16세	306 (42.0%)	보통임	296 (40.7%)	150만 원 이상 -300만 원 미만	280 (38.5%)
남	345 (47.4%)	17세	301 (41.3%)	잘함	261 (35.8%)	300만 원 이상 -450만 원 미만	149 (20.5%)
		18세	56 (7.7%)			450만 원 이상	144 (19.8%)
결측치	2 (0.3%)	결측치	29 (4.0%)	결측치	19 (2.6%)	결측치	62 (8.5%)
계	728 (100.0%)	계	728 (100.0%)	계	728 (100.0%)	계	728 (100.0%)

6. 분석방법

수집된 자료는 SPSS Win. 10.0 통계프로그램을 이용하여 분석되었다. 구체적으로 실태를 파악하기 위해서 빈도분석, 교차분석, χ^2 검정을 하였고 제16대 대선이 정치의식 형성에 미치는 영향을 알아보기 위해서 회귀분석을 하였다.

회귀모형의 통계적 가정을 검토하기 위하여 산포도 분석, 독립변인 간의 상관관계분석, 허용오차(Tolerance) 및 분산팽창인자(VIF) 분석, 잔차 분석 등을 하였다. 구체적으로 종속변인과 독립변인 간 관계의 선형성 및 극단 값(outlier) 여부를 파악하기 위하여 산포도검사를 하였다. 다중공선성을 검토하기 위하여 독립변수 간 상관관계, 허용오차(Tolerance), 분산팽창인자(VIF)를 분석하였다. 잔차의 정규성과 등분산성을 검토하기 위하여 잔차 분석을 하였다. Y(정치의식)=f(대선 관련변인, 인구사회적 배경변인)의 기본회귀모형을 이용하여 다중회귀분석을 실행하였으며 다중회귀분석 시 일괄투입법(enter method)을 사용하였다.

▼ Ⅳ. 연구결과 및 논의

1. 제16대 대선에 대한 청소년의 경험 실태

1) 제16대 대선 정보·지식의 획득 정도와 출처

〈표 7-2〉 제16대 대선에 관한 정보·지식의 획득 정도

단위: 명

질 문 성 별	제16대 대선에 관한 정보나 지식을 어느 정도 얻거나 들었습니까?					계
	없음	아주 조금	조금	많이	아주 많이	
여	22 (5.8%)	23 (6.0%)	197 (51.7%)	109 (28.6%)	30 (7.9%)	381 (100.0%)
남	17 (4.9%)	37 (10.7%)	116 (33.6%)	97 (28.1%)	78 (22.6%)	345 (100.0%)
계	39 (5.4%)	60 (8.3%)	313 (43.1%)	206 (28.4%)	108 (14.9%)	726 (100.0%)

$\chi^2 df = 4,\ 726 = 45.228,\ p = .000$

'제16대 대선에 관한 정보·지식의 획득 정도'에 대한 응답 결과 ($\chi^2 df = 4,\ 726 = 45.228,\ p = .000$)가 〈표 7-2〉에 제시되어 있으며, 이 결과는 $p < .001$ 수준에서 통계적으로 유의하다. 〈표 7-2〉에 따르면 전체의 43.3%에 이르는 청소년이 대선에 관한 정보나 지식을 많이 또는 아주 많이 획득하고 있는 것으로 나타났다. 그렇지만 과반수를 넘는 전체의 51.4%에 이르는 청소년은 적은 양의 정보를 획득하고 있으며 전체 5.4%에 이르는 청소년은 전혀 정보를 획득하고 있지 않은 것으로 나

타나 이에 대한 청소년 정치교육 차원의 대책이 필요함을 시사하고 있다. 〈표 7-2〉의 '아주 많이'에 여자 7.9%, 남자 22.6%, '조금'에 여자 51.7%, 남자 33.6%로 나타나 있음을 토대로 성별 차이를 판단해 보면 남자가 여자에 비해서 대선에 관한 정보나 지식을 상대적으로 더 많이 획득하고 있음을 알 수 있다. 이러한 결과는 남자보다는 여자 청소년에 대한 정보나 지식 전달이 더 필요함을 시사하는 것이라 할 수 있다.

'청소년이 이러한 제16대 대선에 관한 정보를 어디에서 획득하는지'에 대한 응답결과($\chi^2 df=6$, $687=10.364$, $p=.110$)는 〈표 7-3〉에 제시되어 있다. 전체적으로 볼 때 청소년에게 대선에 관한 정보나 지식을 주는 정보원은 TV(49.6%), 인터넷(17.3%), 부모(10.6%), 신문(10.5%), 친구(6.3%), 학교 선생님(1.8%) 순으로 나타나고 있다. 특기할 점은 TV가 압도적인 비중을 차지한 반면 친구나 학교 선생님은 비중이 매우 낮은 것이다. 이러한 전체적인 경향은 남·여 성별에 따라서도 큰 차이가 없다. TV가 가장 비중이 큰 정보원인 점은 선행연구(이종렬, 1997; 김광웅·방은령, 2001; Sears, 1990)와 일치한다. 또한 이는 제16대 대선에서 대중매체와 유권자 의식의 상관관계를 연구한 양승찬의 연구결과(한겨레, 2003. 2. 12, 12면)와도 일치하는 것이다.

주목할 점은 인터넷세대로 불리는 10대 청소년이 인터넷보다 TV에서 대선 정보를 압도적으로 많이 획득하고 있다는 것이다. 인터넷 사용이 보편화되어 있는 청소년의 일상생활을 생각하면 의외의 결과라 할 수 있다. 앞으로 청소년 정치교육의 차원에서 TV와 인터넷의 활용과 접근방법에 대한 깊이 있는 연구가 필요하다고 생각된다. 이렇게 결과가 나온 것은 아마도 정치 정보와 같은 무거운 지식보다는 게임이나 사적인 채팅용으로 인터넷을 주로 사용하기 때문일 것이다. 인터넷보다

TV가 더 큰 정보원이라는 점은 TV 정보의 획일성, 수동성, 일방성 등 때문에 청소년 정치교육의 측면에서 바람직하다고 할 수 없다.

또 하나 주목할 점은 친구와 학교 선생님의 비중이 매우 낮다는 것이다. 아직 미성년자인 친구에게서 대선에 관한 많은 정보를 얻는 것은 어려울 수 있다. 그렇지만 시민교육을 담당하고 있는 학교 선생님들의 비중이 낮은 점은 미래 시민 양성이라는 청소년 정치교육의 측면에서 볼 때 개선되어야 할 점이다. 아마도 정치적 시비를 피하기 위해서 학교 선생님들이 대선에 관한 교육적 설명을 피하는 것이라 짐작할 수 있지만 대의민주주의에서 대선의 중요성을 감안할 때 좀 더 적극적인 자세가 필요할 것이다.

〈표 7-3〉 제16대 대선에 관한 정보·지식의 획득 출처

단위: 명

질문 성별	제16대 대선에 관한 정보나 지식을 주로 어디에서 얻으셨습니까?							계
	신문	TV	인터넷	학교선생님	부모님	친구	기타	
여	29 (8.1%)	186 (51.8%)	57 (15.9%)	12 (3.3%)	36 (10.0%)	28 (7.8%)	11 (3.1%)	359 (100.0%)
남	43 (13.1%)	155 (47.3%)	62 (18.9%)	6 (1.8%)	37 (11.3%)	15 (4.6%)	10 (3.0%)	328 (100.0%)
계	72 (10.5%)	341 (49.6%)	119 (17.3%)	18 (2.6%)	73 (10.6%)	43 (6.3%)	21 (3.1%)	687 (100.0%)

$\chi^2 df=6,\ 687=10.364,\ p=.110$

2) 제16대 대선에 관한 연설을 들은 정도와 출처

'제16대 대선에 관한 연설을 들은 정도'에 대한 응답 결과($\chi^2 df=4$, 726=28.321, p=.000)가 〈표 7-4〉에 제시되어 있으며 그 결과는

P<.001 수준에서 통계적으로 유의하다. 전체적으로 보아 75.6%의 청소년이 대선 연설을 들었으며 24.4%는 전혀 듣지 않은 것으로 나타났다. 이러한 경향은 성별에 따라서 큰 차이 없이 나타났지만 남자가 여자보다 전혀 듣지 않은 경우와 많이 들은 경우에 있어 약간 많은 것으로 나타났다.

<표 7-4> 제16대 대선에 관한 연설을 들은 정도

단위: 명

질 문 \ 성 별	제16대 대선 기간 동안에 대통령 후보자 또는 지지자의 선거 연설을 어느 정도 들었습니까?					계
	없음	아주 조금	조금	많이	아주 많이	
여	84 (22.0%)	51 (13.4%)	166 (43.6%)	72 (18.9%)	8 (2.1%)	381 (100.0%)
남	93 (27.0%)	20 (5.8%)	131 (38.0%)	72 (20.9%)	29 (8.4%)	345 (100.0%)
계	177 (24.4%)	71 (9.8%)	297 (40.9%)	144 (19.8%)	37 (5.1%)	726 (100.0%)

χ^2df=4, 726=28.321, p=.000

<표 7-5> 제16대 대선에 관한 연설을 들은 출처

단위: 명

질 문 \ 성 별	제16대 대선 기간 동안에 대통령 후보자 또는 지지자의 선거 연설을 주로 어디에서 들었습니까?					계
	라디오	TV	인터넷	길거리 유세	기타	
여	8 (2.7%)	245 (82.5%)	8 (2.7%)	34 (11.4%)	2 (.7%)	297 (100.0%)
남	6 (2.4%)	202 (80.2%)	14 (5.6%)	24 (9.5%)	6 (2.4%)	252 (100.0%)
계	14 (2.6%)	447 (81.4%)	22 (4.0%)	58 (10.6%)	8 (1.5%)	549 (100.0%)

χ^2df=4, 549=6.135, p=.189

'제16대 대선에 관한 연설을 어디에서 들었는가'에 대한 응답결과 ($\chi^2 df=4$, 549=6.135, p=.189)는 〈표 7-5〉에 제시되어 있다. 전체 청소년의 81.4%가 TV를 통해서 연설을 들은 것으로 나타났으며, 10.6% 가 길거리 유세를 통해서 들은 것으로 나타났다. 남·여 성별에 따라서 이러한 경향성은 같게 나타나고 있다.

3) 제16대 대선에 관한 대화·토론의 정도와 상대

'제16대 대선에 관한 대화·토론의 정도'에 대한 응답 결과($\chi^2 df=4$, 726=3.467, p=.457)가 〈표 7-6〉에 제시되어 있다. 전체적으로 보아 67.2%가 대선에 관한 대화나 토론을 한 경험이 있으며 32.8%는 전혀 이런 경험이 없다. 전체 26%는 많은 대화나 토론을 한 것으로 나타났다. 이러한 전체 경향은 남·여 성별에서도 비슷하게 나타나고 있으며 남자보다는 여자가 대화나 토론의 경험이 더 많은 것으로 나타났다.

〈표 7-6〉 제16대 대선에 관한 대화·토론의 정도

단위: 명

질 문 성 별	제16대 대선 기간 중 대선에 관한 대화나 토론을 하신 적이 있습니까?					계
	없음	아주 조금	조금	많이	아주 많이	
여	115 (30.2%)	25 (6.6%)	138 (36.2%)	88 (23.1%)	15 (3.9%)	381 (100.0%)
남	123 (35.7%)	24 (7.0%)	112 (32.5%)	69 (20.0%)	17 (4.9%)	345 (100.0%)
계	238 (32.8%)	49 (6.7%)	250 (34.4%)	157 (21.6%)	32 (4.4%)	726 (100.0%)

$\chi^2 df=4$, 726=3.467, p=.457

〈표 7-7〉 제16대 대선에 관한 대화·토론의 상대

단위: 명

질 문 성 별	제16대 대선에 관한 대화나 토론의 상대는 주로 누구였습니까?					계
	부모님	학교 선생님	친구	인터넷상의 상대	기타	
여	57 (21.3%)	7 (2.6%)	194 (72.4%)	3 (1.1%)	7 (2.6%)	268 (100.0%)
남	42 (18.9%)	9 (4.1%)	153 (68.9%)	9 (4.1%)	9 (4.1%)	222 (100.0%)
계	99 (20.2%)	16 (3.3%)	347 (70.8%)	12 (2.4%)	16 (3.3%)	490 (100.0%)

$\chi^2 df=4, 490=6.355, p=.174$

'대화·토론의 상대가 누구인지'에 대한 응답결과($\chi^2 df=4, 490=6.355$, p=.174)는 〈표 7-7〉에 나타나 있다. 전체의 경우 대화·토론의 상대적 빈도는 친구(70.8%), 부모님(20.2%), 학교 선생님(3.3%), 인터넷상의 상대(2.4%) 순으로 나타났다. 친구가 제1순위로 나타난 것은 이종렬(1997)의 연구와 일치한다. 이런 결과는 앞의 정보·지식의 출처에서 친구가 낮은 순위로 나타난 것과 모순인 것처럼 보인다. 그러나 대화·토론의 상대와 정보·지식의 출처는 반드시 일치하는 것은 아니라는 점에서 청소년은 다른 곳에서 얻은 정보·지식을 토대로 친구와 대화·토론을 하는 것으로 해석할 수 있다. 인터넷상의 상대가 대선에 관한 상대로서 순위가 최하위인 점은 정보·지식의 출처에서 인터넷의 비중이 높지 않은 것에서와 마찬가지로 인터넷을 통해서는 주로 사적인 대화를 하고 있다고 짐작할 수 있다. 그렇지만 인터넷상의 상대의 비중이 최하위이고 매우 적은 점에 대해서는 앞으로 청소년 정치교육 차원에서 좀 더 깊이 있는 원인 분석이 필요하다. 전체적인 경향은 남·여 성별에 있어서도 같게 나타나고 있으나 남자는 여자보다 친구, 학교 선생님, 인터넷상의 상대와의 대화·토론을 상대적으로 약간 더 하고 있는 것으로 나타났다.

4) 제16대 대선에 관한 생각의 정도

'대선에 관한 생각의 정도'에 대한 응답 결과($\chi^2 df=4$, $726=17.371$, $p=.002$)가 〈표 7-8〉에 제시되어 있으며, 이 결과는 $p<.01$ 수준에서 통계적으로 유의하다. 전체의 86.6%가 대선에 관해 생각을 한 것으로 나타났으며, 13.4%는 전혀 생각을 해보지 않은 것으로 나타났다. 전체의 44.2%는 대선에 관해 많이 생각하는 것으로 나타났다. 남·여 성별에 따라서 보면, 대선에 대해서 전혀 생각을 하지 않은 비율은 남자가 여자에 비해서 높으나 아주 많이 생각하는 비율은 남자가 더 높다.

〈표 7-8〉 제16대 대선에 관한 생각의 정도

단위: 명

질 문 성 별	대선 기간 중 대선에 대한 생각을 어느 정도 하였습니까?					계
	없음	아주 조금	조금	많이	아주 많이	
여	37 (9.7%)	16 (4.2%)	162 (42.53%)	140 (36.7%)	26 (6.8%)	381 (100.0%)
남	60 (17.4%)	10 (2.9%)	120 (34.8%)	114 (33.0%)	41 (11.9%)	345 (100.0%)
계	97 (13.4%)	26 (3.6%)	282 (38.8%)	254 (35.0%)	67 (9.2%)	726 (100.0%)

$\chi^2 df=4$, $726=17.371$, $p=.002$

5) 제16대 대선 관련 활동에 참여정도와 참여활동의 종류

'제16대 대선 관련 활동에 참여정도'에 대한 응답 결과($\chi^2 df=4$,

726=15.544, p=.004)가 〈표 7-9〉에 제시되어 있으며, 이 결과는 p<.01 수준에서 통계적으로 유의하다. 전체의 89.7%가 대선 관련 활동에 참여해 본 경험이 없다. 이는 청소년은 미성년자이기 때문에 아직 투표권이 없고 본격적인 사회활동을 하지 않기 때문으로 보인다. 남·여 성별에 따라 보면, 남자가 여자보다 활동 참여 비율(남: 14.5%, 여: 6.6%)이 높다. 특히 아주 많이 참여하는 비율에서 보면 남자(4.6%)가 여자 (.8%)의 5배 이상이 되어 남자가 더 적극적으로 활동함을 알 수 있다.

<표 7-9〉 제16대 대선 관련 활동 참여정도

단위: 명

질 문 성 별	대선 관련 활동에 어느 정도 참여하셨습니까?					계
	없음	아주 조금	조금	많이	아주 많이	
여	356 (93.4%)	2 (.5%)	13 (3.4%)	7 (1.8%)	3 (.8%)	381 (100.0%)
남	295 (85.5%)	4 (1.2%)	19 (5.5%)	11 (3.2%)	16 (4.6%)	345 (100.0%)
계	651 (89.7%)	6 (.8%)	32 (4.4%)	18 (2.5%)	19 (2.6%)	726 (100.0%)

χ^2df=4, 726=15.544, p=.004

'대선 관련 참여활동의 종류'에 대한 응답결과(χ^2df=4, 74=6.758, p=.149)가 〈표 7-10〉에 제시되어 있다. 전체적으로 볼 때, 특정후보자 지지를 위한 인터넷상의 활동이 가장 많고(31.1%), 선관위 보조활동(27.0%), 공명선거 자원봉사활동(18.9%), 기타(14.9%), 선거관련 집회(8.1%) 순으로 나타났다. 남·여 성별에 따라 보면, 남자의 경우는 인터넷상의 활동(36.0%)이 가장 많았으나, 여자의 경우는 선관위 보조활동(45.8%)이 가장 많아서 차이를 나타냈다. 남자가 상대적으로 인터넷상의 활동이 활발함을 알 수 있다. 오프라인상의 활동도 선관위 보조활동을 제외한 공명선거 자원봉사활동, 선거관련 집회에서 남자가 여자보다 더 활동적임을 알 수 있다.

<표 7-10> 제16대 대선 관련 참여활동의 종류

단위: 명

질 문 성 별	대선 관련 활동 중 주로 어느 활동에 참여하셨습니까?					계
	선거관련 집회	공명선거 감시 자원봉사 활동	특정후보자 지지를 위한 인터넷상의 활동	벽보붙이기와 수거, 투표소안내 등 선관위 보조활동	기타	
여	1 (4.2%)	4 (16.7%)	5 (20.8%)	11 (45.8%)	3 (12.5%)	24 (100.0%)
남	5 (10.0%)	10 (20.0%)	18 (36.0%)	9 (18.0%)	8 (16.0%)	50 (100.0%)
계	6 (8.1%)	14 (18.9%)	23 (31.1%)	20 (27.0%)	11 (14.9%)	74 (100.0%)

χ^2df=4, 74=6.758, p=.149

2. 제16대 대선 기간 동안의 정치의식 변화 정도

1) 정치적 신뢰

'정치인에 대한 신뢰의 변화 정도'에 관한 응답결과(χ^2df=4, 726=16.579, p=.002)가 <표 7-11>에 제시되어 있으며, 이 결과는 p<.01 수준에서 통계적으로 유의하다. 전체 51.1%는 대선 기간 동안 정치인에 대한 신뢰가 거의 변화하지 않았으며, 35%는 감소하거나 매우 감소하였다. 불과 13.9%만이 대선 기간 동안 정치인에 대한 믿음이 증가하거나 매우 증가하였다. 성별에 따라서도 이러한 경향은 비슷하게

나타나지만 남자의 경우 신뢰가 매우 증가한 비율이 전체의 2배, 여자의 8배 정도로 나타났다.

〈표 7-11〉 정치적 신뢰 1(정치인에 대한 신뢰)

단위: 명

질문 성별	대통령, 국회의원, 정당인 등과 같은 정치인에 대한 믿음이 어떻게 변화되었습니까?					계
	매우 감소	감소	그저 그럼	증가	매우 증가	
여	61 (16.0%)	86 (22.6%)	184 (48.3%)	48 (12.6%)	2 (.5%)	381 (100.0%)
남	53 (15.4%)	54 (15.7%)	187 (54.2%)	37 (10.7%)	14 (4.1%)	345 (100.0%)
계	114 (15.7%)	140 (19.3%)	371 (51.1%)	85 (11.7%)	16 (2.2%)	726 (100.0%)

$\chi^2 df = 4,\ 726 = 16.579,\ p = .002$

〈표 7-12〉 정치적 신뢰 2(정치기구에 대한 신뢰)

단위: 명

질 문 성 별	국회, 정당 등과 같은 정치기구에 대한 믿음이 어떻게 변화되었습니까?					계
	매우 감소	감소	그저 그럼	증가	매우 증가	
여	64 (16.8%)	102 (26.8%)	188 (49.3%)	26 (6.8%)	1 (.3%)	381 (100.0%)
남	47 (13.6%)	57 (16.5%)	203 (58.8%)	24 (7.0%)	14 (4.1%)	345 (100.0%)
계	111 (15.3%)	159 (21.9%)	391 (53.9%)	50 (6.9%)	15 (2.1%)	726 (100.0%)

$\chi^2 df = 4,\ 726 = 25.539,\ p = .000$

'정치기구에 대한 신뢰의 변화 정도'에 관한 응답결과($\chi^2 df = 4,\ 726 = 25.539,\ p = .000$)는 〈표 7-12〉에 제시되어 있으며, 이 결과는 p<.001

수준에서 통계적으로 유의하다. 정치인에 대한 신뢰와 마찬가지로 전체 53.9%는 정치기구에 대한 신뢰가 거의 변화하지 않았으며 전체 37.2%는 감소 또는 매우 감소하였다. 전체의 9%만이 신뢰가 증가하거나 매우 증가하였다. 성별에 있어서도 이러한 경향은 비슷하게 나타난다. 특기할 것은 남자의 경우 정치인에 대한 신뢰와 마찬가지로 남자가 여자보다 정치기구에 대한 신뢰가 매우 증가한 비율이 13배 정도로 매우 높다.

2) 정치적 관심

<표 7-13> 정치적 관심 1(정치에 대한 관심)

단위: 명

질 문 성 별	정치에 대한 관심도가 어떻게 변화되었습니까?					계
	매우 감소	감소	그저 그럼	증가	매우 증가	
여	24 (6.3%)	30 (7.9%)	116 (30.4%)	185 (48.6%)	26 (6.8%)	381 (100.0%)
남	21 (6.1%)	23 (6.7%)	131 (38.0%)	131 (38.0%)	39 (11.3%)	345 (100.0%)
계	45 (6.2%)	53 (7.3%)	247 (34.0%)	316 (43.5%)	65 (9.0%)	726 (100.0%)

$\chi^2 df = 4,\ 726 = 12.108,\ p = .017$

'정치에 대한 관심도의 변화 정도'에 대한 응답결과($\chi^2 df = 4,\ 726 = 12.108,\ p = .017$)가 <표 7-13>에 제시되어 있으며, 이 결과는 $p < .05$ 수준에서 통계적으로 유의하다. 전체의 52.5%가 정치에 대한 관심도가 증가하거나 매우 증가한 것으로 나타났다. 그렇지만 전체의 34.0%는 관심도가 거의 변화하지 않았으며 13.5%는 감소 또는 매우 감소하였다. 성별에 있어서도 이러한 경향은 비슷하게 나타났으며, 여자가 남자보다 관심도의 증가한 비율이 약간 더 높게 나타났다.

<표 7-14> 정치적 관심 2(정치정보의 조회 횟수)

단위: 명

질 문 성 별	정치 관련 뉴스나 정보를 찾아보는 횟수가 어떻게 변화되었습니까?					계
	매우 감소	감소	그저 그럼	증가	매우 증가	
여	25 (6.6%)	27 (7.1%)	157 (41.2%)	159 (41.7%)	13 (3.4%)	381 (100.0%)
남	25 (7.2%)	24 (7.0%)	143 (41.4%)	120 (34.8%)	33 (9.6%)	345 (100.0%)
계	50 (6.9%)	51 (7.0%)	300 (41.3%)	279 (38.4%)	46 (6.3%)	726 (100.0%)

$\chi^2 df = 4,\ 726 = 13.224,\ p = .010$

'정치관련 뉴스나 정보를 찾아보는 횟수의 변화 정도'에 관한 응답 결과($\chi^2 df = 4,\ 726 = 13.224,\ p = .010$)가 <표 7-14>에 제시되어 있으며, 이 결과는 $p < .05$ 수준에서 통계적으로 유의하다. 전체의 44.7%가 찾아보는 횟수가 증가 또는 매우 증가하여 정치적 관심도가 높아진 것으로 나타났다.

3) 정치적 관용

'혐오 또는 반대하는 인물의 의사발표 허용에 대한 생각'에 관한 응답결과($\chi^2 df = 4,\ 725 = 14.732,\ p = .005$)가 <표 7-15>에 제시되어 있으며, 이 결과는 $p < .01$ 수준에서 통계적으로 유의하다. 전체의 54.2%가 허용해야 한다는 생각이 증가 또는 매우 증가한 것으로 나타났다. 전체의 36.1%는 허용에 대한 기존 생각이 거의 변화하지 않았으며 9.7%는 감소 또는 매우 감소하였다. 성별에 따라서도 이러한 경향은 비슷하게 나타났다. 의사발표에 대한 정치적 관용은 더 증가되었다고 할 수 있다.

<표 7-15> 정치적 관용 1(혐오인물의 의사발표 허용 정도)

단위: 명

질문 성 별	"내가 싫어하거나 반대하는 사람에게도 자신의 의견을 국민에게 밝힐 기회를 주어야 한다."는 생각이 어떻게 변화되었습니까?					계
	매우 감소	감소	그저 그럼	증가	매우 증가	
여	16 (4.2%)	13 (3.4%)	139 (36.6%)	182 (47.9%)	30 (7.9%)	381 (100.0%)
남	15 (4.3%)	26 (7.5%)	123 (35.7%)	134 (38.8%)	47 (13.6%)	345 (100.0%)
계	31 (4.3%)	39 (5.4%)	262 (36.1%)	316 (43.6%)	77 (10.6%)	725 (100.0%)

$\chi^2 df=4,\ 725=14.732,\ p=.005$

'혐오 또는 반대하는 사람이 정치지도자가 되는 것의 허용에 대한 생각'에 관한 응답결과($\chi^2 df=4,\ 722=18.994,\ p=.001$)가 <표 7-16>에 제시되어 있으며, 이 결과는 p<.01 수준에서 통계적으로 유의하다. 전체의 55.1%는 거의 관용도가 변화하지 않았으나, 39.1%가 감소 또는 매우 감소하여 15.8%가 증가 또는 매우 증가한 것보다 높은 비율로 나타났다. 전체적으로 보아서 혐오 또는 반대하는 사람이 정치지도자가 되는 것에 대해서는 정치적 관용이 감소한 것으로 볼 수 있다. 성별에 따라 보면 남자, 여자 모두 감소와 매우 감소의 비율이 증가와 매우 증가의 비율보다 높은 것으로 나타났다. 남자가 여자보다 증가와 매우 증가 비율이 높고, 감소와 매우 감소 비율이 낮아서 혐오 또는 반대 인물이 정치지도자가 되는 것에 대해서 상대적으로 더 관용적으로 된 것으로 볼 수 있다.

〈표 7-16〉 정치적 관용 2(혐오인물의 정치지도자 용인)

단위: 명

질 문 성 별	"내가 싫어하는 사람이 우리나라의 정치지도자가 되어도 좋다."는 생각이 어떻게 변화되었습니까?					계
	매우 감소	감소	그저 그럼	증가	매우 증가	
여	49 (12.9%)	85 (22.4%)	198 (52.1%)	40 (10.5%)	8 (2.1%)	381 (100.0%)
남	31 (9.1%)	45 (13.2%)	200 (58.5%)	48 (14.0%)	18 (5.3%)	345 (100.0%)
계	80 (11.1%)	130 (18.0%)	398 (55.1%)	88 (12.2%)	26 (3.6%)	722 (100.0%)

$\chi^2 df=4,\ 722=18.994,\ p=.001$

4) 정치참여의식

〈표 7-17〉 정치참여의식 1(투표 참여의식)

단위: 명

질 문 성 별	"성인이 되어 투표권이 주어지면 참여하겠다."는 생각이 어떻게 변화되었습니까?					계
	매우 감소	감소	그저 그럼	증가	매우 증가	
여	12 (3.2%)	13 (3.4%)	82 (21.7%)	131 (34.7%)	140 (37.0%)	378 (100.0%)
남	22 (6.4%)	19 (2.6%)	84 (24.5%)	101 (29.4%)	117 (34.1%)	343 (100.0%)
계	34 (4.7%)	32 (4.4%)	166 (23.0%)	232 (32.2%)	257 (35.6%)	721 (100.0%)

$\chi^2 df=4,\ 721=8.349,\ p=.080$

'성인이 되어 투표참여에 대한 생각'에 관한 응답결과($\chi^2 df=4,\ 721$ $=8.349,\ p=.080$)가 〈표 7-17〉에 제시되어 있다. 전체의 67.8%가 참여에 대한 생각이 증가 또는 매우 증가하였다. 이로 보아 투표참여의식이 대선 전에 비해서 상대적으로 증가하였음을 알 수 있다. 이러한 경향은 성별에 따라서도 비슷하게 나타나고 있다.

<표 7-18> 정치참여의식 2(비투표 참여의식)

단위: 명

질 문 성 별	"사회문제가 생기면 집회, 인터넷 여론형성, 공직자나 정치인에 전화 등의 방법으로 참여하겠다."는 생각이 어떻게 변화되었습니까?					계
	매우 감소	감소	그저 그럼	증가	매우 증가	
여	12 (3.2%)	25 (6.6%)	159 (42.1%)	130 (34.4%)	52 (13.8%)	378 (100.0%)
남	28 (8.2%)	35 (10.3%)	148 (43.4%)	93 (27.3%)	37 (10.9%)	341 (100.0%)
계	40 (5.6%)	60 (8.3%)	307 (42.7%)	223 (31.0%)	89 (12.4%)	719 (100.0%)

$\chi^2 df=4,\ 719=15.264,\ p=.004$

'비투표참여에 대한 생각'에 대한 응답결과($\chi^2 df=4,\ 719=15.264,\ p=.004$)가 <표 7-18>에 제시되어 있으며, 이 결과는 p<.01 수준에서 통계적으로 유의하다. 전체의 43.4%가 비투표참여에 대한 의지가 증가 또는 매우 증가한 것으로 나타났고 13.9%가 감소 또는 매우 감소한 것으로 나타나 비투표참여의식도 상대적으로 증가한 것으로 나타났다. 이러한 경향은 남·여 성별에 따라서도 비슷하게 나타났다.

3. 제16대 대선 경험이 정치의식에 미친 영향

제16대 대선 기간 동안의 구체적인 경험이 정치의식에 미친 영향을 알아보기 위한 회귀모형은 다음과 같다.

회귀모형

$$Y_{1,2,3,4} = a + a + b_1X_1 + b_2X_2 + b_3X_3 + b_4X_4 + b_5X_5 + b_6X_6$$
$$+ b_7X_7 + b_8X_8 + b_9X_9$$

$Y_{1,2,3,4}$: 정치적 신뢰, 정치적 관심, 정치적 관용, 정치참여의식

X_1: 정보·지식획득 정도, X_2: 연설 경청 정도, X_3: 대화·토론 정도

X_4: 생각 정도, X_5: 참여활동 정도, X_6: 성별, X_7: 나이

X_8: 가족 월소득, X_9: 부모 학력수준

이 회귀모형을 이용한 회귀분석결과는 〈표 7-19〉에 제시되어 있다.

〈표 7-19〉 제16대 대선경험이 정치의식에 미친 영향에 관한 회귀분석결과

	정치적 신뢰	정치적 관심	정치적 관용	정치참여의식
정보·지식획득 정도	.119[**] (.135)	.147[***] (.177)	9.887E-02[**] (.134)	.101[*] (.107)
연설청취 정도	7.225E-02[*] (.098)	4.044E-02 (.058)	5.162E-02 (.083)	5.847E-02 (.074)
대화·토론 정도	-1.953E-02 (-.028)	3.024E-03 (.005)	4.158E-03 (.007)	5.371E-03 (.007)
생각 정도	4.897E-02 (.063)	.244[***] (.328)	2.234E-02 (.034)	.245[***] (.290)
선거관련 활동 참여 정도	.192[***] (.196)	6.684E-03 (.007)	1.301E-02 (.016)	.142[**] (.135)
성별 (여=1, 남=0)	-.175[*] (-.100)	7.334E-03 (.004)	-.107 (-.072)	.209[**] (.110)
나이	5.123E-02 (.041)	-2.144E-02 (-.018)	-2.094E-02 (-.020)	8.541E-02 (.064)
사회과성적	5.323E-02 (.069)	3.988E-02 (.054)	5.097E-02 (.078)	.103[**] (.123)
가족 월소득	-3.854E-02 (-.043)	-1.641E-02 (-.019)	-3.620E-02 (-.048)	-6.112E-03 (-.006)

	정치적 신뢰	정치적 관심	정치적 관용	정치참여의식
부모 평균학력수준	$-.115^{*}$ $(-.107)$	$-4.699E-02$ $(-.046)$	$-3.583E-02$ $(-.040)$	$-9.998E-02^{*}$ $(-.086)$
상수	1.877^{***}	1.918^{***}	2.583^{***}	2.166^{***}
N	643	643	643	640
R^2	.134	.234	.053	.201
수정치 R^2	.120	.222	.038	.189
F	9.793^{***}	19.383^{***}	3.543^{***}	15.897^{***}

주1) 회귀계수는 비표준화계수를 제시하였음(괄호 안은 표준화회귀계수임).
주2) $*p<.05$, $**$ $p<.01$, $***$ $p<.001$(유의수준은 상수를 제외하고 비표준화회귀계수에만 표시하였음.)

1) 정치적 신뢰에 미친 영향

정보·지식획득 정도는 정치적 신뢰에 긍정적인 영향을 주는 것으로 나타났으며 회귀계수 .119는 $p<.01$ 수준에서 통계적으로 유의하다. 연설을 듣는 정도 역시 정치적 신뢰에 긍정적인 영향을 주는 것으로 나타났으며 회귀계수 .072는 $p<.05$ 수준에서 통계적으로 유의하다. 대화·토론의 정도는 정치적 신뢰에 부정적인 영향을 주는 것으로 나타났으나 그 영향력의 크기는 작다. 생각의 정도는 정치적 신뢰에 긍정적인 영향을 주는 것으로 나타났으나 회귀계수 .049는 $p<.05$ 수준에서 통계적으로 유의하지 않다. 참여활동 정도는 정치적 신뢰에 긍정적인 영향을 주는 것으로 나타났으며 회귀계수 .192는 $p<.001$ 수준에서 유의하다.

각 대선 경험이 정치적 신뢰에 주는 상대적 영향을 고려하면 선거관련 참여활동, 정보·지식획득, 연설 청취, 생각, 대화·토론의 순서로 나타났다. 이를 통해서 볼 때 청소년 정치교육에서 정치적 신뢰를 증진시키기 위해서 대선 관련 경험을 시키고자 하면 선거관련 활동에 참여시키는 것이 가장 효과적일 것으로 판단된다.

2) 정치적 관심에 미친 영향

정보·지식획득이 정치적 관심에 미친 영향은 긍정적인 것으로 나타났으며 회귀계수 .147은 $p<.001$ 수준에서 통계적으로 유의하다. 연설 청취가 정치적 관심에 미친 영향은 긍정적인 것으로 나타났으나, 회귀계수 .040은 $p<.05$ 수준에서 통계적으로 유의하지 않다. 대화·토론이 정치적 관심에 미친 영향은 긍정적인 것으로 나타났으나, 회귀계수 .003은 $p<.05$ 수준에서 통계적으로 유의하지 않다. 생각 정도가 정치적 관심에 미친 영향은 긍정적인 것으로 나타났으며, 회귀계수 .244는 $p<.001$ 수준에서 통계적으로 유의하다. 참여활동 정도가 정치적 관심에 미친 영향은 긍정적인 것으로 나타났으며, 회귀계수 .007은 $p<.05$ 수준에서 통계적으로 유의하지 않다.

정치적 관심에 미치는 상대적인 영향력의 크기는 생각 정도, 정보·지식획득 정도, 연설 청취 정도, 참여활동 정도, 대화·토론 정도의 순으로 나타났으며 연설 청취 정도, 참여활동 정도, 대화·토론 정도는 영향력의 크기도 미미할 뿐 아니라 $p<.05$ 수준에서 통계적으로도 유의하지 않아서 청소년 정치교육에서 정치적 관심을 높이려고 한다면 대선에 대해서 생각을 많이 하게 하거나 정보·지식을 많이 획득하도록 하는 것이 효과적일 것으로 생각된다.

3) 정치적 관용에 미친 영향

정보·지식획득 정도가 정치적 관용에 미친 영향은 긍정적으로 나타났으며, 회귀계수 .099는 $p<.01$ 수준에서 통계적으로 유의하다. 연설 청취 정도가 정치적 관용에 미친 영향은 긍정적으로 나타났으나, 회귀

계수 .052는 p<.05 수준에서 통계적으로 유의하지 않다. 대화·토론의 정도가 정치적 관용에 미친 영향은 긍정적으로 나타났으나, 회귀계수 .004는 p<.05 수준에서 통계적으로 유의하지 않다. 생각 정도가 정치적 관용에 미친 영향은 긍정적으로 나타났으나, 회귀계수 .022는 p<.05 수준에서 통계적으로 유의하지 않다. 참여활동 정도가 정치적 관용에 미친 영향은 긍정적으로 나타났으나, 회귀계수 .013은 p<.05 수준에서 통계적으로 유의하지 않다.

정치적 관용에 미치는 각각의 상대적 영향력 크기는 정보·지식획득 정도, 연설 청취 정도, 생각 정도, 참여활동 정도, 대화·토론 정도의 순서로 나타났으며, 정보·지식획득 정도 외의 다른 변인은 영향력의 크기도 작을 뿐 아니라 p<.05 수준에서 통계적으로도 유의하지 않다. 따라서 청소년 정치교육에서 정치적 관용의식을 높이려면 대선과 관련하여 정보·지식의 획득 경험을 많이 하도록 하는 것이 효과적일 것으로 판단된다.

4) 정치참여의식에 미친 영향

정보·지식획득 정도가 정치참여의식에 미친 영향은 긍정적으로 나타났으며, 회귀계수 .101은 p<.05 수준에서 통계적으로 유의하다. 연설 청취 정도가 정치참여의식에 미친 영향은 긍정적으로 나타났으나, 회귀계수 .058은 p<.05 수준에서 통계적으로 유의하지 않다. 대화·토론의 정도가 정치참여의식에 미친 영향은 긍정적으로 나타났으나, 회귀계수 .005는 p<.05 수준에서 통계적으로 유의하지 않다. 생각 정도가 정치참여의식에 미친 영향은 긍정적으로 나타났으며, 회귀계수 .245는 p<.001 수준에서 통계적으로 유의하다. 참여활동 정도가 정치참여의식

에 미친 영향은 긍정적으로 나타났으며, 회귀계수 .142는 $p < .01$ 수준에서 통계적으로 유의하다.

정치참여의식에 미친 각각 상대적 영향력의 크기는 생각 정도, 참여활동 정도, 정보·지식획득, 연설 청취, 대화·토론 정도의 순서로 나타났으나, 연설 청취, 대화·토론 정도는 $p < .05$ 수준에서 통계적으로 유의하지 않다. 따라서 청소년 정치교육에서 정치참여의식을 높이고자 한다면 대선과 관련하여 생각, 참여활동, 정보·지식획득을 많이 하게 할 필요가 있다. 특히 대선과 관련하여 생각을 많이 하게 하는 것이 참여의식을 높이는 데에는 효과적일 것으로 판단된다.

▼ V. 청소년 정치교육에의 시사점

이상의 연구결과가 청소년 정치교육에 주는 시사점을 종합하면 다음과 같다.

먼저 청소년의 대선경험 실태를 중심으로 보도록 하겠다.

첫째, 조사대상의 대부분이 대선 관련 정보와 지식을 TV를 통해서 얻고 있었다. 이러한 결과는 정보사회에서도 TV가 여전히 청소년의 정치교육에서는 중요한 정치사회화 매개체임을 나타내는 것이다. TV가 전달하는 정보와 지식의 일방성, 획일성, 수동성을 감안할 때, TV 전달 정보와 지식에 대한 청소년의 비판적 접근 자세에 대한 교육적 지도가 필요하다. 이러한 비판적 접근 자세가 결여될 때 자칫 TV에 의한 정치교화가 될 가능성이 있기 때문이다.

둘째, 대선에 관한 정보 획득이나 대화·토론의 매체로서 인터넷을 적게 또는 매우 적게 활용하고 있었다. 이러한 결과는 인터넷 세대로 불릴 정도로 인터넷 이용을 생활화하고 있는 오늘날 청소년들의 모습에 비추어 볼 때 예상 밖의 일이다. 주로 인터넷을 사적인 대화나 활동에 이용함을 반증하는 것이라고 할 수도 있다. 인터넷의 양방향성, 능동성, 다양성, 생활화 등을 감안할 때 TV보다는 인터넷을 통해서 대선에 관한 정보를 획득하고 대화·토론을 할 수 있도록 하는 것이 필요하다.

셋째, 대선에 관한 정보·지식의 출처, 대화·토론의 상대로서 학교 선생님에 대한 의존도가 매우 낮았다. 특히 정보·지식의 출처로서 학교 선생님에 대한 의존도는 최하위로 매우 낮음을 알 수 있었다. 이는 학교 선생님이 시민교육 또는 정치교육을 직접 담당하고 있다는 점에서 바람직하지 못하다. 대의민주주의에서 선거의 중요성과 관련하여 대선에 대한 적절한 교육적 지도를 함으로써 청소년이 민주시민성을 갖추도록 지도해야 하는 교육적 책무성에 대한 학교 선생님의 인식 전환이 필요하다.

넷째, 대선 관련 활동에 대한 참여가 매우 낮았다. 사회참여활동이 시민성을 함양시킨다는 참여의 시민교육효과(김영인, 2002)를 감안한다면, 대선을 정치교육의 장으로 활용하여 선거 유세, 대선 관련 자원봉사활동 등에의 참여를 유도할 필요가 있다.

다음으로 대선경험이 정치의식 형성에 미친 영향을 $p < .05$ 수준에서 통계적으로 유의미한 것을 중심으로 보도록 하겠다.

정치적 신뢰에는 대선관련 활동의 참여, 정보·지식의 획득, 연설청취의 순서로, 정치적 관심에는 대선에 대한 생각, 정보·지식의 획득의 순서로, 정치적 관용에는 정보·지식의 획득, 정치참여의식에는 대선에 대한 생각, 선거관련 활동의 참여, 정보·지식의 획득의 순서로 영향력이 있는 것으로 나타났다. 이 중에서 정보·지식의 획득은 정치의식의 하위 4요소에 모두 유의미한 영향을 주는 것으로 나타났다. 이러한 결과를 청소년의 정치교육에 활용할 필요가 있다. 구체적으로 정치적 신뢰를 위해서 대선관련 활동의 참여, 정치적 관심을 위해서 대선에 대한 생각, 정치적 관용을 위해서 대선에 관한 정보·지식의 획득, 정치참여의식을 위해서 대선에 대한 생각을 우선시하여 청소년 정치교육을 할 필요가 있다.

대선은 5년 만에 되풀이되는 중요한 정치적 행사이다. 이러한 대선이 정치사회화에서 지니는 의의를 중요시하여 청소년 정치교육에서 적극적으로 활용해야 한다. 더 나아가 여타의 다른 선거가 청소년의 정치사회화에서 지니는 의의를 연구하여 청소년 정치교육의 장으로서 활용을 모색할 필요가 있다.

제8장

청소년의 사회갈등 참여와
시민의식 형성

I. 문제 제기

　사회의 민주화 추세와 더불어 청소년의 사회참여활동이 늘어나고 있다. 청소년의 사회참여활동은 다양한 영역에서 다양한 방법으로 이루어지고 있다. 이는 대부분이 학생인 청소년들이 예비 시민으로서 사회와 격리되어 있는 것이 아니라 시민으로서 사회활동의 주체임을 선언하는 것이라고도 할 수 있다. 청소년의 사회참여는 교육정책과 청소년정책에 의해서 이전보다 장려되고 있다. 제7차 교육과정에서는 청소년의 사회봉사활동이나 참여능력함양을 강조하고 있으며, 최근의 청소년정책은 청소년 지위를 대상에서 주체로 전환하여 청소년의 주체적이고 능동적인 참여를 제도화하려고 한다. 한편에선 이러한 청소년의 사회참여 증가와 활성화 현상에 대한 우려도 존재한다. 청소년은 아직도 미성년자로서 보호되어야 하며 사회참여 이전에 시민으로서 필요한 시민성을 준비시켜야 한다는 것이다.

　청소년의 사회참여를 둘러싼 상반되는 견해의 핵심은 교육적 차원에서 사회참여가 청소년에게 어떤 영향을 줄 것인가 하는 점이다. 구체적으로 사회참여를 통해서 청소년들이 건강한 시민으로서 성장할 것인가 아니면 사회의 부정적인 측면에 오염되어 오히려 타락할 것인가 하는 점이다. 이는 사회참여의 시민교육효과와 관련된다. 이에 대해서는 참여민주주의 대 엘리트민주주의, 교과중심주의 대 경험중심주의 진영 간의 오래된 논쟁이 있어 왔다. 이 논쟁이 명쾌하게 해결된 것은 아니지만, 제2장에서 살펴본 이론적 검토, 청소년의 사회참여가 정치적 효능감, 참여의무감과 같은 시민의식 형성에 긍정적이라는 실증적 연구결과(김원태, 2001; 남채봉, 2002)와 직접적으로 청소년을 대상으로 한 것은 아니지만 성인 시민들의 참여가 정치에 대한 심리적 관여도, 공동체복지에 대한 기여의식, 효능감, 법의식, 관용 등과 같은 시민의식 형성에 긍정적이라는 실증적 연구결과(김영인, 2002; Nie and Verba, 1975; Finkel, 1985, 1987; Parry, Moyser and Day, 1992) 등을 바탕으로 할 때, 청소년의 사회참여는 시민의식 형성에 긍정적일 것이라고 추론해 볼 수 있다.

이러한 실증적 연구에서의 사회참여는 대부분 투표, 접촉, 자원봉사활동, 선거 캠페인활동 등과 같은 평화적이고 정상적인 방법을 통한 것이다. 문제는 이러한 사회참여의 긍정적인 시민의식 형성효과가 사회갈등에의 참여에도 적용될 것인가 하는 점이다. 오늘날 사회가치의 다원화와 민주화에 따른 정부와 국민, 지역과 지역, 집단과 집단 간 이해관계의 대립과 갈등의 분출이 점점 증가하고 있다. 효순·미선 양 사건의 촛불시위, 부안 핵폐기장 사태 등에서 보듯이 이러한 사회갈등에 청소년들의 참여가 점점 증가하고 있다. 심지어는 부모들이 청소년들의 등교를 거부하여 사회갈등의 중심으로 청소년들을 끌어들이는 현상도 나타나고 있다. 시대의 흐름에 비추어 볼 때 사회갈등의 증가는 피할 수 없어 보이며 이 사회갈등에 대한 청소년들의 참여나 노출도 막기 어려워 보인다.

이와 관련하여 일반적인 사회참여가 아닌 첨예하게 대립되고 논쟁되는 사회갈등에의 참여도 시민의식 형성에 긍정적일 것인가 하는 질문을 제기해 볼 수 있다. 사회갈등에의 참여가 시민의식 형성에 긍정적이라면 별문제가 될 것이 없지만 만약 부정적이라면 미래의 주역인 청소년에 대한 시민교육 차원에서 사회 전체적으로 대책을 강구할 필요가 있다. 사회에서 벌어지고 있는 사회갈등이 시민교육적 차원에서 청소년들에게 어떤 의미를 가지는가를 알기 위해서는 이에 대한 실증적인 연구가 축적될 필요가 있다. 다양한 실증적인 연구의 축적이 있어야 사회갈등에의 참여나 노출이 청소년들에게 시민교육적으로 어떤 의미를 가지는지를 정확하게 판단할 수 있기 때문이다.

이러한 필요성에 입각하여 본 연구는 우리 사회의 대표적인 갈등 사례의 하나인 부안 핵폐기장갈등 참여가 청소년들의 시민의식 형성과 어떠한 관련을 가지는지를 알아보고자 한다.

▼ II. 부안 핵폐기장갈등 사례 개관

1. 발 단

부안 핵폐기장 사태는 2003년 7월에 시작되어 2004년 11월까지 무려 17개월여에 걸쳐 부안지역사회를 첨예한 갈등의 장으로 만들었고 전국적으로도 사회적 쟁점이 되었다. 이런 부안 핵폐기장 사태는 부안 군수가 2003년 7월 14일에 대다수 부안군민과 군의회의 의사를 무시하고 독단적으로 부안군 위도에 핵폐기장 유치신청을 냄으로써 표면화되었다. 부안군이 유치신청을 하기 사흘 전인 7월 11일에 산업자원부가 실시한 '핵폐기장 유치 설문조사' 결과에서 부안 주민 61.7%가 유치를 반대했고, 7월 16일 실시한 설문조사에서 핵폐기장 선정방식과 관련하여 주민 75%가 주민투표를 원했으며 주민 9%만이 자치단체장이 결정하는 방식을 선호했다(조선일보, 2003. 10. 11). 이렇게 부안주민 다수가 반대했고 주민투표를 통해서 민주적으로 결정하기를 원했음에도 불구하고 부안군수가 일방적으로 결정하여 신청하자 부안주민의 분노가 폭발한 것이다.

2. 확 산

부안 핵폐기장 후보지 백지화를 위한 집회가 7월 9일 처음 열린 이후 2004년 2월 14일 자발적으로 실시하기로 한 주민투표를 위해서 집회를 스스로 그만두기까지 하루도 거르지 않고 집회와 반대운동은 계속되었다. 반대운동은 7월 21일 부안군 내 12개 면 중 10개 면에서 주민들 중심으로 핵폐기장 유치 반대 대책위가 구성될 정도로(경향신문, 2003. 7. 22), 조직적으로 전개되었으며 지역의 환경, 시민, 종교 단체도 가세하였다.

반대운동은 부안군수와 부안군의회 의장의 집단구타, 고속도로 점거, 화염병 투척 등과 같이 과격한 모습을 보이기도 했지만 한편에선 촛불시위, 등교거부, 3보 1배와 같은 평화적 방법으로 진행되기도 하였다. 특히 촛불시위는 초기의 과격한 시위를 평화적인 것으로 전환하기 위해서 2003년 7월 25일 시작하여 주민투표 관리위원회가 주민투표 운동기간 중에 야간 옥외집회를 금지한 2004년 1월 25일까지 183일간 계속 열려 국내 최장의 연속 촛불시위가 되었다. 이 기간 동안 부안 군민 전체의 3배에 달하는 21만 9000여 명이 촛불시위에 참여하였다(경향신문, 2004. 1. 27).

"반대시위 등에 초등학생까지 가세하려는 움직임마저 포착돼 조기 방학하려는 학교가 늘어나고 있는 것으로 파악됐다.", "22일 부안 수협 앞에서 벌어질 시위에는 이 지역의 시민단체, 의료인, 주민, 중고생

등을 포함해 1만여 명에 이를 것이라고 대책위 관계자는 전했다."라는 기사(경향신문, 2003. 7. 22)에서 볼 수 있듯이 반대운동에는 청소년들도 다수 참여했을 것으로 추정된다.

특히 청소년들의 참여와 관련하여 등교거부를 주목할 필요가 있다. 등교거부는 학부모와 주민들에 의해서 주도된 것이기는 하지만 핵폐기장 사태에 청소년들을 직·간접적으로 참여시키는 계기가 되었다. 등교거부는 7월 16일 격포초등, 변산중 등 4개교에서 시작되었고 여름방학 후 8월 25일부터는 46개 초·중·고 대부분으로 확산되어 일부 학교는 휴업에 들어갔다. 본격적으로 시작된 등교거부는 10월 5일까지 42일 동안 이어졌다(세계일보, 2003. 9. 22; 서울신문. 2003. 10. 6).

상주인구 2만 4000여 명에 불과한 부안읍 내에 1만여 명 이상의 경찰을 배치했음에도 불구하고 주민들의 반발과 시위가 수그러들지 않았다. 이에 정부는 국책사업을 주민투표로 결정할 수 없다던 입장에서 한 발 물러서 주민투표 실시 가능성을 행정자치부장관, 국무총리 등을 통해서 시사하였다. 그러나 정부일각에선 주민투표제의 법률적 근거가 없음을 이유로 들어 부안 핵폐기장에 대한 주민투표 불가를 여전히 주장하기도 하였고 주민투표 가능성을 시사한 사람도 말을 쉽게 바꾸었다. 이런 정책혼선이 빚어지자 핵폐기장 백지화 범부안군민대책위와 주민들은 정부의 주민투표 정책에 대해서 불신이 가중되었고 저항은 더욱 격렬해졌다.

3. 수 습

정부와 부안 주민 간의 갈등이 지속적으로 심화되자 시민단체들은 '부안 핵폐기장 주민투표 중재단'을 구성하여 2004년 2월 주민투표 방안을 제시하였다. 이에 대해 정부는 선 질서회복을 이유로 받아들이지 않았다. 시민단체 대표들은 2003년 11월 24일에 '부안사태 해결을 위한 시민사회단체 2000인 선언문'을 발표하여 주민투표를 통한 사태 해결을 촉구하였다. 핵폐기장 대책위도 11월 29일 부안군민 총투쟁을 선언하고 '주민궐기대회'를 열기로 하였다.

이렇게 부안주민과 시민단체의 저항이 계속되자 정부는 12월 10일 부안 핵폐기장 문제를 원점에서 전면 재검토하기로 하고 부안 이외의 새로운 후보지역 신청도 받기로 하였다. 정부가 사실상 원점에서 재검토하기로 하였지만 부안 지역을 포기한 것이 아니고 또한 주민투표 시기를 밝히지 않아 긴장과 갈등은 계속되었다. 정부와 주민 간 갈등은 주민과 주민 간 갈등으로 확산되었다. 기존에도 '위도발전협의회'가 핵폐기장 유치를 찬성하긴 하였지만, 주민투표 실시를 둘러싸고 '부안사랑나눔회', '부안경제발전협의회'와 같은 단체들이 자유로운 투표 분위기조성을 이유로 조기 주민투표 실시를 반대하고 주민투표 규탄대회를 개최하였다. 2004년 1월에 시민단체와 종교단체 중심으로 '부안주민투표관리위원회'를 구성하여 2월 14일 주민투표 실시를 선언하자 '범부안 국책사업유치추진연맹'은 1,440명의 주민 서명을 받아서 주민투표시행금지가처분신청을 법원에 제기하였다. 가처분신청은 기각되었고 자발적인 투표는 전체 투표권자 5만 2,108명 중 3만 7,540명이 참여해 투표율 72%를 기록하였다. 주민투표 결과는 반대 91.8%로 압도적으로 반대가 많았다(세계일보, 2004. 2. 16).

정부나 유치찬성단체 측은 이러한 주민투표 결과를 인정하지 않았지만 대세를 돌이키기는 어려웠다. 부안을 예비 신청한 것으로 간주하고 2004년 11월 30일까지 본 신청을 받기로 하였지만 마감시한까지 한 곳도 본 신청을 하지 않아서 부안군의 핵폐기장 후보지 법적 자격이 완전 상실되었다. 이로써 17개월간 지역사회공동체를 분열과 갈등으로 내몰았던 핵폐기장 사태는 일단락되었다. 부안 핵폐기장 후보지 문제의 법적 종결을 기념하여 "2004년 12월 1일 오늘 우리는 핵폐기장 백지화, 부안군민의 승리를 선언한다. 반핵 생명 평화를 선언한다."로 시작되는 부안선언이 2004년 12월 1일 발표되었다(문화일보, 2004. 12. 17).

4. 남는 문제

부안 핵폐기장 사태는 "먹고 살기도 힘든데 정부한테 민주주의까지 가르치느라 죽겠다"는 부안 주민의 말처럼(이정은, 2004) 주민들의 민주의식과 주체 의식을 고양시킨 점, 정부의 부안 핵폐기장 건설계획이 부안 주민들의 행복추구권을 침해한 것이라는 국가인권위원회의 결정(경향신문, 2004. 11. 10)에서 보듯이 국가 정책결정에서의 국민의 행복추구권 고려와 절차적 민주성 담보의 필요성, 핵이나 환경 문제는 단순한 NIMBY 현상이 아니라 전체 국민의 생존과 번영과 직결된 문제로서 심사숙고해야 한다는 점 등을 우리에게 남겼다.

한편에선 민란이라고 불릴 정도로 15년 핵폐기장 반대운동 사상 가장 치열하여 500여 명의 부상자, 38명의 구속자를 포함한 320여 명의 사법처리자 등의 피해를 낳기도 하였고(주성수 외, 2004), 지역경제도 피폐해졌다. 더욱 큰 문제는 "핵폐기장이 들어서든 아니든 이미 편이 갈렸다. 부모는 찬성하고 자식은 반대한다고 같은 밥상에서 밥도 안 먹는다. 이 갈등을 누가, 어떻게 풀 것인가?"라는 한 주민의 말처럼(이정은, 2004), 공동체적인 인간관계가 해체된 점이다.

Ⅲ. 사회갈등 참여와 시민의식 형성

1. 사회갈등 참여

사회갈등(social conflict)이란 가치, 이익, 욕구 등이 상반되어 나타나는 사회집단 간의 대립 또는 충돌 상태를 의미한다. 사회갈등은 주체에 따라서 정부와 정부부문 사이의 갈등(관관 갈등), 정부와 민간부문 사이의 갈등(민관갈등), 민간과 민간부문 사이의 갈등(민민갈등)으로 나눌 수 있으며, 내용영역에 따라서 노사갈등, 환경갈등, 정치갈등, 교육갈등 등으로 구분할 수 있다. 오늘날 사회갈등은 전 세계의 모든 사회에서 보편적인 현상으로 나타나고 있다. 특히 짧은 기간에 정치의 민주화, 경제의 민주화를 거쳐 생활의 민주화를 거세게 요구하는 우리 사회의 경우에는 국가 자원 배분의 우선순위를 결정하는 정책을 둘러싼 사회갈등이 첨예하게 나타나고 있다. 이렇게 정책을 둘러싼 사회갈등이 첨예하게 나타나는 이유 중 하나로 대부분의 사회문제가 공공문제화되어 정책과정으로 흡수되어 해결되는 정치화의 시대로서 현대사회의 특징을 들 수 있다.

그렇지만 더 본질적인 것은 절차적 차원과 내용적 차원에서 찾을 수 있겠다. 절차적 차원에서 사회갈등은 정책의 절차를 둘러싸고 나타나는 갈등이다. 즉 정책에 관련된 이해당사자들의 의견을 공정하게 듣고 참여시키지 않아 절차적 차원의 정당성과 민주성이 결여됨으로써 사회갈등이 발생한다. 내용적 차원에서 사회갈등은 정책의 내용을 둘러싸고 나타나는 갈등이다. 이에는 내용과 관련하여 이념적·철학적·종교적 가치가 상충하여 나타나는 가치갈등과 물질적 이해관계가 상충하여 나타나는 이익갈등이 포함된다(이영희, 2004). 부안 핵폐기장 갈등은 환경갈등으로서 주체의 측면에서는 민관갈등과 민민갈등의 양상을 동시에 나타냈다. 초기에는 민관갈등의 양상을 보이다가 후기에 와서는 민민갈등 양상이 더해져 복합적인 양상을 보였다. 또한 부안 핵폐기장 갈등은 정부가 주민들의 의사를 무시하고 일방적으로 정책을 추진함으로써 나타난 절차갈등을 중심으로 하고 이에 환경 가치를 둘러싼 가치갈등이 더해진 것이라 할 수 있다.

제1장에서 참여를 '일반사회구성원이 자신의 삶에 영향을 미치는 국가, 사회, 직장 등과 같은 공적인 영역의 의사결정에 직·간접적으로 영향을 미치려는 능동적이고 자발적인 행위'라고 정의하였다. 참여를 이렇게 볼 때 사회갈등 참여는 사회갈등 상황에 관여하여 사회갈등과 관련된 공적인 의사결정에 직·간접적으로 영향을 미치려는 능동적이고 자발적인 행위라고 할 수 있다. 좀 더 축약하면, 사회갈등에 관련된 의사결정에 영향을 미치려는 행위를 직·간접적으로 체험하는 것이라고 하겠다. 오늘날 사회의 다원화, 민주화와 관련하여 사회갈등 참여는 증가하고 있으며 이는 성인에게만 국한되지 않고 청소년들에게도 나타나는 현상이다. 청소년들도 사회구성원으로서 사회갈등에의 참여가 불가피한 경우가 점점 많아지고 있다. 사회갈등 참여에 이를 정도는 아니라 하더라도 가정, 학교, 다양한 매체 등을 통해서 사회갈등에 대한 간접체험을 점점 더 많이 하고 있다.

2. 시민의식

시민의식은 시민의 의사결정에 바탕이 되는 태도나 신념체계로서 개인에게 요구되는 것이 아니라 공동체 구성원으로서 시민에게 요구되는 자질을 의미한다(조영달 편, 1997). 시민자질로서 시민의식은 여러 가지 요소로 구성되지만 그 대표적인 요소로 준법의식, 공동체의식, 정치효능감, 정치신뢰감, 관용적 태도, 사회참여의식 등을 들 수 있다.

준법의식은 공동체 구성원의 합의규범인 법을 지키려는 정신적 자세와 태도를 의미한다. 민주사회의 운영원리 중 하나가 법치주의인 점에서 알 수 있듯이 법은 민주사회운영의 기본적인 토대를 이룬다. 민주사회 구성원인 시민이 법을 지키지 않으면 사회의 운영은 물론 존립 자체가 어렵게 된다. 이런 점에서 준법의식은 중요한 시민자질이라 할 수 있다.

공동체의식은 공익지향을 토대로 하는 연대의식이라 할 수 있다. 이는 특정 집단이나 지역의 배타적인 이익을 토대로 하는 당파의식과는 다르다. 공익지향성을 바탕으로 하는 '우리 의식'이 공동체의식의 핵심이라고 할 수 있다. 오늘날은 물질주의 팽배에 의해서 점점 이기주의화되고 파편화되어 감으로써 공동체적인 결속력과 공익지향성이 약화되어 가고 있다. 이로 인해 점점 사회해체의 위험성이 나타나기도 한다. 민주사회의 구심력을 회복하고 상호 존중하고 배려하면서 상생하는 인간관계를 회복하기 위해서 공동체의식은 강조된다.

정치효능감은 자신의 정치행위 능력에 대한 자신감을 의미한다. 정치에 대해서 잘 이해하고 있으며 이를 바탕으로 정치과정에 영향력을 행사할 수 있다는 자신에 대한 믿음을 나타내는 것이다. 민주정치는 시민에 의한 정치를 본질로 한다. 이러한 민주정치가 활성화되고 발전하기 위해서는 시민들의 정치효능감이 높아야 한다. 시민들이 정치적으로 자신감을 가질 때 여러 정치과정에 적극적으로 참여할 가능성이 높아지기 때문이다.

정치신뢰감은 정치의 인적 · 제도적 · 절차적 요소의 합리성에 대한 믿음을 의미한다. 정치신뢰감은 민주정치의 시스템이 원활하게 안정적으로 기능하기 위한 기반을 형성한다. 시민들의 정치신뢰감이 낮으면 민주정치 시스템의 정당성이 약화되어 제대로 작동하기 어렵게 된다. 신뢰가 우리 사회 전체를 기능적으로 작동시키기 위한 사회자본이라고 한다면 정치신뢰는 정치체제를 기능적으로 작동시키는 데 있어서 필수적인 정치자본이라고 할 수 있다.

관용적 태도는 나와 다른 이념, 가치, 사람 등을 용인하며 공존하려는 자세를 의미한다. 민주사회는 기본적으로 다원성을 바탕으로 한다. 다양한 이념, 가치, 이해관계 등을 가진 사람과 집단들이 함께 살아가려면 다르더라도 서로를 용인하는 자세는 필수적이다. 민주사회의 유지와 통합을 위해서 관용적 태도는 중요한 시민의식이라고 할 수 있다.

사회참여의식은 공공문제에 관심을 가지고 정치과정이나 사회적 의사결정에 관여하려는 것을 의미한다. 민주정치는 시민들의 관심과 참여를 본질적인 요소로 한다는 점에서 사회참여의식은 시민의식으로서 중요하다. 특히 오늘날 시민들의 무관심과 비참여에 의해서 민주정치의 가치가 훼손되고 의사결정이 왜곡되는 현상이 심하다. 이를 극복하여 민주정치가 제자리를 찾기 위해서도 사회참여의식은 시민들이 갖추어야 할 자질이다. 사회참여의식은 시민들이 사회의 주인으로서 위상을 확보하고 유지하기 위해서도 함양해야 할 자질이라고 할 수 있다. 참여는 주체 의식의 발로이기 때문이다.

3. 사회갈등 참여와 시민의식 형성의 관련성

사회갈등 참여는 시민의식 형성과 어떤 관련을 가질까? 이에 대한 답은 참여와 시민의식 형성이 어떤 관련을 가지는가와 무관하지 않다. 사회갈등 참여도 참여의 일종이기 때문이다. 단지 사회갈등 참여는 가

치 또는 이익 충돌이 첨예한 영역에의 참여라는 점에서 투표, 자원봉
사활동 등과 같은 일상적인 참여와 다를 뿐이다. 이런 점에서 볼 때
사회갈등 참여가 시민의식 형성에 관련을 가질 것인가의 여부는 참여
의 시민의식 형성효과에 대한 이론을 통해서 추론해 볼 수 있겠다.

사회갈등은 해체와 분열의 요소를 다분히 내포하고 있고 비합법적
이고 폭력적으로 변질될 가능성이 많기 때문에 시민의식 형성과 관련
이 없거나 부적인 영향을 줄 것이라는 주장이 있을 수 있다. 이에 대
해서 참여가 시민의식 형성에 긍정적인 영향을 주는 것은 참여의 공
익적 동기, 참여의 숙의적 절차 등에 의한 것이며(김영인, 2002), 사회
갈등 참여는 절차갈등, 가치갈등에서 보듯이 민주적 절차 문제, 공익
적 가치 지향성 등을 포함하고 있기 때문에 사회갈등 참여가 시민의
식 형성에 긍정적일 수 있다는 반론이 제기될 수 있다.

이처럼 사회갈등 참여의 시민의식 형성효과는 속단할 수 없는 문제
라고 생각된다. 앞으로 많은 이론적, 경험적 연구를 통해서 해결되어
야 할 논쟁적인 주제이지만, 다만 앞에서도 말한 것처럼 참여의 시민
교육효과 이론이 사회갈등 참여의 시민의식 형성효과에 대한 논의의
토대가 될 수 있을 것으로 생각된다.

참여의 시민의식 형성효과의 근거는 먼저 참여민주주의론에서 찾아볼
수 있다(Rousseau, 1964; Pateman, 1970; Barber, 1984). 참여민주주의
론에서는 참여의 핵심가치를 그 시민의식 형성효과에 두고 있다. 대표적
인 참여민주주의자인 Barber(1984)의 경우 시민의식 형성과 관련하여
참여의 핵심을 변형성(transformation)에서 찾고 있다. 참여는 공익지향
성-정치적 대화와 숙의-공적인 판단과 결정-공동 행위와 작업-문제
해결의 순환적 과정으로 이루어져 시민의식 형성에 기여한다는 것이다.
Barber에 의하면 강한 민주주의에서 참여는 시민으로서 '나'와 시민으로

서 '타인'과의 끊임없는 대면을 요구하기 때문에 시민을 창출한다고 한다. 참여민주주의론자들은 참여의 시민의식 형성효과를 누적적인 참여량 또는 강도, 공익적 동기, 숙의적 절차 등에서 찾고 있다(김영인, 2002).

참여의 시민의식 형성효과는 듀이의 경험중심 교육론에 의해서도 지지된다(Dewey, 1916). 참여는 정책, 의사결정, 또는 타인 등의 사회적 환경에 대한 단순한 행위나 작용에 그치는 것이 아니라 이러한 행위나 작용에 대한 사회적 환경의 반응이 숙의를 매개로 하여 참여자의 내부에 반영되는 계속적인 동태적 과정이기 때문에 경험의 일종이라 할 수 있다. 참여를 통한 시민의식 형성이 어떻게 이루어지는가를 이해하기 위해서는 듀이의 1차적 경험(primary experience)과 2차적 경험(secondary experience)에 대한 논의가 필요하다. 1차적 경험은 우리가 참여과정에서 마주치는 소재들을 감각기관을 통해서 경험하는 것을 말하고, 2차적 경험은 1차적 경험 내용을 소재로 하여 마음에서 반성과 사고, 즉 숙의를 통해서 이루어지는 관념이나 판단 등의 내적 경험을 말한다. 올바른 지식획득 또는 시민의식 형성의 방법은 1차적 경험과 2차적 경험을 밀접하게 연결시키는 경험적 방법을 통해야 한다고 듀이는 주장한다. 경험적인 방법에 의하면, 언제나 탐구재료를 1차적인 경험에서 끌어와서 사고를 통한 2차적인 경험과정을 거치면서 그 의미를 확장하고, 이러한 2차적 경험의 탐구 결론은 다시 직접적이고 감각적인 1차적인 경험을 통해서 그 타당성을 검증해야 한다. 경험적 방법은 이런 종합적이고 계속적인 순환과정을 의미하며, 이를 통하여 지식 또는 시민성은 형성·확장되어 간다. 참여는 이러한 1차적 경험과 2차적 경험을 동시에 제공함으로써 시민의식 형성에 기여한다.

이러한 참여민주주의론과 경험주의 교육론을 토대로 사회갈등 참여와 시민의식 형성이 밀접한 관련을 가진다고 추론할 수 있다.

4. 선행연구 개관

참여와 시민의식 형성 간의 관련성을 다룬 연구를 살펴보면 다음과 같다.

먼저 외국의 선행연구를 보면,

나이와 버바(Nie and Verba, 1975)는 미국, 인도, 일본, 오스트리아, 나이지리아 등의 국가 간 비교연구를 통해서, 국가 간 차이 없이 캠페인활동과 자치단체활동이 정치에 관한 심리적 관여도에 강한 영향을 미치며, 미국에서는 투표가, 인도에서는 사적 이익추구의 접촉이 정치에 관한 심리적 관여도에 영향을 강하게 미치고, 인도와 오스트리아에서는 투표가 당파성의 강도에, 미국에서는 자치단체 활동이 공동체 복지에 대한 기여의식에 강한 영향을 미친다고 하였다.

핀켈(Finkel, 1985)은 SRC의 1972-74-76 선거 자료를 토대로 투표와 캠페인활동 등의 정치참여는 외적인 정치효능감에 대해서는 유의미한 긍정적인 영향을 주지만, 내적인 정치효능감에 대해서는 거의 영향을 미치지 못한다는 결과를 제시하였다. 또한 핀켈(Finkel, 1987)은 서독의 자료를 토대로 투표는 체제지원태도에, 캠페인활동은 정치효능감에 긍정적 영향을 미치며, 평화적 시위는 양자에 거의 영향을 미치지 않고, 공격적 행동은 체제지원태도에 강한 부정적인 영향을 미친다고 하였다.

패리 등(Parry, Moyser, Day, 1992)은 정당 캠페인활동과 전국적 규모의 투표참여가 정치적 지식을 증가시키고 투표참여 이외의 정치참여활동이 정의적 영역에 미치는 영향은 미미하며, 투표참여는 정치에 대해 우호적인 느낌을 형성시킨다는 결과를 제시하였다.

국내의 선행연구를 보면,

김원태(2001)는 청소년을 대상으로 한 연구에서 사회참여체험이 많아질수록 개방성, 공동체의식, 참여의식이 높아진다고 하였다. 김영인 (2002)은 성인을 대상으로 한 연구에서 정치참여가 법의식, 관용, 효능감 형성효과를 가지며 공익추구동기일수록, 숙의적 절차일수록, 참여성향이 높을수록 그 효과가 크다는 결과를 제시하였다. 남채봉 (2002)은 청소년을 대상으로 한 연구에서 온라인, 오프라인에서 정치참여에 적극적일수록 효능감과 참여의무감은 높아지고, 온라인에서 적극적이고 오프라인에서 소극적일수록 정치신뢰도는 낮아진다고 하였다. 곽한영(2004)은 청소년의 촛불시위참여 연구에서 참여동기의 공익성과 참여과정의 숙의성이 높아질수록 내적효능감, 외적효능감, 참여의무감, 정치적 관심도가 높아진다는 결과를 제시하였다.

이 선행연구들 중 사회갈등 참여라고 볼 수 있는 것은 핀켈(Finkel, 1987)의 연구 중 평화적 시위, 공격적 행동에의 참여와 곽한영(2004)의 연구 중 청소년의 촛불시위참여라고 할 수 있다.

5. 본 연구의 분석틀

본 연구는 핵폐기장갈등 참여와 시민의식 형성이 어떤 관련을 가지는지를 알아보고자 하는 것이다. 구체적으로 핵폐기장갈등 관련 변인으로서 참여와 간접체험이 시민의식 형성의 하위변인인 시민의식변화와 어떤 관련을 가지는지를 분석하는 것이다. 이를 위해서 다음 [그림 8-1]과 같은 분석틀에 입각하여 본 연구를 진행한다. 분석틀에서 실선은 교차분석을 통해서 그 실태를 파악하는 것이고 화살표는 상관관계분석을 통해서 그 관련성을 파악하는 것을 의미한다.

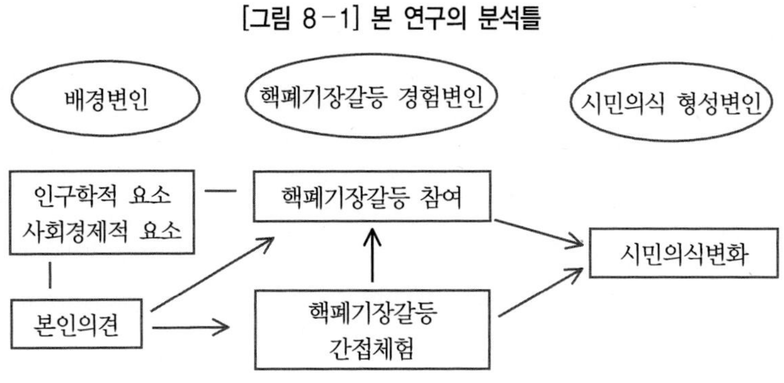

▼ Ⅳ. 연구설계

1. 연구문제

본 연구문제는 다음과 같다.

A. 청소년의 핵폐기장갈등 참여실태는 어떠한가?

B. 핵폐기장에 대한 본인의견과 핵폐기장갈등 참여·간접체험의 관계는 어떠한가?

C. 핵폐기장갈등 간접체험과 시민의식 형성의 관계는 어떠한가?

　　C-1. 핵폐기장갈등 간접체험과 핵폐기장갈등 참여의 관계는 어떠한가?

　　C-2. 핵폐기장갈등 간접체험과 시민의식변화의 관계는 어떠한가?

D. 핵폐기장갈등 참여와 시민의식변화의 관계는 어떠한가?

2. 연구변인과 측정

1) 시민의식 형성 변인

시민의식 형성 변인은 핵폐기장갈등 경험과정에서의 시민의식변화로 구체화되었다. 시민의식변화는 준법의식변화, 정치신뢰변화, 정치효능감변화, 관용의식변화, 공동체의식변화, 사회참여의식변화의 하위변인으로 구체화되었다. 각 하위변인은 그동안의 핵폐기장 사태를 경험하면서 나타난 시민의식변화를 '① 매우 감소 ② 감소 ③ 그대로 ④ 증가 ⑤ 매우 증가'의 5단계로 측정되었다. 각 하위변인의 측정지표는 측정의 타당성과 신뢰성을 높이기 위해서 모두 복합지표로 구성되었다.

준법의식변화, 정치신뢰변화, 공동체의식변화는 각 5개의 측정지표, 관용의식변화, 사회참여의식변화는 각 4개의 측정지표, 정치효능감변화는 6개의 측정지표로 구성되었다. 측정지표구성의 타당성을 높이기 위해서 측정결과를 요인분석하여 준법의식변화는 5개를 3개로, 정치신뢰변화는 5개를 4개로, 정치효능감변화는 6개를 3개로, 사회참여의식변화는 4개를 3개로 축소하여 분석하였다.

2) 핵폐기장갈등 참여 변인

핵폐기장갈등 참여 변인은 핵폐기장갈등에 관련된 시위, 집회, 행사 등에 직접 참여하는 것을 의미한다. 이는 참여정도, 참여과정에서 참여의미 성찰, 참여과정에서 핵폐기장에 대한 대화·토론, 참여의지·역할의 4개 하위변인으로 구체화되었다. 참여정도, 참여과정에서 성찰, 참여과정에서 대화·토론은 '① 매우 조금 ② 조금 ③ 보통 ④ 많이

⑤ 매우 많이'의 5단계로, 참여의지·역할은 '① 매우 소극적 ② 소극적 ③ 보통 ④ 적극적 ⑤ 매우 적극적'의 5단계로 측정되었다.

3) 핵폐기장갈등 간접체험 변인

핵폐기장갈등 간접체험 변인은 핵폐기장갈등에 직접 참여하여 체험하는 것이 아니라 일상생활, 가정, 학교, 매체 등을 통해서 간접체험하는 것을 의미한다. 이는 일상생활영역, 가정영역, 학교영역, 매체영역으로 구분되었다.

일상생활영역에서는 일상생활 과정에서 핵폐기장에 대한 생각·숙고, 핵폐기장에 대한 대화·토론, 토론상대방의 입장으로 구체화되었고, 핵폐기장에 대한 생각·숙고, 핵폐기장에 대한 대화·토론은 '① 매우 조금 ② 조금 ③ 보통 ④ 많이 ⑤ 매우 많이'의 5단계로, 토론상대방의 입장은 '① 매우 반대 ② 반대 ③ 그저 그럼 ④ 찬성 ⑤ 매우 찬성'의 5단계로 측정되었다.

가정영역에서 하위변인은 부모의 핵폐기장에 대한 태도로 구체화되었고, 부모의 태도는 '① 매우 반대 ② 반대 ③ 그저 그럼 ④ 찬성 ⑤ 매우 찬성'의 5단계로 측정되었다.

학교영역에서 하위변인은 핵폐기장에 대한 수업·훈화 정도, 수업·훈화의 내용으로 구체화되었고, 수업·훈화 정도는 '① 매우 조금 ② 조금 ③ 보통 ④ 많이 ⑤ 매우 많이'의 5단계로, 수업·훈화의 내용은 '① 매우 반대 ② 반대 ③ 그저 그럼 ④ 찬성 ⑤ 매우 찬성'의 5단계로 측정되었다.

매체영역에서 하위변인은 인터넷, TV 등을 통한 핵폐기장에 대한 정보 접촉으로 구체화되어 '① 매우 조금 ② 조금 ③ 보통 ④ 많이 ⑤ 매우 많이'의 5단계로 측정되었다.

4) 핵폐기장에 대한 본인 태도 변인

핵폐기장에 대한 본인 태도 변인은 핵폐기장에 대한 응답자 본인의 찬성 또는 반대 의견 여부를 의미하는 것으로서 '① 매우 반대 ② 반대 ③ 그저 그럼 ④ 찬성 ⑤ 매우 찬성'의 5단계로 측정되었다.

5) 인구 · 사회적 배경 변인

인구 · 사회적 배경 변인은 응답자의 인구학적 특성과 가족의 사회경제적 지위 정도를 의미한다. 이는 성별, 나이, 가족의 월소득으로 구체화되었고, 성별과 나이는 구체적인 내용의 기입을 통해서 측정되었으며, 가족의 월소득은 '150만 원 미만, 150만 원 이상-300만 원 미만, 300만 원 이상-450만 원 미만, 450만 원 이상'의 4단계로 측정되었다.

3. 조사도구

본 연구는 설문지를 사용한 조사연구방법을 통해서 진행되었다. 조사도구인 설문지는 패리 외(Parry et al., 1992), 핀켈(Finkel, 1985, 1987), 김영인(2002) 등의 설문을 참고하여 구안하였다. 설문지는 시민의식변화에 관한 29문항, 핵폐기장갈등 참여변인에 관한 5문항, 핵폐기장갈등 간접체험에 관한 7문항, 핵폐기장에 대한 본인의 태도 1문항, 인구 · 사회적 배경에 관한 3문항, 총 45문항으로 구성되었다.

4. 자료수집

　연구에 필요한 자료는 부안군 내 중·고생을 대상으로 수집하였다. 구체적으로 조사대상자는 부안군 내 중학교 13개교, 고등학교 7개교 중에서 먼저 중학교 3개교, 고등학교 3개교를 임의 선정한 후 학교 내에서 임의표집 되었다. 조사는 2004년 6월 18일에서 7월 18일에 걸쳐 각 학교의 담임 또는 교과담당 교사에 의해서 이루어졌다. 설문지는 조사요령을 동봉하여 총 500부가 우편으로 배부되었고 이 중 331부가 우편으로 회수되었다(회수율 66%). 회수된 331부 중 응답이 불성실한 13부는 분석에서 제외되었다.

　자료수집대상자는 성별에서 여자 182명(59.3%), 남자 125명(40.7%), 결측치 11명으로 나타났고, 연령에서 10세 1명(0.3%), 13세 1명(0.3%), 14세 10명(3.3%), 15세 31명(10.1%), 16세 73명(23.8%), 17세 118명(38.4%), 18세 71명(23.1%), 19세 2명(0.7%), 결측치 11명으로 나타났다. 마지막으로 가족월소득에서 150만 원 미만 105명(38.7%), 150만 원 이상-300만 원 미만 119명(43.9%), 300만 원 이상-450만 원 미만 28명(10.3%), 450만 원 이상 19명(7.0%), 결측치 47명으로 나타났다.

5. 분석방법

　수집된 자료는 SPSS Win. 10.0 통계프로그램을 이용하여 분석되었다. 구체적으로 보면 측정지표의 타당성을 높이기 위해서 요인분석을 하였으며, 실태를 파악하기 위해서 교차분석, χ^2검정을 하였고, 핵폐기장갈등 참여·간접체험과 시민의식 형성의 관련성을 알아보기 위해서 상관관계분석을 하였다.

▼ V. 분석결과

1. 핵폐기장갈등에 대한 참여 실태

핵폐기장갈등 참여 실태는 다음 〈표 8-1〉에 나타나 있다.

〈표 8-1〉 핵폐기장갈등 참여 실태

단위: 명

질 문 성 별	핵폐기장 사태에 대한 주민집회나 시위에 참여한 적이 있습니까?		계
	없다.	있다.	
여	17 (9.7%)	158 (90.3%)	175 (100.0%)
남	20 (16.1%)	104 (83.9%)	124 (100.0%)
계	37 (12.4%)	262 (87.6%)	299 (100.0%)

〈표 8-1〉에서 보듯이 조사대상자의 87.6%가 핵폐기장갈등에 참여한 경험이 있다고 응답하였으며, 성별에 따라서는 여자 청소년(90.3%)이 남자 청소년(83.9%)보다 약간 참여비율이 높게 나타났다. 〈표 8-1〉을 바탕으로 할 때 부안지역의 청소년들 대부분이 핵폐기장갈등에 참여했을 것으로 추정해 볼 수 있다.

핵폐기장갈등에 참여한 청소년들을 대상으로 참여정도, 참여의미 성찰, 참여과정에서의 대화·토론, 참여의지·역할과 같은 참여경험의 구체적인 내용을 알아보았다.

참여정도에 대한 설문결과는 〈표 8-2〉에 나타나 있다.

〈표 8-2〉 핵폐기장갈등 참여정도

단위: 명

질 문 성 별	핵폐기장 사태에 대한 주민집회나 시위에 어느 정도 참여하였습니까?					계
	매우 조금	조금	보통	많이	매우 많이	
여	21 (12.6%)	48 (28.7%)	60 (35.9%)	29 (17.4%)	9 (5.4%)	167 (100.0%)
남	12 (10.8%)	16 (14.4%)	45 (40.5%)	24 (21.6%)	14 (12.6%)	111 (100.0%)
계	33 (11.9%)	64 (23.0%)	105 (37.8%)	53 (19.1%)	23 (8.3%)	278 (100.0%)

$\chi^2=11.335$, p=.023

〈표 8-2〉에서 보듯이 전체적으로는 보통 수준보다 적게 참여한 비율이 34.9%로 많이 참여한 비율 27.4%보다 높게 나타났다. 성별로 보면 여자는 적게 참여한 비율이 41.3%로 많이 참여한 비율 22.8%보다 월등히 높았지만 남자는 반대로 많이 참여한 비율이 34.2%로 적게 참여한 비율 25.2%보다 높았다. 이를 통해서 볼 때 남자 청소년이 여자 청소년보다 더 많이 핵폐기장갈등에 참여했음을 알 수 있다. 이런 결과는 p<.05 수준에서 통계적으로 유의하다.

핵폐기장갈등에 참여할 때 그 과정에서 참여의 의미에 대해서 어느 정도 생각하고 성찰하는지에 대한 설문결과는 다음 〈표 8-3〉에 나타나 있다.

<표 8-3> 핵폐기장갈등 참여 시 참여의미에 대한 생각·숙고

단위: 명

질 문 성 별	주민집회나 시위에 참여할 때 참여의 의미에 대해 어느 정도 생각하였습니까?					계
	매우 조금	조금	보통	많이	매우 많이	
여	4 (2.4%)	12 (7.2%)	54 (32.5%)	68 (41.0%)	28 (16.9%)	166 (100.0%)
남	4 (3.6%)	8 (7.3%)	29 (26.4%)	46 (41.8%)	23 (20.9%)	110 (100.0%)
계	8 (2.9%)	20 (7.2%)	83 (30.1%)	114 (41.3%)	51 (18.5%)	276 (100.0%)

$\chi^2=1.777$, p=.777

<표 8-3>에서 보듯이 전체 응답자의 59.5%가 많이 또는 매우 많이 참여의 의미에 대해서 생각하고 있는 것으로 나타났다. 성별로 볼 때도 여자 청소년의 경우 57.9%, 남자 청소년의 경우 62.7%가 참여의 의미에 대해서 많이 또는 매우 많이 생각하고 있는 것으로 나타났다. 이를 통해서 참여 청소년의 대부분이 참여과정에서 참여의미를 많이 생각하고 있으며 성별로는 여자보다는 남자가 약간 더 참여의 의미에 대해서 생각하고 있음을 알 수 있다.

핵폐기장갈등 참여 시 핵폐기장에 대해서 어느 정도 대화하고 토론하는지에 대한 설문결과는 <표 8-4>에 나타나 있다.

〈표 8-4〉 핵폐기장갈등 참여 시 대화 · 토론정도

단위: 명

질 문 성 별	주민집회나 시위에 참여할 때 핵폐기장에 대해서 어느 정도 대화 · 토론해 보았습니까?					계
	매우 조금	조금	보통	많이	매우 많이	
여	24 (14.5%)	32 (19.3%)	58 (34.9%)	41 (24.7%)	11 (6.6%)	166 (100.0%)
남	17 (15.6%)	28 (25.7%)	26 (23.9%)	28 (25.7%)	10 (9.2%)	109 (100.0%)
계	41 (14.9%)	60 (21.8%)	84 (30.5%)	69 (25.1%)	21 (7.6%)	275 (100.0%)

$\chi^2=4.529$, p=.339

〈표 8-4〉에서 보듯이 전체적으로 볼 때 보통 이하의 비율이 36.7% 로 보통 이상의 비율 32.7%보다 약간 높다. 성별로 보면 여자 청소년 의 경우 대화 토론을 보통 이하로 하는 비율이 33.8%로 보통 이상으 로 하는 비율 31.3%보다 약간 높고, 남자 청소년의 경우 보통 이하의 비율이 41.3%로 보통 이상의 비율 34.9%보다 더 높다. 이를 통해서 전체적으로 참여과정에서 대화 · 토론이 덜 이루어지고, 여자 청소년보 다는 남자 청소년이 대화 토론에 상대적으로 더 소극적임을 알 수 있 다. 이는 참여의 의미 성찰에 대한 설문결과와 반대되는 것으로 청소 년의 경우 핵폐기장갈등 참여 시 대화 · 토론을 많이 하기보다는 혼자 생각하는 경향이 상대적으로 더 큼을 나타내는 것이라 할 수 있다.

핵폐기장갈등 참여 시 자신의 참여의지와 역할 정도에 대한 설문결 과가 〈표 8-5〉에 나타나 있다.

〈표 8-5〉 핵폐기장갈등 참여 시 참여의지와 역할정도

단위: 명

| 질 문
성 별 | 집회와 시위에서 자신의 참여의지와 역할에 대해 어떻게 평가합니까? | | | | | 계 |
	매우 소극적	소극적	보통	적극적	매우 적극적	
여	11 (6.6%)	45 (26.9%)	78 (46.7%)	28 (16.8%)	5 (3.0%)	167 (100.0%)
남	14 (12.7%)	16 (14.5%)	50 (45.5%)	24 (21.8%)	6 (5.5%)	110 (100.0%)
계	25 (9.0%)	61 (22.0%)	128 (46.2%)	52 (18.8%)	11 (4.0%)	277 (100.0%)

$\chi^2 = 9.437$, p = .049

〈표 8-5〉에서 보듯이 전체적으로 볼 때 소극적으로 생각하는 비율이 31%로 적극적으로 생각하는 비율 22.8%보다 더 높게 나타나 있으며, 성별로 보면 여자 청소년의 경우 소극적으로 생각하는 비율이 33.5%로 적극적으로 생각하는 비율 19.8%보다 높게 나타났고, 남자 청소년의 경우 소극적으로 생각하는 비율 27.2%, 적극적으로 생각하는 비율 27.3%로 비슷하게 나타났다. 이를 통해서 전체적으로 참여 청소년들이 자신의 참여의지와 역할에 대해서 상대적으로 소극적으로 평가하고 있으며, 성별로 볼 때 남자 청소년보다 여자 청소년이 자신의 참여의지와 역할을 소극적으로 생각하는 경향이 상대적으로 더 큼을 알 수 있다.

2. 핵폐기장에 대한 본인의견과 핵폐기장갈등 경험

1) 핵폐기장에 대한 본인의견 실태

핵폐기장에 대한 본인 의견에 대한 설문결과는 〈표 8-6〉에 정리되어 있다.

〈표 8-6〉 핵폐기장에 대한 본인의견

단위: 명

질 문 성 별	핵폐기장에 대한 여러분의 의견은 어떻습니까?					계
	매우 반대	반대	중립	찬성	매우 찬성	
여	79 (43.6%)	78 (43.1%)	21 (11.6%)	3 (1.7%)	-	181 (100.0%)
남	55 (44.4%)	41 (33.1%)	23 (18.5%)	2 (1.6%)	3 (2.4%)	124 (100.0%)
계	134 (43.9%)	119 (39.0%)	44 (14.4%)	5 (1.6%)	3 (1.0%)	305 (100.0%)

$\chi^2=9.747$, p=.048

〈표 8-6〉에서 보듯이, 전체적으로 볼 때 찬성 또는 매우 찬성의 비율 2.6%보다 반대 또는 매우 반대의 비율 82.9%가 압도적으로 높아 부안지역의 청소년들은 핵폐기장 건설에 매우 반대하고 있음을 알 수 있다. 이러한 경향은 성별로도 별 차이가 나지 않았다.

다음 〈표 8-7〉은 본인의견 형성에 가장 많은 영향을 준 사람에 대한 설문결과이다.

<표 8-7> 본인의견형성에 가장 많은 영향을 준 사람

단위: 명

질 문 성 별	핵폐기장에 대한 여러분의 의견형성에 가장 많은 영향을 준 사람은 누구입니까?								계
	부모님	형제 자매	친구	선생님	인터넷상 의 상대방	마을 주민	시민단체 지도자	기타	
여	64 (35.6%)	4 (2.2%)	32 (17.8%)	3 (1.7%)	5 (2.8%)	17 (9.4%)	23 (12.8%)	32 (17.8%)	180 (100.0%)
남	33 (27.7%)	2 (1.7%)	17 (14.3%)	14 (11.8%)	7 (5.9%)	12 (10.1%)	16 (13.4%)	18 (15.1%)	119 (100.0%)
계	97 (32.4%)	6 (2.0%)	49 (16.4%)	17 (5.7%)	12 (4.0%)	29 (9.7%)	39 (13.0%)	50 (16.7%)	299 (100.0%)

$\chi^2 = 16.914$, p = .018

<표 8-7>에서 보듯이, 전체적으로 볼 때 부모님(32.4%)의 영향력이 가장 크고 다음으로 친구(16.4%), 시민단체지도자(13.0%), 마을주민(9.7%) 순으로 나타났다. 선생님의 영향력(5.7%)은 마을주민보다 작게 나타나 별로 영향력이 크지 않음을 알 수 있다. 이를 통해서 청소년의 의견형성에 부모님의 영향력이 큼을 알 수 있다. 시민단체지도자의 영향력이 3번째로 나타난 것은 청소년들에게 있어서도 시민단체가 도덕적 지도력과 영향력을 가지고 있음을 나타내는 것이라고 할 수 있다. 또한 마을주민의 영향력이 큰 것은 부안지역의 공동체성에서 비롯된 것으로 보인다. 성별로 세분화해서 살펴보면, 여자 청소년의 경우 영향력은 부모님(35.6%), 친구(17.8%), 시민단체지도자(12.8%), 마을주민(9.4%) 순으로 나타났으며 선생님의 영향력은 1.7%로 가장 낮게 나타났다. 이에 비해 남자 청소년의 경우 부모님(27.7%), 친구(14.3%), 시민단체지도자(13.4%), 선생님(11.8%), 마을주민(10.1%) 순으로 나타났다. 남녀를 비교해 보면 여자 청소년의 경우 남자 청소년보다 부모님의 영향력이 상대적으로 더 크며 선생님의 영향력이 매

우 작다. 남자 청소년의 경우 여자 청소년보다 선생님으로부터 상대적
으로 더 큰 영향을 받고 있다.

〈표 8-8〉은 본인의견 형성에 가장 많은 영향을 준 매체에 대한 설
문결과이다.

〈표 8-8〉 본인의견형성에 가장 많은 영향을 준 매체

단위: 명

질문 성별	핵폐기장에 대한 여러분의 의견형성에 가장 많은 영향을 준 매체는 무엇입니까?							계
	텔레비전	인터넷	신문	라디오	집회소식지	종교단체주보	기타	
여	69 (38.8%)	45 (25.3%)	2 (1.1%)	–	55 (30.9%)	1 (.6%)	6 (3.4%)	178 (100.0%)
남	38 (31.7%)	25 (20.8%)	6 (5.0%)	1 (.8%)	39 (32.5%)	2 (1.7%)	9 (7.5%)	120 (100.0%)
계	107 (35.9%)	70 (23.5%)	8 (2.7%)	1 (.3%)	94 (31.5%)	3 (1.0%)	15 (5.0%)	298 (100.0%)

$\chi^2 = 10.460$, p=.107

〈표 8-8〉에서 보듯이 전체적으로 영향력의 순서는 텔레비전(35.9%),
집회소식지(31.5%), 인터넷(23.5%) 순으로 나타났고 나머지 신문, 라
디오, 종교단체주보 등의 영향력은 미미한 것으로 나타났다. 이러한
영향력은 남녀 성별로도 크게 달라지지 않았다. 텔레비전의 영향력
이 가장 큰 것은 접근성의 용이함에서 비롯된 것으로 보이며 인터넷
의 영향력이 비교적 큰 것으로 나타난 것은 청소년이 정보화 세대로
서 정보기능을 가지고 있음을 나타내는 것이라 할 수 있다. 주목할 것
은 집회소식지의 영향력이 인터넷보다 높고 남자 청소년의 경우 가장
큰 영향력을 미치고 있다는 점이다. 기존 대중매체의 정보전달에 대항

해서 자발적으로 만든 집회소식지의 영향력이 청소년들에게 있어서 큰 것은 지역공동체의 자발적인 매체를 청소년들이 기존 매체보다 더 신뢰하기 때문이라 할 수 있다.

2) 본인의견과 핵폐기장갈등 경험요인의 관련성

핵폐기장에 대한 본인의견과 참여의 관련성은 다음 〈표 8-9〉에 나타나 있다.

〈표 8-9〉 핵폐기장에 대한 본인 의견과 참여의 관련성

참여실태 본인	참여정도	참여의미성찰	참여 시 대화·토론	참여의지·역할
본인의견	-.176** (.003)	-.260*** (.000)	-.190** (.002)	-.259*** (.000)

** $p<.01$, *** $p<.001$

〈표 8-9〉에서 보는 것처럼 본인의견과 참여정도, 참여의미성찰, 참여 시 대화·토론, 참여의지·역할 간의 관련은 부적인 상관을 보인다. 즉 본인 의견이 핵폐기장에 대해서 찬성일수록 참여의 정도가 낮아지고, 참여의미에 대한 성찰과 대화·토론의 정도도 작아지며 참여의지·역할의 정도에 대해서도 소극적이 된다. 이를 통해서 보면 핵폐기장에 대해서 반대하는 의견을 가진 청소년들일수록 더 적극적으로 핵폐기장갈등에 참여하였을 것으로 생각된다.

다음 〈표 8-10〉은 핵폐기장에 대한 본인 의견과 일상생활에서 대화·토론 상대방의 입장, 부모의 태도, 수업의 내용 간의 관련성을 나타낸다.

〈표 8-10〉 핵폐기장에 대한 본인 의견과 간접체험 요인의 관련성

본인 \ 간접체험	대화·토론상대방의 입장	부모의 태도	수업의 내용
본인의견	.524*** (.000)	.669*** (.000)	.194* (.010)

* p<.05, *** p<.001

〈표 8-10〉에서 보듯이 상관계수의 부호는 모두 양으로 나타나 본인의견과 일상생활에서 대화·토론 상대방의 입장, 부모의 태도, 수업의 내용이 정적인 관계를 가짐을 알 수 있다. 즉 일상생활에서 대화·토론 상대방의 입장, 부모의 태도, 수업의 내용이 찬성일수록 본인의견도 찬성이게 된다는 것이다. 본인의견과 부모의 태도 간의 관련성이 가장 크며 수업 내용 간의 관련성이 가장 작다. 이를 앞의 〈표 8-9〉에서 본 본인의견에 부모의 영향력이 가장 컸고 선생님의 영향력은 미미한 것과 관련시켜 볼 때 청소년들의 핵폐기장에 대한 의견은 부모님으로부터 가장 큰 영향을 받고 그 입장에 동조하는 것이라고 할 수 있겠다.

3. 핵폐기장갈등 간접체험과 시민의식 형성의 관련성

1) 핵폐기장갈등 간접체험과 참여실태의 관련성

일상생활에서의 핵폐기장갈등 간접체험 요인과 참여실태의 관련성이 〈표 8-11〉에 나타나 있다.

〈표 8-11〉일상생활 간접체험과 참여 실태의 관련성

참여실태 / 간접체험	참여 정도	참여 의미성찰	참여 대화·토론	참여 의지·역할
일상생활에서의 숙고	.208[**] (.001)	.446[***] (.000)	.366[***] (.000)	.379[***] (.000)
일상생활에서의 대화·토론	.243[***] (.000)	.361[***] (.000)	.599[***] (.000)	.304[***] (.000)
대화·토론 상대의 입장	-.072 (.279)	-.179[**] (.007)	-108 (.107)	-115 (.085)
부모태도	-.193[**] (.001)	-.231[***] (.000)	-.081 (.177)	-241[***] (.000)
수업내용	.020 (.793)	.090 (.246)	.075 (.335)	.174[*] (.023)
수업정도	.222[**] (.004)	.309[***] (.000)	.181[*] (.019)	.150[*] (.049)
매체접촉	.351[***] (.000)	.448[***] (.000)	.377[***] (.000)	.356[***] (.000)

[*] $p<.05$, [**] $p<.01$, [***] $p<.001$

〈표 8-11〉에서 보듯이 일상생활에서의 핵폐기장에 대한 숙고, 핵폐기장에 대한 대화·토론의 정도는 참여정도, 참여의미성찰, 참여 시 대화·토론, 참여의지·역할과 정적인 상관을 보이고 있다. 이는 일상생활에서의 핵폐기장에 대한 숙고, 핵폐기장에 대한 대화·토론의 정도가 많을수록 참여정도, 참여의미에 대한 성찰, 참여 시 대화와 토론이 많고 참여의지와 역할에 대해 적극적임을 나타낸다. 이들 상관관계는 모두 $p<.05$ 수준에서 통계적으로 유의하다. 특히 일상생활에서 대화·토론의 정도가 참여과정에서의 대화·토론의 정도와 가장 높은 상관관계를 보이고 있다. 이는 일상에서의 토론문화가 중요함을 나타내는 것이라고 할 수 있다.

대화·토론 상대의 입장, 부모태도는 참여정도, 참여의미성찰, 참여 시 대화·토론, 참여의지·역할과 부적인 상관을 보이고 있다. 즉 대화·토론 상대의 입장, 부모태도가 찬성일수록 참여정도, 참여의미성찰, 참여 시 대화·토론의 정도는 낮아지고 참여의지·역할은 소극적이 된다. 이 중 대화·토론 상대의 입장과 참여의미성찰, 부모태도와 참여정도, 참여의미성찰, 참여의지·역할 간의 상관관계가 p<.05 수준에서 통계적으로 유의하다.

수업내용, 수업정도, 매체접촉은 참여정도, 참여의미성찰, 참여 시 대화·토론, 참여의지·역할과 정적인 상관을 보이고 있어 핵폐기장에 대한 수업과 훈화를 더 많이 받을수록, 핵폐기장에 대한 정보와 지식을 인터넷, TV, 신문 등에서 많이 볼수록 참여정도, 참여의미성찰, 참여 시 대화·토론의 정도는 높아지고 참여의지·역할은 적극적이 된다. 이 중 수업내용과 참여정도, 참여의미성찰, 참여 시 대화·토론 간의 상관관계를 제외한 나머지 관계는 p<.05 수준에서 통계적으로 모두 유의하다. 특히 매체접촉과 참여실태 하위변인들 간의 상관관계가 전반적으로 높다. 이는 매체가 청소년들에게 참여와 관련하여 많은 영향을 주고 있음을 시사하는 것이라고 할 수 있다.

2) 핵폐기장갈등 간접체험과 시민의식변화의 관련성

〈표 8-12〉는 일상생활에서 핵폐기장갈등 간접체험과 시민의식변화의 관련성을 나타낸 것이다.

〈표 8-12〉 핵폐기장갈등 간접체험과 시민의식변화의 관련성

시민의식변화 간접체험	준법 의식	정치 신뢰	정치 효능감	관용 의식	공동체 의식	사회 참여의식
일상생활에서 숙고	-.113 (.122)	-.212* (.014)	.041 (.338)	.154 (.055)	.009 (.462)	.217* (.012)
일상생활에서 대화·토론	-.166* (.042)	-.120 (.107)	.155 (.054)	.243** (.006)	-.062 (.222)	.317*** (.000)
대화·토론상대의 입장	.215* (.012)	.183* (.028)	.022 (.410)	.030 (.377)	.019 (.422)	-.096 (.161)
부모태도	.219* (.011)	.237** (.006)	.077 (.212)	.110 (.127)	-.066 (.247)	-.194* (.021)
수업정도	.150 (.060)	.051 (.299)	-.063 (.259)	.115 (.117)	.039 (.344)	.125 (.098)
수업내용	-.100 (.150)	.005 (.480)	.056 (.281)	-.047 (.314)	-.062 (.261)	-.023 (.405)
매체접촉	-.186* (.026)	-.175* (.034)	.074 (.223)	.199* (.019)	-.014 (.444)	.342*** (.000)
본인의견	.290** (.001)	.167* (.041)	-.013 (.447)	.049 (.306)	-.013 (.447)	-.289** (.001)

*p<.05, **p<.01, ***p<.001

〈표 8-12〉에서 보듯이 일상생활에서 핵폐기장에 대한 생각·숙고정도 는 준법의식변화, 정치신뢰변화와 부적인 상관을 가지고, 정치효능감변화, 관용의식변화, 공동체의식변화, 사회참여의식변화와 정적인 상관을 가지 는 것으로 나타났다. 이 중 정치신뢰변화, 사회참여의식변화와의 관련성 이 p<.05 수준에서 통계적으로 유의하다. 이를 통해서 일상생활에서 핵 폐기장에 대해서 생각하는 정도와 정치신뢰의 변화는 반비례하는 경향 이 있고 사회참여의식의 변화와는 비례하는 경향이 있음을 알 수 있다.

일상생활에서 핵폐기장에 대한 대화·토론 정도는 준법의식변화, 정 치신뢰변화, 공동체의식변화와 부적인 상관을 가지고 정치효능감변화, 관용의식변화, 사회참여의식변화와 정적인 상관을 가지는 것으로 나타

났다. 이 중 준법의식변화, 관용의식변화, 사회참여의식변화와의 관련성이 p<.05 수준에서 통계적으로 유의하다. 이를 통해서 일상생활에서 핵폐기장에 대한 대화·토론의 정도와 준법의식변화는 반비례하고 관용의식변화와 사회참여의식변화와는 비례하는 것을 알 수 있다.

대화·토론 상대의 입장은 사회참여의식변화와 부적인 상관을 가지나 나머지 시민의식변인의 변화와는 정적인 상관을 가진다. 이 중 준법의식변화, 정치신뢰변화와의 관련성이 p<.05 수준에서 통계적으로 유의하다. 이를 통해서 대화·토론 상대의 입장이 찬성일수록 준법의식과 정치신뢰의 변화는 감소함을 알 수 있다.

핵폐기장에 대한 부모태도는 준법의식변화, 정치신뢰변화, 정치효능감변화, 관용의식변화와 정적인 상관을 가지고 공동체의식변화, 사회참여의식변화와는 부적인 상관을 가진다. 이 중 준법의식변화, 정치신뢰변화, 사회참여의식변화와의 관련성이 p<.05 수준에서 통계적으로 유의하다. 이는 부모의 태도가 핵폐기장에 대해서 찬성일수록 준법의식변화, 정치신뢰변화는 높아지는 경향을 가지며 사회참여의식변화는 낮아지는 경향이 있음을 나타낸다.

핵폐기장에 대한 수업·훈화정도는 정치효능감변화와 부적인 상관을 가지고 나머지 시민의식변인의 변화와는 정적인 상관을 가진다. 그렇지만 이 결과는 p<.05 수준에서 통계적으로 유의하지 않다. 핵폐기장에 대한 수업내용은 준법의식변화, 관용의식변화, 공동체의식변화, 사회참여의식변화와 부적인 상관을 가지고 정치신뢰변화, 정치효능감변화와 정적인 상관을 가지나, 이 결과도 p<.05 수준에서 통계적으로 유의하지 않다.

매체접촉의 정도는 준법의식변화, 정치신뢰변화, 공동체의식변화와 부적인 상관을 가지며 정치효능감변화, 관용의식변화, 사회참여의식변화와 정적인 상관을 가진다. 이 중 준법의식변화, 정치신뢰변화, 관용

의식변화, 사회참여의식변화와의 관련성이 p<.05 수준에서 통계적으로
유의하다. 이를 통해서 매체접촉의 정도가 많아질수록 준법의식변화,
정치신뢰변화의 정도가 낮아지고 관용의식변화, 사회참여의식변화의
정도는 높아지는 것을 알 수 있다.

핵폐기장에 대한 본인의 태도는 준법의식변화, 정치신뢰변화, 관용의
식변화와 정적인 상관을 가지고 정치효능감변화, 공동체의식변화, 사회참
여의식변화와 부적인 상관을 가진다. 이 중 준법의식변화, 정치신뢰변화,
사회참여의식변화와의 관련성이 p<.05 수준에서 통계적으로 유의하다.
이는 본인의 태도가 핵폐기장에 대해 찬성일수록 준법의식변화, 정치신
뢰변화의 정도가 높아지고 사회참여의식변화는 낮아지는 것을 나타낸다.

4. 핵폐기장갈등 참여와 시민의식변화의 관련성

다음 〈표 8-13〉은 핵폐기장갈등 참여 또는 간접체험과 핵폐기장갈
등 경험과정에서의 시민의식변화의 관련성을 나타낸 것이다.

〈표 8-13〉 핵폐기장갈등 참여와 시민의식변화의 관련성

시민의식변화 참여변인	준법 의식	정치 신뢰	정치 효능감	관용 의식	공동체 의식	사회참여 의식
참여정도	-.071 (.231)	-.181[*] (.030)	-.035 (.360)	.013 (.446)	-.016 (.435)	.145[*] (.046)
참여성찰	-.146 (.065)	-.232[**] (.008)	-.029 (.384)	-.010 (.461)	-.030 (.379)	.251[**] (.004)
참여토론	-.132 (.085)	-.096 (.162)	.135 (.081)	.109 (.130)	-.202[*] (.018)	.325[***] (.000)
참여역할	-.118 (.110)	-.160[*] (.048)	.018 (.427)	-.040 (.338)	-.061 (.266)	.258[**] (.003)

[*] p<.05, [**] p<.01, [***] p<.001

<표 8-13>을 통해서 먼저 핵폐기장갈등 참여변인과 시민의식변화의 관련성을 살펴보도록 하겠다.

핵폐기장갈등 참여정도는 준법의식변화, 정치신뢰변화, 정치효능감변화, 공동체의식변화와 부적인 상관을 보이며 관용의식변화, 사회참여의식변화와는 정적인 상관을 보이고 있다. 이 중 정치신뢰변화, 사회참여의식변화와의 관련성이 $p<.05$ 수준에서 통계적으로 유의하다. 이를 통해서 핵폐기장갈등 참여가 많아질수록 정치신뢰도는 감소하고 사회참여의식은 증가하는 경향이 있음을 알 수 있다.

핵폐기장갈등 참여과정에서의 참여의미에 대한 성찰정도는 사회참여의식변화와 정적인 상관을 보이고 나머지 시민의식변화와는 부적인 상관을 보인다. 이 중 정치신뢰변화, 사회참여의식변화와의 관련성이 $p<.05$ 수준에서 통계적으로 유의하다. 이를 통해서 참여의미에 대한 성찰이 많아질수록 정치신뢰도는 낮아지고 사회참여의식수준은 높아지는 경향이 있음을 알 수 있다.

참여과정에서의 대화·토론은 준법의식변화, 정치신뢰변화, 공동체의식변화와 부적인 상관을 가지며 정치효능감변화, 관용의식변화, 사회참여의식변화와 정적인 상관을 가지는 것으로 나타났다. 이 중 공동체의식변화, 사회참여의식변화와의 관련성만이 $p<.05$ 수준에서 통계적으로 유의하다. 이를 통해서 참여과정에서의 대화와 토론 증가는 공동체의식수준의 변화와 반비례하고 사회참여의식수준의 변화와는 비례하는 것을 알 수 있다.

참여의지·역할은 준법의식변화, 정치신뢰변화, 관용의식변화, 공동체의식변화와 부적인 상관을 보이며 정치효능감변화, 사회참여의식변화와는 정적인 상관을 보인다. 이 중 정치신뢰변화, 사회참여의식변화와의 관련성이 $p<.05$ 수준에서 통계적으로 유의하다. 이를 통해서 참

여의지·역할을 적극적으로 평가할수록 정치신뢰변화는 낮아지고 사회참여의식변화는 높아짐을 알 수 있다.

참여변인과 시민의식변화 간의 상관관계분석에서 특기할 점은 사회참여의식변화를 제외하고 나머지 시민의식수준변화와 참여변인은 대체적으로 부적인 상관을 보여 서로 반대의 관련성을 가진다는 것이다. 이는 일반적으로 참여가 시민의식 형성에 긍정적으로 기여할 것이라고 하는 참여민주주의론자들의 주장과 배치되는 점이다. 이는 핵폐기장갈등이라는 참여의 성격과 유형에서 비롯된 것이라 생각된다. 일반적으로 참여의 시민의식 형성효과는 참여가 지니는 공익지향적인 성찰과 토론에 의해서 나타나는 것이라고 할 수 있는데 핵폐기장갈등 참여에서 성찰과 토론은 갈등이 첨예화되면서 공익지향성이 사라지고 집단적인 대립과 충돌만이 상승되었기 때문에 이러한 결과가 나타났을 수 있다. 사회참여의식변화는 참여변인과 정적인 상관을 가지고 이 결과는 모두 $p < .05$ 수준에서 통계적으로 유의하다. 참여가 많아지고 참여과정에서 참여에 대한 생각과 토론이 많아질수록 또한 참여의지와 역할에 대해 적극적일수록 핵폐기장갈등 경험과정에서 보다 높은 사회참여의식수준의 변화와 관련되는 경향이 있다.

▼ Ⅵ. 논 의

본 연구의 결과에서 논의할 사항은 다음과 같다.

첫째, 핵폐기장에 대한 본인의견 형성에 있어서 부모님의 영향이 가장 크고 시민단체 지도자의 영향도 큰 반면 학교 선생님의 영향은 매우 작다. 부모님의 핵폐기장에 대한 태도와 본인의견의 상관계수는 .669(p=.000)로 양자의 관련성도 매우 커서 청소년의 의견은 부모님의 의견에 매우 동조적이라고 할 수 있다. 이는 일반적으로 이야기되는 가정의 교육적 기능 약화와 부모로부터 독립하려는 청소년의 심리적 경향과 배치되는 결과이다. 이 결과는 조그만 읍 소재지로서 부안은 대도시보다는 전통적이고 가족적인 문화적 특성이 온존되어 있는 측면이 강하고, 이러한 문화적 특성에 의해서 가정과 부모의 교육적 기능이 작동된 측면에서 비롯된 것으로 생각된다. 또한 핵폐기장갈등은 부안지역공동체 전체를 소용돌이로 몰아넣은 비상사태로서 이 비상사태에 처하여 청소년의 부모에 대한 심리적 의존관계가 더 높아졌을 가능성이 있다. 향후 문화적 배경의 차이, 갈등국면의 성격 등에 따라서 부모가 청소년의 갈등현상에 대한 의견형성에 어떤 영향을 미치는지를 분석할 필요가 있겠다. 시민단체지도자의 영향력이 크게 나타난 점은 청소년들의 시민단체에 대한 신뢰에서 비롯되었을 것으로 생각된다. 이는 시민단체를 청소년의 사회참여 장으로 활용하고 사회참여의 조직자 또는 안내자로서 기능하도록 해야 한다(김영인, 2004)는 점에서 시사하는 바가 크다고 하겠다. 본인의견 형성과 관련하여 특기할 점은 학교 선생님의 영향력이 미미하다는 것이다. 특히 여자 청소년의 경우 학교 선생님의 영향력은 최하위를 나타내 아주 미약하다. 학교에서 핵폐기장에 대한 수업내용과 본인의견의 상관계수가 .194(p=.010)를 보임에도 불구하고 선생님의 영향력이 이렇게 미미한 것은 수업내용 설문에 대한 무응답자 138명(전체의 43.4%)을 핵폐기장에 대한 수업을 받지 않은 것으로 해석하면 부분적으로 그 이유를 찾을 수 있다. 조사대상자의 43.4%에 해당하는 청소년들에게 선생님들은 핵폐기장에 대한 교육적 영향력을 행사하지 않은 것으로 생각할 수 있는 것이다. 그렇지만 이러한 해석은 학교 선생님의 매우 작은 영향력을 충분히 설명하지 못한다. 청소년의 사회참여와 관련하여 학교 선생님의 역할과 영향력에 대한 연구가 필요하다고 생각된다.

둘째, 핵폐기장에 대한 본인의견, 부모태도, 일상적인 대화·토론 상대방의 입장은 일관되게 참여의 하위변인(참여정도, 참여의미성찰, 참여 대화·토론, 참여의지·역할)과 부적인 상관을 나타내고 있다. 즉 핵폐기장에 대한 본인의견, 부모태도, 일상적인 대화·토론 상대방의 입장이 찬성일수록 핵폐기장갈등 참여 관련 경험이 적어지고, 반대일수록 참여 관련 경험이 많아진다. 본인의견과 부모태도, 일상적인 대화·토론 상대방의 입장 간의 상관계수는 각각 .669(p=.000), .524(p=.000)로서 매우 큰 정적인 상관관계를 보이고 있다. 이런 사실은 핵폐기장 집회와 시위의 성격과 청소년의 참여가 밀접한 관련을 가지는 것을 나타낸다. 참여유형의 구체적인 성격과 참여자의 태도, 정향 등이 부합될 때 참여의 가능성이 높아진다고 할 수 있다.

셋째, 매체접촉정도와 참여의 하위변인(참여정도, 참여의미성찰, 참여 대화·토론, 참여의지·역할)은 일관되게 정적인 상관관계를 나타내고 있다. 매체를 통해서 핵폐기장갈등에 대한 정보를 많이 접할수록 참여 관련 경험이 많아진다고 할 수 있다. 매체를 통해서 접하는 핵폐기장갈등에 관한 정보의 질적 성격이 변별되어 있지 않아서 단정적으로 말하기는 어렵지만 일반적으로 매체를 통한 정보는 그 질적 성격을 불문하고 청소년의 핵폐기장갈등 참여를 촉진하는 것이라고 할 수 있다. 본인의견 형성에 영향력이 큰 대표적인 매체는 TV, 집회소식지, 인터넷이다. 이들 매체는 성격이 다르고 또한 전달하는 정보의 질도 달랐을 것으로 생각된다. 특히 TV와 집회소식지의 성격은 다르다. 매체접촉정도와 참여의 하위변인의 상관관계분석은 이러한 매체의 성격이 고려되어 있지 않다. 앞으로 매체가 청소년의 참여에 미치는 영향을 심층적으로 이해하기 위해서는 매체의 성격, 매체가 전달하는 정보의 질 등을 고려하여 분석할 필요가 있겠다.

넷째, 일상생활에서 숙고 또는 토론이 시민의식변화와 일관되게 정적인 관계를 형성하지 않는다. 숙고정도는 준법의식변화, 정치신뢰변화와 부적인 관계를 보이고 토론정도는 준법의식변화, 정치신뢰변화, 공동체의식변화와 부적인 관계를 보이고 있다. 이는 일반적으로 숙고, 토론이 시민의식 형성에 기여한다고 주장되는 것과 배치된다. 여기에서 정치신뢰형성에 숙고와 토론이 부정적인 관계를 가지는 점은 핵폐기장에 대한 지방자치단체, 정부, 공무원, 정치인 등의 비민주적이고 비일관적인 행태를 숙고, 토론을 통해서 파악할 수 있는 비판의식의 형성에서 비롯된 것이라고 할 수 있다. 이런 점에서 숙고, 토론이 정치신뢰형성과 부적인 관련성을 가지는 것을 시민의식 형성에 기여하지 못하는 것이라고 단정하기는 어렵다. 단 준법의식변화, 공동체의식변화와 부적인 관계를 가지는 것은 숙고, 토론의 대상이 첨예한 민관·민민 갈등사안이라는 점에서 비롯된 것이라 할 수 있고, 숙고와 토론이 항상 시민의식 형성에 긍정적으로 기여하는 것은 아니라는 점을 나타내는 것이라 하겠다.

다섯째, 핵폐기장갈등 참여과정에서 나타난 참여정도, 참여성찰, 참여토론은 정치효능감변화, 사회참여의식변화를 제외하고 준법의식변화, 정치신뢰변화, 관용의식변화, 공동체의식변화와 일관되게 부적인 상관관계를 보이고 있다. 이는 참여가 시민의식 형성에 긍정적으로 기여한다는 참여민주주의론의 주장과 배치되는 것이다. 또한 청소년의 사회참여체험이 많아질수록 공동체의식이 높아진다는 김원태의 연구(2001), 청소년의 온-오프라인 정치참여에 소극적일수록 정치신뢰도가 낮아진다는 남채봉의 연구(2002)와도 상치되는 결과이다. 반면 핵폐기장갈등 참여과정에서 나타난 참여정도, 참여성찰, 참여토론은 정치효능감변화, 사회참여의식변화와는 일관되게 정적인 상관관계를 나타내고 있는 점은 청소년의 사회참여체험이 많아질수록 참여의식이 높아진다는 김원태의 연구(2001), 청소년의 온-오프라인 정치참여가 많아질수록 효능감이 높아진다는 남채봉의 연구(2002), 청소년의 촛불시위참여에서 참여과정의 숙의성이 높아질수록 효능감과 참여의무감이 높아진다는 곽한영의 연구(2004)와는 일치된다. 또한 서독의 자료를 토대로 공격적 행동은 체제지원태도에 강한 부정적인 영향을 미친다고 하는 핀켈(Finkel)의 연구(1987)와 핵폐기장갈등 참여과정에서 나타난 참여정도, 참여성찰, 참여토론이 정치신뢰를 저하시킨다는 본 연구의 결과는 유사성을 가진다고 할 수 있다. 갈등참여라고 할 수 있는 곽한영의 연구와는 일치되고 비갈등참여라고 할 수 있는 김원태, 남채봉의 연구와는 부분적으로 일치-상충되는 점은 갈등-비갈등참여라는 참여유형이 시민의식 형성효과와 밀접한 관련성을 가질 것이라는 개연성을 나타내는 것이라고 할 수 있다. 이렇게 상충되는 실증적 연구결과는 청소년의 참여 또는 갈등참여가 시민의식 형성에 기여할 것이라는 참여민주주의론자들의 주장을 단정적으로 확정하기 어렵게 만든다. 참여 특히 갈등참여의 시민의식 형성효과 여부는 아직도 논쟁적인 영역이라고 할 수 있다. 이는 앞으로 청소년참여 또는 갈등참여의 시민의식 형성효과에 대한 이론적, 실증적인 연구의 필요성을 나타내는 것이라 하겠다.

오늘날 사회갈등은 피할 수 없는 사회현상이 되고 있다. 사회갈등은 성인의 문제만이 아니라 청소년의 문제이기도 하다. 청소년들의 사회참여가 늘어나면서 사회갈등에 대한 청소년의 참여도 자연스럽게 증가하고 있기 때문이다. 다원사회에서 다양한 이익, 가치의 대립에서 자연스럽게 비롯되기도 하고, 비민주적인 절차에서 비롯되기도 하는 사회갈등을 부정적으로만 평가할 수는 없다. 사회갈등은 더 심각한 사회해체를 미연에 방지하는 '위기신호'로서 기능을 하기도 하며, 절차의 민주성과 다양한 이익·가치의 타협점을 모색하는 계기가 되기도 하기 때문이다. 또한 사회갈등 참여도 참여의 일종으로서 참여민주주의 론자들이 주장하는 것처럼 참여의 시민의식 형성효과를 가져올 가능성도 있기 때문이다.

본 연구의 문제의식은 "지역사회에서 나타나는 갈등에의 참여와 청소년들의 시민의식 형성은 어떤 관련을 가질 것인가?"하는 것이다. 부안 핵폐기장갈등은 약 17개월 동안 부안지역사회를 첨예한 대립과 긴장으로 몰아넣었다. 등교거부의 예에서 보듯이 부안지역에 사는 청소년들은 이 핵폐기장갈등으로부터 자유로울 수 없었다. 조사대상 청소년의 대부분(87.6%)은 핵폐기장갈등에 참여하였다. 이러한 참여경험은 정치효능감과 사회참여의식형성과 일관되게 정적인 상관관계를 보였으나, 준법의식, 정치신뢰, 관용의식, 공동체의식 형성과는 일관되게 부적인 상관관계를 보였다. 갈등참여경험이 시민의식의 하위유형에 따라서 왜 상충되는 결과를 나타내는 것인가에 대해 심층적인 분석이 앞으로 연구될 필요가 있다.

제9장

청소년참여 활성화를 위한 향후 과제

I. 청소년참여의 필요성

지금까지 시민성 함양과 관련하여 청소년참여의 이론적, 경험적 연구내용들을 살펴보았다. 이런 연구결과들을 참조하면, 청소년참여는 시민성 함양에 긍정적 기능을 한다고 할 수 있다. 물론 이에 대한 반론이 없는 것은 아니다. 반론의 핵심은 참여가 시민성 함양에 긍정적인 영향을 미치지는 않는다는 것이다. 이에 대한 실증적인 근거는 제8장의 부안 핵폐기장 사태에 대한 청소년참여의 결과에서 부분적으로 확인될 수 있다. 그렇지만 이런 첨예한 사회갈등에 대한 참여는 청소년에게 있어서 예외적인 현상이라고 할 수 있다. 본 책에서 살펴본 내용을 포함한 많은 이론적 · 경험적인 연구결과들은 일상적인 정치 · 사회의 장에 교육적으로 안내된 참여를 통해서 청소년들이 사회생활에 필요한 시민성을 함양할 수 있음을 보여 주고 있다. 오늘날 선진국이나 우리나라에서 강조되고 있는 청소년의 자원봉사활동도 참여가 청소년의 시민성 함양에 순기능을 하고 있음을 나타내는 반증이라고 할 수 있다. 이런 청소년참여의 시민성 함양효과는 청소년참여의 필요성을 뒷받침하는 가장 강력한 토대가 된다.

이 외에 청소년참여는 청소년의 존재적 측면과 인권적 측면에서도 그 필요성이 강조된다.

존재적 측면에서 볼 때, 청소년은 성인과 큰 차이가 없다. 따라서 청소년도 인간이 지니는 정치성, 주체성, 자율성을 가지며 자신의 삶에 관련된 사안에 대해서 참여하고자 하는 욕구를 본질적으로 가지고 있다고 하겠다. 우리가 익히 알고 있는 '인간은 정치적 동물'이라는 점에서 청소년도 예외가 아니기 때문에, 청소년도 당연히 정치적 영역이나 사회적 영역에 참여할 수 있어야 한다는 것이다. 특히 자신과 관련된 사안에 대해서 가장 밀접한 이해관계를 가지고 있는 청소년의 참여는 당연하다는 것이다.

오늘날 청소년의 인권이라는 점에서 참여의 필요성이 강조되기도 한다. 청소년은 민주사회의 구성원이자 인간이라는 점에서 기본권을 가지고 있으며, 참여권은 이 기본권에 당연히 속한다는 주장이다. 민주주의 진전과 청소년들의 시민의식 각성에 따라서 청소년 스스로 인권적 측면에서 청소년에게 참여권이 보장되어야 함을 강하게 주장하고 있다.

이상에서 살펴본 교육적, 존재적, 인권적 측면 어떤 측면에서 보아도 청소년참여는 가치 있는 일이다. 이런 이유로 오늘날 청소년참여에 대한 관심이 증가하고 있으며 그 필요성에 대한 목소리도 높아지고 있다.

▼ II. 청소년참여의 경로 및 실태

1. 청소년의 참여 경로

이런 필요성을 가지는 청소년의 참여는 크게 다음과 같은 제도적 참여와 비제도적 참여 경로를 통해서 이루어진다.

1) 제도적 참여

민주사회에서는 시민참여의 중요성을 인식하여 청소년 시기부터 참여태도와 능력을 기르기 위해 노력하고 있다. 청소년기본법에서는 민주시민으로 자랄 수 있도록 청소년참여를 보장하는 것을 기본이념 중 하나로 설정하고 있으며, 학교교육의 골격을 정하고 있는 교육과정에서도 참여능력의 함양을 중요한 교육목표 중 하나로 설정하고 있다. 국가는 여러 가지 제도적 참여경로를 두어 청소년의 사회참여를 활성화시키고자 노력하고 있는 것이다. 구체적으로, 청소년의 제도적인 참여경로를 살펴보면 다음과 같다.

〈청소년특별회의〉

청소년특별회의는 청소년에 관련되는 국가정책에 청소년의 아이디어와 에너지를 결합시키기 위해서 청소년과 청소년전문가가 참여하여 매년 개최되는 회의로서 2003년부터 청소년기본법에 규정되었다. 이는 제16대 대통령선거에서 제안된 공약사항을 제도화한 것으로, 성별, 연령별, 지역별 대표성을 가지도록 구성된다. 구체적으로 청소년기관 및 단체에서 추천한 자, 청소년위원회에서 공개모집한 자, 특별회의의 지역단위회의에서 추천한 자 등으로 구성된다. 청소년특별회의는 청소년정책이 국가 주요 정책과제로 인식되는 계기를 마련하고, 청소년과 청소년전문가의 의견을 효율적으로 수렴하여 청소년정책에 반영함으로써 청소년의 참여보장 및 권익증진을 제도화하며, 민주주의 체험과 지역 및 국가 공동체 문제에 대한 인식제고 등을 통해 민주시민 학습경험을 제공하는 기능을 한다.

〈청소년참여위원회〉

청소년 참여위원회는 국가 또는 지방자치단체의 청소년정책에 청소년들의 참여를 제도적으로 보장하기 위해 설치되는 기구이다.

청소년복지지원법의 "국가 및 지방자치단체는 청소년과 관련된 정책수립 절차에 청소년의 참여 또는 의견 수렴을 보장하는 조치를 시행하여야 한다"는 규정에 따라, 현재 중앙정부, 광역자치단체인 16개 시·도와 기초자치단체인 120개 시·군·구에서 설치하여 운영하고 있다. 공개모집과 대표성을 감안한 추천제 방식을 병행하여 구성하고 있으며, 위원 수는 10-100여 명으로 지역별로 차이가 있다. 지역 청소년 관련 정책에 대한 의견 제시 및 자문, 지역의 청소년관련 프로그램, 토론회, 캠페인 등 참여활동 전개, 지방자치단체가 추진하고 있는 각종 시책 및 사업에 대한 참여 및 평가, 국가청소년위원회의 청소년 정책에 대한 의견 제시 등의 기능을 하고 있다.

〈선거참여〉

우리 사회에서는 최근 청소년의 선거권문제가 첨예한 정치쟁점이 된 적이 있다. 이 논쟁은 20세인 선거권 참여 연령을 18세로 인하해야 한다는 청소년의 주장과 운동에 의해서 촉발되었다. 청소년들은 선거권연령의 18세 인하를 위해서 인터넷을 통해서 운동본부를 결성하여 인터넷 청소년 선거권인하운동을 함과 동시에 이를 오프라인으로 확산시켰다. 이러한 청소년의 선거권인하운동은 많은 청소년들의 관심과 참여를 끌어내었고 진보적인 정당과 시민단체, 지식인 등의 지지를 받았다. 이러한 운동과 노력의 결실로 2005년 8월 선거권 연령이 19세로 한 살 낮추어졌다. 그렇지만 아직도 청소년들은 18세로의 인하를 주장하고 있어 불씨가 완전히 사그라지지 않고 있다. 청소년들의 관심이 아직은 선거권연령에 머물고 있지만 앞으로는 공직에 직접 진출하기 위해서 피선거권연령(대통령 40세, 국회의원·지방자치단체장·지방의원 25세)의 인하 요구로 발전할 것으로 보인다. 선거참여는 오늘날 대의민주주의에서 매우 중요한 사회참여 방법으로 선거권연령의 인하는 큰 정치적 의미를 가지며 청소년의 참여에 대한 청소년과 사회의 관심을 높일 것으로 예상된다.

〈청소년운영위원회〉

청소년시설의 운영에 청소년의 참여를 보장하기 위해서 청소년운영위원회 설치를 법으로 의무화하고 있다. 구체적으로 청소년활동진흥법에서는 청소년수련시설(청소년수련관, 청소년수련원, 청소년문화의집, 청소년특화시설, 청소년야영장, 유스호스텔 등)에 청소년으로 구성된 운영위원회를 설치하여 시설운영자는 이 의견을 반영하도록 하고 있다.

〈봉사활동〉

학교교육에서 봉사활동을 부과하여 입시에 반영하고 있기 때문에, 대부분의 학생 청소년은 봉사활동을 통해서 사회참여경험을 한다. 청소년의 봉사활동은 일손돕기, 위문활동, 지도활동, 캠페인, 자선구호, 환경시설 보존, 지역사회 개발 등의 영역에서 이루어진다. 학교교육에서 부과하는 봉사활동은 제도적으로 규정되어 실시되는 것이기 때문에, 청소년의 입장에서는 외부적인 강요에 의한 것으로 받아들여지기 쉬워 형식화되는 경우가 많다.

〈옴부즈틴(시험적 단계)〉

일반 국민의 권익 신장을 위한 옴부즈만제도를 청소년 영역에도 도입하여 청소년의 참여와 권익신장을 도모하기 위한 것이다. 청소년으로 하여금 청소년의 민원을 처리하고 권리를 대변하도록 한다는 점에서 옴부즈틴(ombudsteen= ombudsman + teenager)제도를 도입하려고 현재 시범 실시 중이다. 지역별로 옴부즈만센터를 두고 청소년 중에서 옴부즈틴을 모집하여 교육하여 활동하게 하고 청소년지도자가 후견인이 되어 돕는다.

2) 비제도적 참여

청소년은 제도적인 참여경로 외에도 다양한 비제도적인 참여경로를 통해서 참여활동을 하고 있다. 비제도적인 참여활동은 시민단체(NGOs)와 교사들에 의해서 지원된다. 비제도적인 참여활동의 대표적인 사례를 들면 다음과 같다.

〈대한민국청소년의회〉

대한민국청소년의회는 청소년들의 참여를 활성화하기 위해서 유니세프, 흥사단을 포함한 5개 시민단체가 주최하여 만든 청소년참여활동체이다. 사회 주체로서 청소년 부각, 전자민주주의를 통한 민주시민학습, 청소년인권신장, 청소년 정책과정에 청소년의 요구 투입 등을 목적으로 14-19세 사이의 청소년을 대상으로 16개 지역별 인구비례 대표 80명, 부문별 대표 20명, 총 100명으로 구성된다. 투표는 온라인을 통해서 이루어지며 임기는 2년이다. 대부분의 의원이 학생이기 때문에 정기회의와 임시회의와 같은 오프라인 활동은 주로 방학 중에 이루어지며, 평상시의 활동은 온라인에서 이루어진다.

〈방학 중 사회참여프로그램〉

방학 중에 시민단체와 교사들의 연합으로 청소년을 대상으로 하는 사회참여프로그램을 운영하고 있다. 시민단체의 전문영역에 따른 사회 참여 주제를 사전에 내걸고 청소년을 모집하여 3-4일간의 일정으로 교육, 캠페인, 문제해결활동, 평가 등의 사회참여프로그램을 진행한다. 청소년의 참여를 유도하기 위해서 사회참여프로그램에 참여하면 봉사 활동 시간을 확인하여 주기도 한다. 청소년들 입장에서는 봉사활동 시 간수를 확보함과 동시에 다양한 사회참여경험을 할 수 있는 것이 이 점이 되기도 한다.

〈집회참여〉

청소년들은 어떤 계기가 있을 때 집회를 조직하여 사회참여를 하기 도 한다. 2002년 월드컵응원 참여, 2002년 효순·미선 압살 항의 촛불 집회, 2004년 내신제도 항의 촛불집회 등이 대표적인 예이다. 청소년 들은 자신들에 관련된 사안이 생기면 정보매체(인터넷, 휴대폰 등)를 통해서 여론을 형성하고 구체적인 실천지침을 만들어 매우 빠른 속도 로 전파하여 공유함으로써 오프라인에서 집회를 조직해 낸다. 집회를 통한 청소년의 사회참여는 온라인에서 충분하게 여론을 형성하여 오 프라인으로 이동하는 특징을 보인다. 또한 촛불집회라는 형식을 통해 서 감성적이고 축제적인 모습을 보이는 것이 기성세대의 전투적인 집 회참여와 다른 양상이다.

〈인터넷상의 네티즌활동〉

청소년 사회참여의 대표적인 모습이 인터넷상의 활동이다. N세대로 도 불리는 청소년은 정보매체를 잘 활용하여 자신들의 소통구조와 문화를 만든다. 아직은 오프라인에서 제약이 많은 청소년은 온라인을 통해서 공공문제와 쟁점에 대해서 자신들의 여론을 형성하고 참여를 조직한다. 온라인에서 다양한 카페, 모임을 만들어 전자민주주의 참여를 활발하게 하고 있다.

2. 청소년의 참여 실태

이상의 참여경로를 통한 청소년의 참여 중 가장 활발하게 이루어지고 있는 것은 인터넷상의 네티즌활동과 봉사활동이라고 할 수 있다. 인터넷상의 네티즌활동은 청소년 입장에서 볼 때 가장 손쉬울 수 있다. 참여비용이 가장 적게 들 뿐 아니라 인터넷 이용 기술이 능숙하기 때문이다. 봉사활동에 대한 참여는 학교에서 정책적으로 장려하고 봉사활동에 대한 참여정도가 대학입시에 반영되기 때문에 활성화되어 있다. 〈표 9-1〉을 보면 봉사활동에 참여하는 청소년들의 현황이 잘 나타나 있다.

〈표 9-1〉 청소년 봉사활동 참여 현황(2005. 12)

(단위: 명)

1997	1998	1999	2000	2001	2002	2003	2004	2005	계
118,053	251,092	413,698	544,848	506,797	717,143	861,142	975,674	1,045,920	5,434,367

자료: 국가청소년위원회. 2006. 청소년백서

청소년들의 선거참여 실태는 다음 [그림 9-1]을 통해서 알 수 있다. 청소년기본법상 청소년인 19~24세 유권자의 투표율은 지방선거, 국회의원선거, 대통령선거 모두에 있어서 30대 이상의 기성세대들보다 낮다. 선거참여를 주장하며 선거권 연령인하를 주장한 것에 비하면 실망스러운 현상이다.

[그림 9-1] 연령대별 투표율 변화

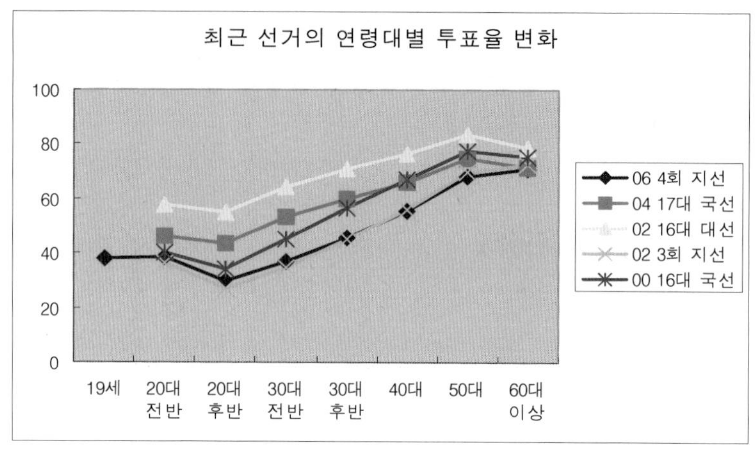

* 자료: 김헌태 외(2006)

비교적 최근에 도입된 청소년참여위원회, 청소년특별회의에 대한 참여도 청소년의 절대숫자에 비하면 적다고 하겠다. 청소년참여위원회에 대한 참여는 다음 〈표 9-2〉에 나타나 있는 것처럼 3,000명이 약간 넘고, 청소년특별회의에 대한 참여는 매년 150여 명 정도가 된다.

〈표 9-2〉 청소년참여위원회 구성 현황(2006. 5)

	수(개)	참여인원(명)
국가(국가청소년위원회)	1	20
시·도	15	444
시·군·구	120	2,726
계	136	3,190

자료: 국가청소년위원회. 2006. 청소년백서

청소년단체나 시설의 의사결정 과정에 청소년들이 참여할 수 있도록 설치된 청소년운영위원회에 대한 청소년의 참여현황 다음 〈표 9-

3>에 나타나 있다. 일반적으로 하나의 청소년운영위원회에는 10~20명 정도의 청소년이 참여하는 것을 근거로 청소년운영위원회 참여인원을 추산해 보면 청소년운영위원으로 참여하는 청소년 숫자는 대략 3,150명 정도가 될 것으로 보인다. 이 숫자에서 볼 수 있는 것처럼 청소년운영위원회를 통한 청소년참여는 아직 활성화되어 있다고 보기는 어렵다.

〈표 9-3〉 청소년운영위원회 구성현황(2006. 5)

(단위: 개)

서울	부산	대구	인천	광주	대전	울산	경기	강원	충북	충남	전북	전남	경북	경남	제주	계
24	10	8	9	5	11	6	39	13	13	10	17	9	8	14	14	210

자료: 국가청소년위원회. 2006. 청소년백서

이 외에도 대한민국청소년의회, 집회참여, 방학 중 사회참여프로그램 등을 통한 청소년참여도 2005년을 기준으로 청소년인구가 11,064,987명인 점을 감안하면 활성화되어 있다고 보기 어렵다. 청소년참여 정책이 본격화된 1990년대 후반 이전에 비하면 청소년참여가 양적, 질적으로 활성화되었지만, 아직도 미흡한 것이다. 청소년참여가 활성화되었지만 아직도 미흡한 것은, 다음과 같은 촉진요인과 저해요인이 동시에 작용하고 있기 때문이다.

Ⅲ. 청소년참여에 대한 영향요인

청소년참여에 영향을 주는 요인은 다음과 같이 촉진요인과 저해요인으로 나누어질 수 있다.

1. 촉진요인

촉진요인은 청소년의 참여를 지원하고 장려하는 요소이다. 청소년참여를 촉진하는 대표적인 요인으로 인터넷 사용, 사회민주화, 봉사활동의무화 등을 들 수 있다.

1) 인터넷 사용

2002년 전 국민을 대상으로 하는 통계치를 기준으로 하면 컴퓨터 보급률 60.1%, 컴퓨터 사용능력 보유 비율 63.0%, 인터넷 사용률 88.2%를 보이고 있다. 특히 인터넷 사용자 중에서 일주일에 1시간 이상 사용하는 자의 비율은 79.6%를 나타내고 있다. 청소년은 정보화에 대한 감수성이 높아 기성세대에 비해서 훨씬 빠르게 정보기술과 매체의 발달에 적응하여 활용한다. 청소년을 대상으로 2004년의 통계치를 보면, 하루 평균 인터넷 이용시간에서 중학생 150분 22초, 고등학생 194분 7초를 나타내고 있다. 또한 인터넷을 통한 커뮤니티/동호회 사이트 이용경험에서 중학생은 82.1%, 고등학생 90.5%의 비율을 보이고 있다.

인터넷 사용이 일반화되면서 청소년은 기성세대에 의존하지 않고 자유롭게 정보를 구하고 소통하며, 사회 및 정치 문제에 대해 인터넷을 통해서 여론을 형성하여 인터넷과 오프라인에서 실천에 옮기고 있다. 기성세대가 주도하고 있는 오프라인에서의 벽을 온라인에서 뛰어넘고 있는 것이다. 인터넷의 보급과 사용은 오프라인에서의 사회참여 비용을 저하시키고 있는 것이다.

2) 사회민주화

전체 사회민주화의 진전에 의해서 청소년의 사회참여가 활성화되고 있다. 주지하다시피 한국사회의 현대사는 민주와 독재, 자주와 예속, 민족과 외세 간의 투쟁과 대립의 역사라고 할 수 있다. 19세기 말 20세기 초의 구미 제국주의 침탈에 대항한 민족주의 세력의 저항, 20세기 전반부의 일제식민지 지배에 대한 민족독립세력의 대항, 식민지 해방 이후 미소에 의한 민족분단과 냉전체제하에 3년간의 미군정, 1948년 한반도 남반부에 대한민국, 북반부에 조선민주주의인민공화국이라는 서로 이질적인 이념을 기반으로 하는 국가 수립과 1950년 한국전쟁을 거치면서 냉전체제의 고착화와 이승만정권의 독재화와 장기집권, 이에 저항한 1960년 4·19혁명과 1961년 5·16 군사쿠데타, 박정희 군사정권에 의한 폭압적 통치와 시민들의 저항이 계기가 된 10·26, 1980년 민주화의 열망을 짓밟은 군인들의 재등장과 광주민주화운동의 좌절, 군인출신의 전두환·노태우 정권을 이은 문민정권으로서 김영삼, 김대중 정권에 뒤이어 오늘날 참여정부로 불리는 노무현 정권에 이르고 있다.

식민지, 군사정부의 비민주적 정권에 대한 저항 과정에서 시민들의 민주의식도 향상되고 제도적으로도 민주화되었다. 오늘날은 절차적 민주주의는 어느 정도 구비되었다고 할 정도로 사회민주화는 진전되었

다고 할 수 있다. 이러한 사회적 분위기와 의식이 청소년들의 사회참
여에도 긍정적인 영향을 주고 있다.

3) 시민사회의 확장

사회민주화와 더불어 1990년대 들어 한국사회는 기존의 학생단체,
노동조합 외에 개혁적이고 점진적인 방법으로 사회를 발전시키려는
시민단체(NGO)가 대거 등장하여 활동하고 있다. 이들은 환경, 여성,
인권, 교육, 부정부패, 정치, 경제 등의 제반 영역에서 시민들의 지지
와 도덕적 정당성을 바탕으로 권력과 자본을 견제하고 감시하는 역할
을 하고 있다. 시민단체를 중심으로 하는 자율적인 시민사회 영역은
청소년들이 손쉽게 사회참여를 할 수 있는 장이 되고 있다.

4) 봉사활동의무화

대부분의 청소년을 대상으로 진행되는 학교교육에서는 청소년의 사
회참여활동의 일종인 봉사활동을 인성교육 차원에서 교육과정에 포함
시키고 있다. 현 교육과정은 추구하는 인간상 중 하나로 '민주시민의식
을 기초로 공동체의 발전에 공헌하는 사람'을 들고 있는데 이를 위해서
초·중·고등학교에서 봉사활동을 장려하고 있다. 구체적으로 중학교에
서는 연간 15-20시간, 고등학교에서는 연간 20-22시간 정도를 하도록
하고 있으며 이를 상급학교 진학 시에 참고한다. 학교교육에서 봉사활
동을 강조함으로써 청소년들이 학교를 벗어나 사회참여에 관심을 가지
는 계기가 되기도 한다. 그렇지만 사회 전체적으로 봉사활동을 교육적
으로 지도하기 위한 기반시설이 취약하고 청소년들도 점수를 따기 위

한 형식적인 것으로만 인식하는 경향이 있어 한계를 노정하기도 한다.

2. 저해요인

현실적으로 한국사회에서 청소년의 사회참여에는 많은 장애요인이 존재한다. 대표적인 것으로 입시교육, 권위주의적 문화, 퇴폐적 자본주의 문화 등을 들 수 있다.

1) 입시교육

한국사회의 입시교육은 상상을 초월할 정도로 청소년들을 구속한다. 초등학교, 중학교는 의무교육이며 고등학교, 대학교 진학은 청소년의 선택에 의한다. 중학교에서 고등학교의 진학은 크게 상급학교 진학을 위한 일반계 고등학교와 직업교육을 위한 실업계 고등학교로 나눠진다. 일반계 고등학교의 진학은 대부분 중학교 성적을 바탕으로 한 무시험 배정을 통해서 이루어지지만 과학고, 외국어고, 자립형사립학교 등과 같은 특별한 목적을 위해 설립된 고등학교 진학은 별도의 시험을 통과해야 한다. 대학교진학은 입학시험을 통과해야만 가능하다. 2004년 기준으로 일반계 고등학교의 대학교 진학률은 89%, 실업계 고등학교의 대학교 진학률은 61%에 이르고 있다. 직업교육을 목표로 하는 실업계 고등학교의 대학교 진학률이 높은 점에서 드러나듯이 한국사회에서 학교교육의 현실적 목표는 일류대학을 가는 데 맞추어져 있다. 대학 진학을 위한 입시교육에 의해서 중·고등학교 교육이 지배된다.

중학생이 되면서부터 입시에 매달리기 시작하고 고등학생이 되면 하루 생활의 대부분을 학교와 학원에서 보낸다. 잠자는 시간 외에는 거의 대부분을 입시공부를 위해서 투입한다. 한국사회에서 청소년이 입시압박감에서 받는 스트레스는 매우 크다. 심지어는 이 스트레스를 극복하지 못하고 목숨을 끊기도 한다. 이렇게 입시교육이 한국 청소년을 짓누르고 있는 이유는 학벌주의와 높은 교육열에 의해서 사회와 학교교육이 주도되고 있기 때문이다. 이러한 현실에서 입시에 도움이 되지 않는 청소년의 사회참여는 최소화되고 기피된다. 존재적으로나 사회적으로 사회참여에 대한 열망과 욕구를 가지고 있다 하더라도 입시라는 현실적 압박감에 의해서 이를 발현하기 어렵다.

2) 권위주의적 문화

1961년 이후부터 1993년까지 한국사회는 군인정권이 지배하였다. 1910년에서 1945년까지의 일본군국주의의 식민지 지배에 뒤이은 군인정권의 지배로 인해 사회 전반에 군사문화가 뿌리를 내려 많은 비민주적인 풍토를 조성하였다. 청소년과 관련된 학교와 사회에서도 이러한 군사문화의 잔재가 아직까지 청산되지 않고 있다. 규율과 통제, 지시·명령과 복종 등의 풍토가 청소년의 생활을 지배하고 있는 것이다. 이러한 풍토 속에서는 청소년의 능동적이고 주체적인 사회참여는 기대하기 어렵다. 청소년은 수동화되고 동원 대상으로 전락할 뿐이다.

군사문화에 덧붙여 장유유서와 가부장적인 질서를 강조하는 유교문화의 유습도 청소년의 사회참여를 가로막는 장애요인이 된다. 산업화, 정보화를 통해서 유교적 폐습이 많이 사라지긴 했지만 아직도 사람들의 의식과 태도, 일상생활의 모습에 남아 있다. 장유유서라는 의식이 남아 있어 청소년을 아직도 어른에 의존하는 어린 존재로만 파악하려 하거나 가부장적인 질서를 강조하여 여자 청소년의 참여활동에 대해서 부정적으로 보는 경향이 강하게 자리 잡고 있는 것이다.

3) 퇴폐적 자본주의 문화

한국사회는 1960년대 이후 정부 주도의 경제개발전략을 통해서 급속한 경제성장을 이루었다. 서구 사회가 200-300년 동안 걸쳐서 이룬 근대화를 20-30년의 기간을 통해서 이룩한 것이다. 이러한 경제성장의 결과 한국전쟁의 폐허에서 생존을 걱정해야 했던 한국사회의 경제력은 오늘날 2004년 세계은행 자료에 따르면 세계 11위에 위치한다. 눈부신 경제성장의 결과 물질적인 풍요로움을 얻었지만, 소비주의, 물질주의, 이기주의 등과 같은 퇴폐적 자본주의 문화의 확산에 의해서 공동체정신이 퇴보하고 공공문제에 대한 관심이 줄어드는 역기능이 나타나기도 하였다. 이러한 퇴폐적 자본주의 문화의 확산은 청소년들을 돈과 향락, 자신의 이익만을 추구하도록 유인하고 있다.

Ⅳ. 청소년참여의 과제

본 장에서는 청소년참여의 필요성을 토대로 청소년참여의 경로와 실태에 대해서 살펴보았다. 청소년참여의 경로와 실태는 청소년참여정책이 본격화된 1990년대 후반 이전에 비해서 많이 개선되었다. 그렇지만 만족할 만한 수준이라고 하기는 어렵다. 청소년참여가 지니는 순기능이 많기 때문에 청소년참여는 앞으로도 계속 촉진될 필요가 있다. 그러기 위해서는 위에서 살펴본 촉진요인이 더 많아짐과 동시에 저해요인은 적어질 수 있도록 국가, 사회, 학교 차원의 노력이 필요하다.

구체적으로 청소년참여의 활성화를 위해서 다음과 같은 노력이 필요하다.

첫째, 국가적 차원에서 청소년참여를 촉진시키기 위한 정책을 일관성 있게 추진해야 한다. 지금까지 청소년정책의 추진 주체가 자주 바뀜으로써 청소년정책의 기조도 흔들리는 양상을 보였다. 참여정부 들어서 청소년정책을 종합하여 일원적으로 추진할 수 있는 주체로 국가청소년위원회가 설립된 것은 다행스러운 일이다. 청소년정책을 담당하는 안정적인 국가기구의 책임하에 청소년의 참여를 활성화시킬 수 있는 제도적 장치와 정책이 일관성 있게 지속적으로 마련되고 추진되어야 한다.

둘째, 청소년참여를 활성화시킬 수 있는 사회문화와 사회적 인식이 뒷받침되어야 한다. 청소년을 미숙한 존재로만 보아 청소년참여를 시기상조로 보거나, 청소년을 문제아로 보아 청소년참여를 불순한 것으로 보는 사회문화나 인식은 불식되어야 한다. 이를 위해서는 기성세대의 인식 전환과 사회적인 노력이 필요하다.

셋째, 성인과 청소년의 파트너십이 필요하다. 청소년참여라고 해서 청소년에게만 전적으로 맡기는 것은 교육적 차원에서 바람직하지 않다. 청소년보다 더 많은 세상 경험과 지식을 가진 성인과의 연대와 협력이 이루어질 때, 청소년은 참여를 통해서 보다 많은 것을 이룰 수 있을 뿐 아니라 시민성을 함양할 수 있다. 이를 위해서는 청소년과 성인이 함께 노력해야 한다.

넷째, 지역사회에서의 청소년참여가 활성화되어야 한다. 지역사회는 청소년의 삶과 밀접한 관련성을 가지고 있는 종합적인 생활 터전이기 때문에 가장 손쉽게 접근할 수 있는 영역이다. 따라서 일반 청소년들이 함께 공감할 수 있는 문제를 중심으로 참여할 수 있다. 이런 지역사회에서의 참여가 활성화되어야 국가, 세계적 차원의 참여도 활성화될 수 있다.

다섯째, 청소년참여가 이성적인 숙고와 판단을 통해 지속적으로 이루어질 수 있도록 격려되어야 한다. 자칫 청소년참여가 피상적인 흥미와 감각 위주로 이루어질 가능성이 있다. 피상적인 흥미와 감각 위주로 청소년참여가 이루어질 때, 참여를 통해서 청소년의 깊이 있는 시민성 함양을 기대하기 어려워질 가능성이 있다. 피상적인 참여에 있어서는 선동과 감정에 휩쓸릴 가능성이 높아지기 때문이다. 피상성을 벗어나기 위해서는 청소년참여에 이성적인 숙고와 대화가 필수적이다. 청소년참여프로그램이나 지도자는 이런 점을 염두에 두고 청소년참여를 설계하거나 안내해야 한다.

여섯째, 청소년참여정책은 교육정책과 유기적인 관련성을 가져야 한다. 대부분이 학생 청소년이고 입시교육에 지배를 받고 있는 점을 감안할 때 청소년참여정책이 실효성을 거두려면 교육정책과 조화될 수 있어야 한다. 이를 위해서는 청소년과 관련된 정책에 있어서 국가청소년위원회와 교육인적자원부의 유기적인 협력이 필요하다. 또한 청소년참여에 대한 내용이 학교의 교육내용에 반영되어야 한다.

마지막으로, 선진국의 청소년참여 사례와 정책을 부단히 연구하여 우리 실정에 맞게 도입함과 동시에 선진국과 다양한 교류를 모색해야 한다. 선진국은 우리보다 오래된 민주주의와 시민참여 역사를 가지고 있다. 이런 역사적 배경을 가진 선진국은 청소년참여에 있어 우리보다 나은 점을 가지고 있다. 선진국의 청소년참여가 모든 점에서 낫다고

단정할 수는 없지만, 우리보다 나은 점이 있다면 이것을 우리 맥락에
맞게 적극적으로 수용해야 한다. 또한 국제적인 네트워크를 형성해 우
리 청소년들이 우물 안의 개구리가 되지 않도록 해야 한다. 세계사회
에서의 참여를 통해서 세계적 시민성을 기를 수 있는 기회를 가지도
록 적극적으로 지원해야 한다.

참고문헌

강수정 (2001). 자원봉사활동과 청소년인성과의 관계에 관한 연구. 숙명여
　　자대학교 정책대학원 석사학위논문.

강원택 (2003). "2002년 대통령선거와 지역주의", 한국정치학회 2003년도 춘
　　계학술회의 자료집. 2002년 대선 평가와 차기 행정부의 과제, pp.67.

경향신문. 2003. 7. 22; 2004. 1. 27.

고동현 (1999). "정체성의 정치의 이론적 구성과 전략들", 연세학술논집
　　29. pp.117 - 148.

곽한영 (2004). 촛불시위참여가 청소년들의 정치의식에 미친 영향에 관한
　　연구. 서울대학교 대학원 석사학위논문.

교육부 (1995). 고등학교 사회과 교육과정 해설. 서울: 대한교과서 주식회사.

교육부 (2000). 고등학교 교육과정 해설 ―사회―. 서울: 대한교과서 주식
　　회사.

교육부 (2000). 사회과 · 국사과 교육과정 기준 (1946 - 1997).

교육인적자원부 (2003). 사회 6 - 2.

김광웅, 방은령 (2001). 한국 청소년의 정치의식과 형성요인. 서울: 집문당.

김기영 (1999). 한국 청소년의 정치의식에 관한 연구. 명지대학교 사회교육
　　대학원 석사학위논문.

김대환 (1997). "참여의 철학과 참여민주주의", 참여사회연구소 편. 『참여
　　민주주의와 한국사회』. 서울: 창작과 비평사. pp.15 - 48.

김대환 (1997). "참여의 철학과 참여민주주의", 참여사회연구소 편. 『여민
　　주주의와 한국사회. 서울: 창작과 비평사. pp.15 - 48.

김동배, 조학래 (1997). "청소년 자원봉사활동의 효과성에 관한 연구", 한
　　국사회복지학, 30, pp.147 - 170.

김동춘, 김수현, 정태석, 조희연, 주성수, 차명제 (2000). NGO란 무엇인가.
　　서울: 아르케.

김범주 외 (2002). 고등학교 법과 사회. 서울: 교학사.

김엘림, 오정진 (2002). 외국인 여성노동자의 인권보장 연구. 한국여성개발
　　원 2001, 연구보고서 pp.210 - 20.

김영인 (1999). "정치참여의 시민교육효과에 관한 시론적 연구", 시민교육

연구, 제29집, pp.43-65.

김영인 (2002). 정치참여의 시민교육효과에 관한 연구. 서울대학교 대학원 박사학위논문.

김영인 (2003). "정치참여에 대한 두 가지 관점 고찰", 시민교육연구 제35집 제1호, pp.39-68.

김영인 (2003). "시민성 함양 방안으로서 청소년 봉사활동지도에 관한 연구", 사회과교육, 42(2), pp.185-210.

김영인 (2005). "청소년의 참여적 시민성 함양을 위한 NGO 활용방안 연구", 한국청소년시설환경학회 논문집 제3권 제1호, pp.3-25.

김영태 (2003). "16대 대선 후보선정 및 후보 단일화 과정에 대한 분석", 한국정치학회 2003년도 춘계학술회의 자료집. 2002년 대선 평가와 차기 행정부의 과제, pp.3-22.

김왕근 외 (2002). 고등학교 정치. 서울: 법문사.

김원태 (2001). "고등학교에서의 사회참여 체험교육과 시민성 형성에 관한 연구", 시민교육연구 제33집. pp.49-88.

김정배, 이경주, 조미영 (1999). 청소년 자원봉사 활동거리 개발(Ⅲ). 서울: 문화관광부, 한국청소년개발원.

김헌태, 김영인, 고원, 허동원 (2006). 2020 미래사회와 청소년 연구 Ⅰ(참여·인권 분야). 서울: 국가청소년위원회.

국가청소년위원회 (2006). 2006 청소년백서. 서울: 국가청소년위원회.

김형준 (2003). "미디어와 인터넷 선거운동에 대한 평가", 한국정치학회 2003년도 춘계학술회의 자료집. 2002년 대선 평가와 차기 행정부의 과제, 94-114.

남채봉 (2002). 온라인 및 오프라인 정치참여와 정치의식 변화. 서울대학교 대학원 석사학위논문.

류한구 (1989). 교육인식론 서설 ―루소 교육방법의 인식론적 고찰―. 서울: 교육과학사.

문화일보. 2004. 12. 17.

박가나 (2001). 학생 자치활동 참여가 정치 효능감에 미치는 효과. 서울대학교 대학원 석사학위논문.

박동서, 김광웅 (1987). 한국인의 민주정치의식. 서울: 서울대학교출판부.

박명래 (2000). 청소년 자원봉사활동 실태 분석. 대전대학교 경영행정대학원 석사학위논문.

박상필 (2001). NGO와 현대사회. 서울: 아르케.

박성혁 (1998). "사회과교육에서의 법교육 방법에 관한 연구 ―사례연구법의 적용을 중심으로―", 사회와 교육 제26집, pp.57-70.

박세일 (2003). "왜 청소년참여인가?", 청소년정책연구 세미나 자료집. 서울: 한국청소년단체협의회.

박종남 (1997). 청소년의 정치의식과 정치사회화에 관한 조사연구. 한국교원대학교 대학원 석사학위 논문.

박창규·김광웅 (1999). "대학생의 정치의식에 관한 실증적 연구", 금오선주논총 제2집, pp.161-199.

박효종 (2006). "정치참여 활성화를 위한 시민교육의 중요성", 중앙선거관리위원회 민주시민교육 국제심포지움 자료집. 정치발전에 기여하는 참여중심의 민주시민교육. pp.179~218.

박효종 (2006). 민주주의와 권위. 서울: 서울대학교 출판부.

변영계 (2000). 교수·학습이론의 이해. 서울: 학지사.

서기태 (1993). "국민학교사회과에서의 법교육에 관한 연구", 공주교대논총 제29집, pp.139-164.

서울신문. 2003. 10. 6.

성공회대학교 (2002). 제3회 청소년 사회참여 발표대회 자료집. 서울: 성공회대학교.

성공회대학교 (2003). 제4회 전국 청소년 사회참여 발표대회 자료집.

세계일보. 2002. 11. 25.

세계일보. 2003. 9. 22; 2004. 2. 16.

손동빈 (2000). "시민사회단체를 통한 학교시민윤리교육 활성화와 그 실천 사례 연구", 시민교육연구 제30집, pp.127-146.

손봉호 (1998). 시민성의 특징. 손봉호 교수 회갑기념 논문선집. pp.197-221.

심성보 (1994). "자유주의와 공동체주의의 논쟁과 교육철학적 긴장", 교육학연구. 32(5), pp.289-304.

안병민 (1979). "선거를 통한 대학생의 정치의식에 관한 소고", 부산대학교 법학연구 제22집, pp.97-125.

은지용 (2002). 청소년 봉사활동 반성경험이 시민성에 미치는 효과 연구. 서울대학교 대학원 박사학위논문.

이남석 (2001). 차이의 정치 ―이제 소수를 위하여―. 서울: 책세상.

이동신 (1986). 매스컴-정치사회화 연구와 사회화이론. 신문학보 제21집, pp.103-115.

이순형 (1994). 정치사회화. 서울: 서울대학교 출판부.

이승종 (1997). 민주정치와 시민참여. 서울: 삼영사.

이승종 (1999). "지방정치참여와 시민교육", 미발표논문.

이영희 (2004). "민주화와 사회갈등", 동향과 전망 통권 제61호, (2004. 여름), pp.36-67.

이유경 (2002). 청소년 자원봉사활동 경험이 자아정체감과 삶의 질에 미치는 영향. 대구가톨릭대학교 사회복지대학원 석사학위논문.

이은진 (2002). "민주시민의식에 관한 연구", 한국외국어대학교 논문집 제34집, pp.407-419.

이장현 (2002). "청소년의 지역사회 참여 방안에 대한 연구", 사회과학연구 제6집, pp.31-44.

이정은 (2004). "이제, 거짓말하면 어떻게 되는지 알았지?", 말 2004년 1월호, pp.57-61.

이종렬 (1997). "한국 중·고등학생의 정치의식의 성장과 변화", 사회와 교육 제24집, pp.65-91.

이종렬 (1999). "시민교육의 정체성 위기와 딜레마. 한국사회과교육학회", 1999년도 학술연구발표대회 자료집 사회참여와 사회과교육. pp.1-14.

이진석 외 (2002). 중학교 사회 3. 서울: 지학사.

임혁백 (2000). 세계화시대의 민주주의. 서울: 나남.

정경 (2001). 청소년 자원봉사활동의 실태분석 및 활성화 방안 연구. 서울시립대학교 도시과학대학원 석사학위논문.

조선일보. 2002. 5. 14. 41판. 코리아 프로젝트 2020.

조선일보. 2003. 10. 11.

조선일보. 2004. 3. 2.

조영달 편 (1997). 한국 시민사회의 전개와 공동체 시민의식. 서울: 교육과
학사.

조정남 편 (1993). 자유민주주의의 이해. 서울: 교양사.

주성수 외 (2004). 한국 NGO 리포트 2004. 서울: 한양대학교 출판부.

중앙일보. 2003. 3. 14. 40판.

청소년위원회 (2005). 지역청소년의회 구성과 운영을 위한 실무 매뉴얼. 서
울: 청소년위원회.

최윤진, 김민, 김혁진, 이영란 (2006). 한국형 청소년옴부즈만제도 도입을
위한 방안 연구. 서울: 사단법인 청소년교육전략 21.

최은희 (2001). 고등학교 학생봉사활동의 교육적 가치에 관한 연구. 연세대
학교 교육대학원 석사학위논문.

최인화 (1991). "사회과 법교육의 원리와 교수전략에 관한 연구", 한국교원
대학교 교원교육 제7집, pp.21－44.

최인화 (1992). 법교육과정의 적정성 탐색. 한국교원대학교 박사학위 논문.

최지영 (1994). 정치의식 발달에 관한 연구. 서울대학교 대학원 석사학위논문.

최현섭 (2000). "어린이와 청소년의 사회참여 체험 훈련 프로그램 개발연구
―공동체 시민사회 기반형성을 위한 꼬마시민운동을 중심으로―",
교육연구 제10집, pp.65－85.

토크빌. 임효선·박지동 공역 (1997). 미국의 민주주의 1, 서울: 한길사, 제5장.

한겨레신문. 2003. 2. 12. 12면 기사.

한국인권재단 엮음 (2000). 일상의 억압과 소수자의 인권. 서울: 사람생각.

한국청소년개발원 (2002). 청소년심리학. 서울: 서원.

한상진 편 (2001). 현대사회와 인권. 서울: 나남출판.

허종렬 (1992). "법교육의 목적과 원리에 관한 미국에서의 이론과 사례 연
구", 사회와 교육 제16집, pp.365－78.

홍성방 (1998). 인권과 기본권의 역사적 전개. 한림법학 FORUM 제7권. pp.59－90.

Conrad, Daniel and Hedin, Diane (1982). "The Impact of Experiential Education on Adolescent Development", in Daniel Conrad and Diane Hedin (eds) Youth Participation & Experiential Education. New York: The Haworth Press. pp.57－76.

Aristoteles. 이병길 · 최옥수 역 (1996). 정치학. 서울: 박영사.

Ayto, John (1990). Dictionary of Word Origins, New York: Arcade Publishing.

Bachrach, Peter (1967). The Theory of Democratic Elitism－A Critique. Boston: Little, Brown and Company.

Banks, James A and Ambrose A. Clegg, Jr. (1990). Teaching strategies for the social studies. New York: Longman.

Barber, Benjamin R. (1984). Strong Democracy. Berkeley: Univ. of California Press.

Bar－Tal, Daniel and Saxe, Leonard (1990). "Acquisition of Political Knowledge: A Social－Psychological Analysis", in Ichilov, O. (ed.), Political Socialization, Citizenship Education, and Democracy. New York: Teachers College Press. pp.116－134.

Berelson, Bernard R., Paul F. Lazarsfeld and William N. McPhee (1954). Voting. Chicago: The University of Chicago Press.

Bloom, Leslie R. (1998). "The Politics of Difference and Multicultural Feminism: Reconceptualizing Education for Democracy", Theory and Research in Social Education, Winter 1998, 26(1), pp.30－49.

Buecker, Kerstin (2006). "청소년참여활성화를 위한 접근", 한국청소년시설환경학회 2006 제4회 국제심포지엄 자료집. pp.203~14.

Claus, J. and Ogden, C. (1999). "Service Learning for Youth Empowerment and Social Change: An Introduction", in J. Claus and C. Ogden (ed.), Service Learning for Youth Empowerment and Social Change. New York: Peter Lang. pp.1－7.

Conover, P. J. and Searing, D. D. (1994). "Democracy, Citizenship and the Study of Political Socialization", in Budge, I. and McKay, D. (ed.), Developing Democracy. London: SAGE Publications. pp.24－55.

Conrad, Dan & Diane Hedin (1977). "Learning and Earning Citizenship Through Participation", in Shaver, James (ed.), Building rationales for citizenship education. by National Council for the Social Studies, Arlington: VA.

Conrad, Dan (1992). "School－Community Participation for Social Studies", in James P. Shaver (ed.), Handbook of Research on Social Studies Teaching and Learning. New York: Macmillan Publishing Company.

Conrad, Daniel and Hedin, Diane (1982). "The Impact of Experiential Education on Adolescent Development", in Daniel Conrad and Diane Hedin (eds.), Youth Participation & Experiential Education. New York: The Haworth Press. pp.57－76.

Cornett, Jeffrey W. (1998). "Understanding the values of law related and civic education: a review of the literature", ED 429 879.

Crump, J. R. (2002). "Learning by Doing: Implementing Community Service－based Learning", Journal of Geography, 101, pp.144－152.

Dahl, Robert A. (1989). Democracy and Its Critics. 조기제 역 (1999). 민주주의와 그 비판자들. 서울: 문학과 지성사.

Dawson, R. E., Prewitt, K. and Dawson, K. S. (1977). Political Socialization. Boston: Little, Brown and Company.

Dewey, J. (1916). Democracy and Education: An Introduction to the Philosophy of Education. 이홍우 역 (1991). 민주주의와 교육. 서울: 교육과학사.

Dunn, Robert G. (1998). Identity Crises. Minneapolis: Univ. of Minnesota Press.

Feinstein, Sherry and Robert W. Wood (1995). "History of law－related education", ED 401 163.

Ferguson, Patrick (1992). "Impacts on Social and Political Participation", in James P. Shaver (ed.), Handbook of Research on Social Studies Teaching and Learning. New York: Macmillan Publishing Company.

Finkel, Steven E. (1985). "Reciprocal effects of participation and political efficacy: a panel analysis", American Journal of Political Science, 29(4), pp.891−913.

Finkel, Steven E. (1987). "The effects of participation on political efficacy and political support: evidence from a West German Panel", Journal of Politics, 49(2), pp.441−64.

Flowers, Nancy (2000). The Human Rights Education Handbook: Effective Practices for Learning, Action, and Change. Minneapolis: Minnesota Univ. Human Rights Resource Center. ED 459 128.

Greenberg, Edward S. (1986). Workplace Democracy. Ithaca: Cornell University Press.

Gunsteren, H. van (1994). "Four Conceptions of Citizenship", in Bart van Steenbergen (ed.), The Condition of Citizenship. London: SAGE Publications. pp.36−48.

Hall, T., Williamson, H. & Coffey, A. (2000). "Young People, Citizenship and the Third Way: A Role for the Youth Service?", Journal of Youth Studies, vol.4, no.3, pp.461−472.

Hart, R. A. (1997). Children's Participation: The Theory and Practice of Involving Young Citizens in Community Development and Environment Care. New York: UNICEF.

Hollis, S. A. (2002). "Capturing the Experience: Transforming Community Service into Service Learning", Teaching Sociology, 30, pp.200−213.

Honneth, A. (1996). 인정투쟁. 서울: 동녘.

http://www.hrusa.org./hrh-and-n. Human Rights Here & Now (1999).

Johnson, A. M. and Notah, D. J. (1999). "Service Learning: History, Literature Review, and a Pilot Study of Eighth Graders", The

Elementary School Journal 99(5), pp.453-467.

Kaufman, Arnold S. (1969). "Human Nature and Participatory Democracy" in William Connolly (ed.), The Bias of Pluralism. New York?: Atherton Press Inc. pp.178-200.

Kolb, David A. (1984). Experiential Learning. New Jersey: Prentice-Hall, Inc.

Lea, James F. (1982). Political Consciousness and American Democracy. Jackson: Univ. press of Mississippi.

Leighley, Jan (1991). "Participation as a stimulus of political conceptualization", Journal of Politics, 53(1), pp.198-211.

Leming, Robert S. (1995). "Essentials of law-related education. ERIC digest", ED 390 779.

Lowery, D., DeHoog, Ruth H. and Lyons, Wikkiam E. (1992). "Citizenship in the empowered locality", Urban Affairs Quarterly, 28(1), pp.69-103.

Lowndes, Vivien (1995). "Citizenship and Urban Politics", in D. Judge, G. Stoker, and H. Wolman eds. Theories of Urban Politics, London: SAGE Publication, pp.160-80.

Lukes, S., Rawls, John and MacKinnon, Catharine et al (1993). On Human Rights —The Oxford Amnesty Lectures 1993—. 민주주의법학연구회 역 (2000). 현대사상과 인권. 서울: 사람생각.

Matthews, H. (2001). "Citizenship, Youth Councils and Young People's Participation", Journal of Youth Studies, vol.4, no.3, pp.299-318.

McBee (1994). "Living the law by learning the law. A K-12 law-related education curriculum guide", ED 381 482.

McClosky, Hebert (1968). "Political participation." in David L. Sills ed. 『International Encyclopedia of the Social Sciences v.12』 New York: The Macmillan Company & The Free Press, pp.252-65.

Milbrath, Lester W. (1981). "Political Participation", in Samuel L. Long ed. The Handbook of Political Behavior vol.4. New York: Plenum

Press. pp.197−240.

Mill, John S. (1948). On Liberty and Consideration on Representative Government. Oxford: Basil Blackwell.

Miller, David (1992). "Deliberative Democracy and Social Choice", Political Studies 11, Special Issues, pp.54−67.

Mulgan, Richard (1990). "Aristotle and the Value of Political Participation", Political Theory, vol.18 no.2, pp.195−215.

Nagel, Jack H. (1987). Participation. New Jersey: Prentice−Hall, Inc.

Newmann, F. M. (1989). "Reflective Civic Participation", Social Education, 53, pp.357−360.

Nie, Norman H. and Sidney Verba (1975). "Political participation", in Fred I. Greenstein, Nelson W. Polsby eds. Handbook of political science vol.4 Nongovernmental politics, California: Addison−Wesley Publishing Company, pp.1−74.

Ogundare, Samuel F. (1993). "Human Rights Orientation of Prospective Social Studies Teachers in Nigeria", The Social Studies, Nov./Dec. 1993. pp.267−270.

Parker, W. C. (1989). "Participatory Citizenship: Civics in the Strong Sense", Social Education, 53, pp.353−354.

Parker, Walter C. (1997). "Democracy and Difference", Theory and Research in Social Education, Spring 1997, 25(2), pp.220−234.

Parry, Geraint, George Moyser and Neil Day (1992). Political participation and democracy in Britain, Cambridge: Cambridge univ. press, ch. 13.

Pateman, C. (1970). Participation and Democratic Theory. Cambridge: Cambridge Univ. Press.

Pearson, Sarah S. and Jurich, Sonia (2005). Youth Court: A Community Solution for Embracing At−Risk Youth. Lexington: NYCC.

Pedersen, Johannes T. (1982). "On the educational function of political participation: A comparative analysis of John Stuart Mill's theory and contemporary survey research findings", Political Studies, 30(4), pp.557－68.

Perry, James L. and Katula, Michael C. (2001). "Does Service Affect Citizenship?", Administration & Society, 33(3), pp.330－365.

Peters, Richard O. (1999). "Focusing on citizenship training in the social studies", ED 443 742.

Phillips, Anne (1993). Democracy and Difference. Pennsylvania: The Pennsylvania State University Press.

Ricci, David M. (1970). "Democracy Attenuated: Schumpeter, The Process Theory, and American Democratic Thought", Journal of Politics, vol.32 no.2 pp.239－267.

Richardson, Ann (1983). Participation, London: Routiedge & Kegan Paul.

Rimmerman, Craig A. (1997). The New Citizenship. Colorado: Westview Press.

Rousseau, J. J. (1964). Du Contrat Social. Paris: Gallimard. 이환 역 (1999). 『사회계약론』. 서울: 서울대학교 출판부.

Sartori, G. (1987). The Theory of Democracy Revisited. 이행 역 (1999). 『민주주의 이론의 재조명 Ⅰ·Ⅱ』. 경기도: 인간사랑.

Scaff, Lawrence A. (1975). "Two concepts of political participation", The Western Political Quarterly, 28(3), pp.447－62.

Schine, J. (1999). "Beyond Test Scores and Standards: Service, Under-standing, and Citizenship", in J. Claus and C. Ogden (ed.), Service Learning for Youth Empowerment and Social Change. New York: Peter Lang. pp.8－24.

Schumpeter, Joseph A. (1959). Capitalism, Socialism, and Democracy. 이상구역 (1993). 자본주의·사회주의·민주주의. 서울: 삼성출판사.

Sears, David O. (1990). "Whither Political Socialization Research? The Question of Persistence", in Ichilov, O. (ed.), Political Socialization, Citizenship Education, and Democracy. New York: Teachers College

Press. pp.69－97.

Sigel, Roberta S. (1989). "Adult Political Learning－A Lifelong Process", in
　　　Roberta S. Sigel (ed.), Political Learning in Adulthood. Chicago:
　　　The Univ. of Chicago Press. pp.458－471.

Sullivan, John L., George E. Marcus, Stanley Feldman and James E.
　　　Piereson (1981). "The Sources of Political Tolerance: A Multivariate
　　　Analysis", American Political Science Review. vol.75 no.1, pp.92－106.

Sullivan, John L., James E. Piereson and George E. Marcus (1979). "An
　　　Alternative Conceptualization of Political Tolerance: Illusory Increase
　　　1950s－1970s", American Political Science Review. vol.73 no.3,
　　　pp.781－94.

Taylor, Charles (1998). "승인투쟁과 인권: 차이의 정치를 위하여" 한상진
　　　편. 현대사회와 인권. pp.51－61. 서울: 나남출판.

Thompson, Dennis F. (1970). The Democratic Citizen. Cambridge: Cam-
　　　bridge Univ. press.

Verba, S., Schlozman, Kay L. and Brady, Henry E. (1995). Voice and
　　　Equality: Civic Voluntarism in American Politics. Cambridge,
　　　MA: Harvard University Press.

Verba, Sidney and Norman H. Nie (1972). Participation in America
　　　Political Democracy and Social Equality. New York: Harper &
　　　Row, Publishers.

Wade, Rahima C. and Saxe, David W. (1996). "Community Service－
　　　Learning in The Social Studies: Historical Roots, Empirical Evi-
　　　dence, Critical Issues", Theory and Research in Social Education
　　　24(4), pp.331－359.

Wade, Rahima C. (1997). "Community Service－Learning in a Democracy:
　　　An Introduction", in Rahima C. Wade (ed.), Community Service
　　　Learning: A Guide to Including Service in the Public School
　　　Curriculum. New York: State Univ. of New York Press. pp.1－34.

Wade, Rahima C. (2001). "Social Action in the Social Studies: From the Ideal to the Real", Theory into Practice, 40(1), pp.23-28.

Walker, Jack L. (1966). "A Critique of the Elitist Theory of Democracy", A.P.S.R. vol.60 no.2 pp.285-95.

Wandersman A. and P. Florin (2000). "Citizen Participation and Community Organization", in J. Rappaport and E. Seidman ed. Handbook of Community Psychology. New York: Kluwer Academic / Plenum Publishers. pp.247-72.

Winter, Micha de (1997). Children as Fellow Citizens: Participation and Commitment〉Oxford: Radcliffe Medical Press.

Wolfe, Joel D. (1985). "A defense of participatory democracy", The Review of Politics, 47(3), pp.370-89.

Young, I. Marion (1989). "Polity and Group Difference: A Critique of the Ideal of Universal Citizenship", Ethics, no.99. pp.250-274.

· 저자 ·

김영인
(金榮仁)

· 약 력 ·
서울대학교 사범대학 사회교육학과 졸업
한국교원대학교 대학원 교육학 석사(교육행정전공)
서울대학교 대학원 교육학 박사(사회교육전공)
한국사회과교육학회 이사
한국청소년시설환경학회 이사
한국교육과정평가원 연구원
전주교육대학교 사회교육학과 교수
한국방송통신대학교 교육과 교수(현)

· 주요논저 ·
「정치참여의 시민교육효과에 관한 연구」
「NGO의 시민교육 고찰」
「청소년의 참여적시민성 함양을 위한 NGO활용방안 연구」
『민주시민교육의 전략과 과제』(공저)
『직업과 윤리』(공저)
외 다수

청소년의 참여와 시민성 함양

· 초판 인쇄 | 2007년 11월 30일
· 초판 발행 | 2007년 11월 30일

· 지 은 이 | 김영인
· 펴 낸 이 | 채종준
· 펴 낸 곳 | 한국학술정보㈜
경기도 파주시 교하읍 문발리 513-5
파주출판문화정보산업단지
전화 031) 908-3181(대표) · 팩스 031) 908-3189
홈페이지 http://www.kstudy.com
e-mail(출판사업부) publish@kstudy.com
· 등 록 | 제일산-115호(2000. 6. 19)
· 가 격 | 30,000원

ISBN 978-89-534-7715-5 93330 (Paper Book)
      978-89-534-7716-2 98330 (e-Book)